Brigitte Lueger-Schuster (Hg.) • Leben im Transit

W0196962

Brigitte Lueger-Schuster (Hg.)

Leben im Transit

Über die psychosoziale Situation
von Flüchtlingen und Vertriebenen

WUV-Universitätsverlag

Die Deutsche Bibliothek – CIP-Einheitsaufnahme

Leben im Transit : über die psychosoziale Situation von Flüchtlingen und Vertriebenen /
Brigitte Lueger-Schuster (Hg.) - Wien : WUV-Univ.-Verl., 1996
ISBN 3-85114-254-3
NE: Lueger-Schuster, Brigitte [Hrsg.]

Satz und Druck: WUV-Universitätsverlag
Printed in Austria
ISBN 3-85114-254-3

Gedruckt mit freundlicher Unterstützung der Stiftung Bank Austria zur Förderung
der Wissenschaft und Forschung an der Universität Wien und durch das
Bundesministerium für Wissenschaft, Verkehr und Kunst

Inhaltsverzeichnis

Leben im Transit

Brigitte Lueger-Schuster

Eindrucksvolle, dramatische und immer tragische Bilder in den Medien zeigen uns das Leid und Elend der Vertriebenen und Flüchtenden. Da sieht man voll gepackte Autos auf staubigen Landstraßen im Stau, Männer mit Handkarren oder Pferdewägen, Frauen mit Kindern an der Hand und einem schweren Rucksack, Autobusse, die von Militärs ordnungsgemäß angefüllt werden. Menschen, die mit leeren starren Gesichtern ihrer Deportation harren, werden uns via TV und Zeitung ins Haus geliefert. Die Menschen sind fast immer in Warteposition, die Bewegung ist wenn, dann eine meist langsame kleine; kaum einer der Flüchtlinge ist in der Lage seine Heimat auf dem schnellsten Weg zu verlassen – weder Zug noch Flugzeug bieten Möglichkeiten, zu entkommen, der Weg in die Fremde ist mühsam und langsam und in der Regel unfreiwillig, das Ziel fast immer unbekannt. Andere Bilder in den Medien zeigen Menschen in Flüchtlingslager, ein Schwenk über eine Reihe von Betten, herumliegende Habseligkeiten, bärtige Männer, Frauen mit traurigen Gesichtern und Kinder, die mit nutzlos gewordenen Gebrauchsgegenständen spielen. Diese Bilder haben dramatische, aufrüttelnde Wirkung. Man ist für einige Zeit betroffen vom Schicksal dieser Menschen, sieht man diese Bilder öfter, verliert man das Mitgefühl und wendet sich ab. Die Dramaturgie dieser Bilder wirkt nur kurzfristig, sie bleibt an der Oberfläche des Geschehens. Diese Bilder verschweigen die Probleme des Alltag von Menschen, die geflüchtet sind oder vertrieben wurden und irgendwo gelandet sind.
Als ich im Herbst 1992 im Flüchtlingslager im Alten Allgemeinen Krankenhaus (AAKH) im Rahmen der Aktion *Bosnische Gäste der Universität* Wien zu arbeiten anfing, wußte ich zwar einiges über die Traumatisierung durch Krieg und Flucht, doch vor die konkreten Probleme der BewohnerInnen eines Flüchtlingslagers gestellt, war dieses theoretische Wissen mangelhaft und unzureichend. Die Probleme lagen zwar sehr deutlich vor mir, doch fehlte mir das für psychologische Arbeit so wichtige Vorstellungs- und Einfühlungsvermögen für die Komplexität der Vorgänge, denen die Flüchtlinge ausgesetzt sind. Es war mir zu Beginn meiner Arbeit nicht nachvollziehbar, wie tief die Wunden der Menschen waren. Daher verstand ich auch nicht, warum die vielen Angebote (Beschäftigungsmöglichkeiten, Deutschkurse, kleine Aufträge, um Taschengeld zu verdienen, Ausflüge, Feste, etc.), die wir den BewohnerInnen machten, nur schleppend ange-

nommen wurden. Sie haben ihr Leben gerettet, sie waren in Sicherheit, jetzt können sie ihr Leben neu aufbauen, war meine simple Vorstellung. Daß das tatsächliche Erleben und Verhalten von Flüchtlingen sich zum Teil anders darstellt, ist mir im Lauf der Zeit zugänglich geworden. Um der Differenziertheit der psychischen Prozesse, die das Erleben und Verhalten bestimmt, gerecht zu werden, beschreiben wir den Alltag aus der Sicht der Menschen im Transit; die Schwierigkeiten, die entstehen, wenn man die Sprache nicht versteht, nicht weiß wie lange man bleiben kann, ob und wie man wieder zurückkehren kann und wie man zurechtkommt, obwohl man alles verloren hat. In diesem Buch geht es um das Hier und Jetzt der Geflüchteten und Vertriebenen, um die Erfordernisse der Situationen, in denen diese Menschen stecken. Wir geben den Betroffenen das Wort, wir wollen ihr Fühlen, Denken und Handeln, ihren Hoffnungen, Ängsten und ihren Reaktionen Gehör verschaffen. Dadurch wollen wir das oberflächliche Bild, mit dem Flüchtlinge und Vertriebene in der Öffentlichkeit repräsentiert sind vertiefen und verfeinern und das Verständnis und Einfühlungsvermögen für ihre Situation erhöhen.

Transit, lateinisch: transitus, bedeutet Durchfahrt oder Übergangsort. Flucht ist ebenfalls eine Durchfahrt, man weiß nicht, wohin der Weg führt, man befindet sich im Übergang zu etwas Unbekannten. Man weiß auch nicht, wie lange diese Durchfahrt dauern wird, die Perspektiven sind räumlich und zeitlich ungewiß.

Zwei Millionen Menschen aus Ex-Jugoslawien waren und sind größtenteils noch immer auf der Flucht, ohne Ziele, ohne Rechte, ohne Ansprüche. Sie haben Familie, Partner, Freundschaften, Beruf, Status, Ansehen, Haus, Wohnung, Hof, Ersparnisse, Auto ganz oder zum Teil verloren. Mit einem Wort, die Heimat fehlt. Eine Geflüchtete formuliert es so: *„Ich habe meinen Kopf gerettet, jetzt weiß ich nicht wohin damit!"* Mit diesem Heimatverlust haben sie aber nicht nur materielle Verluste erlitten, sondern auch die Routinen im Umgang mit ihrer dinglichen und sozialen Umwelt und mit sich selbst. Unter dem Umgang mit der dinglichen Umwelt versteht man Handlungen wie die Mittagspause auf der vertrauten Parkbank, das Einkaufen beim Bäcker, das Bedienen der gewohnten Haushaltsgeräte oder das Benützen öffentlicher Einrichtungen, das Lesen einer Speisekarte in eigener Sprache mit den bekannten Gerichten oder der Besuch beim Hausarzt, der einem seit der Kindheit kennt. Zu dem Umgang mit sich selbst zählt man die Routinen des Alltags, der gewohnte Ablauf von Situationen am Arbeitsplatz, in der Schule; man weiß wohin man gehört, mit wem man vertraut ist, wo man sich unterhalten kann, wann Bedarf für Rückzug und Besinnung ist, und wie man diesen Rückzug gestalten kann, man träumt und rechnet in der Sprache der Kindheit und assoziert zu bestimmten Orten die ewig gleichen Erinnerungen aus der Kindheit oder der Zeit der ersten Liebe und der Ort des ersten Rendevouz. Die soziale

Umwelt konstituiert sich aus den diversen Beziehungen, die in unterschiedlichen Formen und Intensitäten vorhanden sind und die aus unterschiedlichen Rollen heraus entwickelt wurden und gepflegt werden. Dieser Austausch mit der Umgebung findet in der eigenen Sprache im Rahmen der vertrauten Normen statt und nährt die Individuen in vielfacher Hinsicht. Er verleiht ihnen psychische Stabilität und Identität, aber auch Wohnort und Einkommenssicherung. Zusammengefaßt bedeutet das: der Mensch braucht zur Aufrechterhaltung seiner Existenz nicht nur ein bestimmtes Ausmaß an materiellen Gütern, sondern auch einen Ort, an dem sich seine emotionalen Bedürfnisse, Fähigkeiten und Fertigkeiten entwickeln können. Er muß irgendwo verankert und verwurzelt sein, um den Austausch mit der Umgebung vollziehen zu können. Anläßlich einer Flucht oder Vertreibung werden diese Wurzeln abrupt gekappt. Hier beginnen die oft vergessenen psychischen Probleme der Flucht bzw. Vertreibung, die häufig durch die rechtlichen und sozialen Probleme verdeckt werden.

Flucht, Vertreibung und Exil sind so alt wie die Menschheit und werden immer wieder als Phänomene triebhafter Aggression gegeißelt, die die Menschheit längst hätte überwinden müssen, dennoch passieren sie tagtäglich. Warum Menschen in die Flucht getrieben werden, welche Grundlagen das Phänomen Aggression gegen Andere hat, ist nicht Thema dieses Buches. Darüber wurde anderorts viel geschrieben[1].

Nuscheler prägte 1987 den Begriff vom Jahrhundert der Flüchtlinge: Die Menschheit ist in Bewegung, diese Bewegung ist mit dramatischen Folgen für Vertriebene und Flüchtlinge und für die Aufnahmeländer verbunden.

Er schätzt die Anzahl der Menschen, die im 20. Jahrhundert weltweit auf der Flucht sind auf 250 Millionen. Das Hohe Flüchtlingskommissariat der Vereinten Nationen (UNHCR) gibt die Zahl der Flüchtlinge im Jahr 1990 weltweit mit 17 Millionen an. Es erfaßt dabei nicht die großen Gruppen der Elendsflüchtlinge und Umweltflüchtlinge, die auf eine halbe Milliarde geschätzt werden. Auch Flüchtlinge im eigenen Land (z. B. Kurden, Palästinenser) und Asylbewerber, die nicht den Status eines Flüchtlinges nach der Genfer Flüchtlingskonvention bekommen konnten, das sind die De-facto Flüchtlinge, sind in diesen 17 Milliarden nicht inkludiert. Die genannte Zahl ist also lediglich eine Minimalangabe. Eine genaue Angabe von Menschen, die auf der Flucht sind oder Asyl gefunden haben, ist nicht annähernd bekannt (vgl. Potts, Praske, 1993). Für jeden einzelnen ist es eine Tragödie. Exil ist nicht nur ein gesamtgesellschaftliches Problem, sondern genauso ein individuelles Schicksal, zu dessen Bewältigung die ExilantInnen und vor allem die Aufnahmegesellschaften beizutragen haben. Dies ist die Motivati-

---

1 Mentzos, S. (1993): Der Krieg und seine psychosozialen Funktionen. Frankfurt, Geist und Psyche, Fischer Verlag.

on für unsere Arbeit. Wir haben das Problem des Exils systematisch untersucht. Die einzelnen Beiträge basieren auf Diplomarbeiten, die am Institut für Psychologie der Universität Wien unter meiner Anleitung durchgeführt wurden. Für jede der beschriebenen Problemstellungen entwickelten wir spezifische Erhebungsmethoden (Fragebogen, Interviewleitfaden bzw. Beobachtungskriterien), die wir in diversen Flüchtlingslagern in Wien einsetzen und mit wissenschaftlichen Methoden auswerteten. Zusätzlich arbeitete jede/r AutorIn ehrenamtlich in den Flüchtlingslagern. Aus den verdichteten empirischen Ergebnissen und den praktischen Erfahrungen leiten wir Überlegungen für die Versorgung und Betreuung ab, die besser und effizienter, und längerfristig billiger werden als jene Maßnahmen, die wir in unserer Analyse vorgefunden haben. Vor allem das Kosten-Argument ist – nicht auf den ersten Blick – nachvollziehbar: eine geglückte Integration in das Aufnahmeland bedeutet, das der/die ExilantIn für sich selbst sorgen kann, weniger psychosoziale und medizinische Dienste in Anspruch nehmen muß und somit der staatliche Hilfe nicht mehr zu Lasten fällt. Die Folgen nichtgeglückter Integration sind langfristig, wie am Beispiel einiger Langzeitexilanten aus Chile deutlich wird: hohe Arbeitslosigkeit, eine verstärkte Tendenz zu Erkrankungen, Auswirkungen auf Familie und Partnerschaft sowie auf die Alltagsbewältigung (vgl. Fronek, 1994).

In einem ersten Teil wollen wir deutlich machen, in welcher psychischen Situation sich die Menschen wieder finden, wenn sie ihre Heimat verlassen haben und ihnen die Wurzeln abhanden gekommen sind. Das Erleben von Gewalttätigkeit vor und während der Flucht sowie – manchmal unbeabsichtigte Gewaltanwendungen im Aufnahmeland (strukturelle Gewalt) wirken in spezifischer Weise auf menschliches Erleben und Verhalten; sie wirken letztendlich traumatisierend. Insofern wird der Beschreibung von psychologischer Theorie zur Traumatisierung Raum gewidmet. Neben den Problemen, die mit dem Aufbau einer neuen Existenz verbunden sind, leiden die Menschen unter Diskriminierungen und unter Isolation, sie sind unwürdigen Wohn- und Lebensbedingungen ausgesetzt, die auf die Bewältigung des Alltags massive Auswirkungen haben. Der Beitrag über Frauen im Flüchtlingslager sowie über den Alltag in einem Privatquartier beschreiben diese Situationen und deren Auswirkungen auf Gesundheit und Lebensfreude. Weitere Kapitel beschäftigen sich mit Problemen des Alltags wie z. B. Familienplanung oder Sprachbarrieren oder dem Problem der Kinder, die zu Dolmetschern ihrer Eltern werden und so ihre Kindheit verlieren. Ein wichtiger, wenn auch nicht sehr viele Flüchtlinge betreffender Bereich, ist die psychosoziale Versorgung von Folteropfern, die sehr hohe Anforderungen an die BetreuerInnen stellt. Aber auch die Rolle und die Aufgaben in Flüchtlingslager birgt eine Reihe von Ansprüchen, für die spezielles Wissen notwendig ist. Beiden Themen sind eigene Kapitel gewidmet. Ein Leben im Transit bedeutet für die Menschen immer die Perspektive „Rückkehr". Wie unscharf und verwirrend diese Perspektive ist und wie sehr diese Unklarheit sich auf Entscheidungen des alltäglichen Lebens auswirkt, wird im Beitrag über die Exilchilenen in Österreich beschrieben. Zusätzlich skizzieren wir, wie die Menschen in einem Kriegsland versuchen mit den Auswirkungen von Gewalt zurechtzukommen. Am Beispiel kroatischer Frauen, die für vergewaltigte Frauen sorgen, wird die Notwendigkeit gezeigt, daß nicht nur die Betreuung im Exil, sondern auch der Transfer und die Hilfestellung in der Heimat zur Linderung des Elends, mit dem Menschen im Krieg konfrontiert sind, beitragen kann. Abschließend stellen wir Überlegungen über Veränderungsmöglichkeiten in der Flüchtlingsbetreuung und über das Ende des Transit, d. h. über die Rückkehr an. Trotz der Vielzahl der bearbeiteten Themen bleibt die Skizzierung des Lebens im Exil lückenhaft und unvollständig, dennoch hoffen wir ein nachvollziehbares Bild dieses Lebens vermitteln zu können.

1. Im Transit: der Fluch der Flucht

1.1 Ankunft und Fremdsein

Freitag, 6 Uhr 45 , Wien Südbahnhof, Irina[2] steht verloren in der großen Bahnhofshalle und hofft, daß ihre Freunde, die Familie Z. endlich kommt. Nach einer langen, mühevollen Reise ist sie gerade angekommen. Sie hat den Stempel im Paß, der bescheinigt, daß sie sich in keinem sicheren Drittland länger aufgehalten hat und direkt aus Tuzla kommt. Damit müßte sie in Wien unterkommen haben ihr die Z.s am Telephon mitgeteilt, nur damit bekommt sie einen Flüchtlingsstatus. „Izbjeglica"(Flüchtling), denkt sie, jetzt bin ich ein Flüchtling, ihr fröstelt, „Flüchtling", nie hätte sie daran gedacht, daß sie das einmal wird. Jetzt steht sie am Südbahnhof und hat kein Andenken an ihr Zuhause, nur im Kopf weiß sie, wie alles ausschaut, wenn sie das nur nicht vergißt. Ein Blick auf die Uhr, sie steht tatsächlich erst fünf Minuten hier und wartet. Sie schaut um sich, sieht Gruppen von Männern, viele aus Ex-Jugoslawien, hört den vertrauten Akzent der nun feindlichen Volksgruppe, sie bekommt eine Gänsehaut, genau wie die drei, die sie abgeführt haben, hätten es diese Männergruppen tun können. Was hätte ihr alles passieren können, sie hat wirklich noch Glück gehabt, wenigstens lebt sie noch und ist unverletzt – und jetzt? Noch 10 Minuten, dann müssen die Z.s da sein, sie haben am Telefon gesagt, daß

---

2 Die Namen der vorgestellten Personen wurden erfunden. Die beschriebenen Situationen sind Verdichtungen bzw. leichte Abänderungen tatsächlichen Geschehens, um die Anonymität zu gewährleisten. Geographische Bezeichnungen wurden auch aus diesem Grund verändert.

sie um 7 Uhr kommen werden. Sie hat Angst, sie fühlt sich schwach und sie versteht nicht einmal mehr die Sprache, obwohl sie sie fünf Jahre in der Schule gelernt hat. Was wird sie hier erwarten? Wird sie ihren Mann, Dragan, wieder sehen? Wo wird sie wohnen, wie kommt sie zu Geld? Wie lange wird sie hier bleiben müssen? Kann sie wieder in ihrem Beruf arbeiten? Es riecht hier ganz anders als zu Hause, fällt ihr auf. Ob man ihr ansieht, daß sie ein Flüchtling ist? Sie hat sich entschlossen nach Wien zu fahren. Die Österreicher haben viel für die Menschen im Krieg getan, ohne die Essenspakete hätte sie wahrscheinlich nicht überleben können, vielleicht sind sie auch jetzt gut zu ihr. Vor allem aber ist sie gekommen, weil die Z.s schon hier sind, sie sind ihre engsten Freunde, sie sind miteinander in die Schule gegangen, sie hätte nicht gewußt, wo sie sonst hingehen sollte. Ihre Eltern leben in Sarajewo, die Eltern von Dragan sind tot, andere Verwandte in den sicheren Gebieten haben schon soviele aufgenommen, es ist ihr nur Wien geblieben.

Endlich, jetzt sind die Z.s da, gleich fühlt sie sich weniger fremd, vertrauter und ein bißchen weniger allein. Sie fahren zur Flüchtlingsberatungsstelle, die Wohnung von den Z.s ist nämlich schon voll: Zwei Schwester von Herrn Z. sind mit ihren Kindern vor einer Woche gekommen, sie teilen sich die Betten so gut es geht. In der Flüchtlingsstelle fragt man die Z.s ob es nicht doch einen Platz bei ihnen zu Hause gibt, die Lager sind im Moment sehr voll. Es gibt kaum Plätze. Wenigstens als de-facto Flüchtling wird sie anerkannt, aber wo soll sie schlafen? Die freundliche Frau hinter dem Schreibtisch rät ihnen nach Hause zu fahren, sie braucht einen Tag, um einen Platz in einem Lager für Irina zu finden, sie wird sie dann anrufen. Gut, also Camping in der Wohnung, sie schläft am Fußboden, warum auch nicht, sie ist jetzt Flüchtling. Das Flüchtlingsleben ist so, da schläft man am Fußboden. Wut, Zorn, nur weil sie im falschen Land geboren ist. Sie wird es ertragen, nimmt sie sich vor.

Am nächsten Tag: Frau Z. fährt mit ihr in das Lager, es ist in einem großen alten aufgelassenen Krankenhaus. Wieder riecht es so komisch, Kinder lärmen durch das Haus. Hier also ist ihre Zwischenstation. Sie bekommt ein Bett in einem Zimmer gemeinsam mit einer jungen Frau zugewiesen, die gerade nicht da ist. Zimmer ist vielleicht der falsche Ausdruck. Ein großer Raum ist mit Kästen und Paravents abgetrennt, sie hört nebenan ein Baby weinen, ein Radio spielt amerikanische Musik. Zwischenstation oder Endstation? Frau Z. verabschiedet sich, sie muß zur Arbeit zurück. Irina sitzt in ihrem „Zimmer", alles ist so fremd. Eigentlich müßte ihr alles weh tun, aber sie spürt nichts, nichts mehr.

Die Geschichte von Irina ist noch nicht zu Ende. Sie steht exemplarisch, ebenso wie die Geschichten anderer Menschen, um die Ergebnisse unserer Analysen zum Leben zu erwecken und sie dadurch verständlicher machen.

Die Gedanken Irinas verdeutlichen folgende psychische Prozesse:

1.2 Emigration als potentielles Trauma

Jede Emigration, ob als Geflüchtete oder Vertriebene, bedeutet für die Betroffenen einen radikalen Bruch mit der bisherigen Lebensgeschichte. Allein die Trennung von der Herkunftsfamilie, die neue Sprache und eine andere Kultur bewirken, daß dem Individuum sämtliche seit frühester Kindheit erlernten Alltagsroutinen abhanden kommen und neu zu erlernen sind. Das bedeutet, daß der Emigrant sich in der psychischen Situation eines Kleinkindes befindet, welches den Umgang mit der Umwelt neu erlernt, mit dem Unterschied, daß der Emigrant vorher sehr wohl in der Lage war seine Alltag routiniert und relativ problemlos zu bewältigen, weil er die dafür notwendigen Fertigkeiten und Fähigkeiten beherrschte. Grinberg und Grinberg (1990), zwei lateinamerikanische Psychoanalytiker verstehen jede Migration als krisenhaften Prozeß und nicht als isoliertes Ereignis, wie etwa Abreise oder Ankunft. Die beiden Psychoanalytiker definieren die Migration als kumulative, d. h. sich aufbauende Traumatisierung, die sich in der Regel nach einiger Zeit in Form von Symptomen (z. B. Schlafstörungen, Schmerzen ohne körperliche Grundlage oder Erkrankungen) bei den EmigrantInnen zeigt. Sie betonen aber auch, daß die durch die Emigration verursachte Desorganisation, der Streß und die Angst zu bewältigen sind und wie jede Krise, die Chance auf eine Weiterentwicklung der Persönlichkeit in sich birgt. Grinberg und Grinberg bringen es folgendermaßen auf den Punkt: „Wenn das Ich des Emigranten aufgrund seiner Prädisposition oder aufgrund der Bedingungen seiner Migration zu sehr durch traumatische Erfahrung, beziehungsweise durch die Krise, die er durchgemacht hat oder noch durchmacht, angeschlagen ist, wird es ihm viel Mühe kosten, sich vom Zustand der Desorganisation zu erholen, in den er geraten ist, und er wird verschiedene Formen der psychischen und physischen Störungen erleiden" (S. 15).
Wenn schon eine geplante Auswanderung soviele psychische Probleme verursachen kann, um wieviel mehr Leiden kann dann eine Flucht oder Vertreibung bewirken? Bei Flucht oder Vertreibung kommt verschärfend hinzu, das daß Individuum unfreiwillig bzw. unter Zwang die Heimat verlassen mußte. Meist fehlt die so wichtige Möglichkeit, sich verabschieden zu können und das Ziel der Reise ist unbekannt. Zum Unterschied von den Auswanderern oder den ArbeitsemigrantInnen kommen Flüchtlinge ohne konkrete Vorstellungen in ein Land und haben keine zeitliche Perspektive. Die Hoffnung auf eine baldige Rückkehr verkehrt sich immer wieder ins Gegenteil: der Angst, daß die Rückkehr unmöglich wird. Dazu kommt oft das Schuldgefühl, die Zurückgebliebenen in Stich gelassen zu haben.

Jeder Schritt in Richtung Integration wird vermieden, um die Zurückgebliebenen in der Heimat nicht zu verraten. Auch die ungewisse zeitliche Perspektive behindert eine aktive Integration. Wozu soll man die neue Sprache lernen, Zeugnisse anerkennen lassen, eine Wohnung suchen, wenn man doch die Hoffnung hat in wenigen Monaten wieder zurückzukehren? Das betrifft auch die Flüchtlinge aus Ex-Jugoslawien, da sie einen sehr schwachen Rechtsstatus zugewiesen erhielten: den des de-facto Flüchtlings, der es ihnen zum Unterschied von den de-jure Flüchtlingen nicht erlaubt, nach Arbeit suchen.

1.3 Die Traumatisierung

„Es ist alles sehr schnell gegangen. Sie saß beim Frühstück, allein, wie immer in letzter Zeit, seit Dragan, ihr Mann, eingezogen wurde. Es läutete und klopfte, sie machte auf. Drei Milizen mit ihren Gewehren im Anschlag, standen da. Sie wollten wissen, wo ihr Mann ist, sie haben alles durchsucht, sie geschlagen und ihr gedroht, sie umzubringen, sie haben nach Alkohol gestunken und sie sehr ordinär beschimpft. Wenn sie nicht sagt, wo ihr Mann ist, bringen sie sie um, vorher aber – und haben eine eindeutige Geste gemacht – wird sie vergewaltigt. Sie hat irgend etwas gesagt, wo ihr Mann ist. Klarerweise weiß sie es selbst nicht, er ist im Krieg, seit vier Wochen hat sie ihn nicht mehr gesehen. Der älteste von den dreien hat ihr dann gesagt, sie habe zehn Minuten Zeit, um ihre Sachen zu packen, dann passiere ihr nichts. Er hat die zwei anderen beruhigt und auf sie aufgepaßt. Es war komisch, früher – vor dem Krieg – haben sie alle mit- und nebeneinander gelebt, jetzt wurde sie von den dreien überfallen. Mit ihren paar Habseligkeiten, die sie in den zehn Minuten packen konnte, haben sie sie mitgenommen und zu einem LKW gebracht, in dem schon viele Frauen waren, alle mit Koffer und blaß im Gesicht. Eine hat geweint, sie wurde vom jüngsten der drei geschlagen und angeschrien. Der LKW ist zum Bahnhof gefahren, dazwischen sind sie immer wieder stehen geblieben, haben gewartet und wenn die drei zurückgekommen sind, haben sie immer neue Frauen und auch Kinder mitgebracht. Zum Schluß hatten sie keinen Platz mehr auf der Ladefläche. Nicht einmal Tiere werden so transportiert, ist ihr immer wieder wie ein Blitz durch den Kopf geschossen, nicht einmal Tiere. Am Bahnhof hat ein Bus gewartet, in den sie einsteigen mußten und warten – lange, es war heiß, sie hatte Hunger und Durst. Es gab nichts, nicht einmal zum WC durften sie gehen. Sie hatte totale Angst und gleichzeitig riesengroße Wut, sie wollte zuschlagen, schreien, beißen, aber sie wußte genau, daß es Selbstmord gewesen wäre. Plötzlich mußten alle wieder aussteigen. Gepäckskontrolle, alle Taschen und Koffer wurden durch-

wühlt, alle Fotos, die die Milizen finden konnten, wurde konfisziert. Sogar ihr Hochzeitsfoto wurde ihr weggenommen."

Trauma, griechisch: eine Wunde, die aufbricht, meint ursprünglich die körperlichen Konsequenzen, die ein Organismus nach einem gewaltigem Schlag erleidet. Ins psychologische übertragen, bedeutet Trauma, die Konfrontation mit einem Ereignis, das real stattgefunden hat, dem sich das Individuum schutz- und hilfslos ausgeliefert fühlt und bei dem die gewohnten Abwehrmechanismen und Verarbeitungsstrategien erfolglos sind. Die Reizüberflutung und Reizüberwältigung ist so machtvoll, daß automatisch Angst entsteht, die nicht mehr beherrschbar ist. Als Folge treten kurz- und langfristige psychische Störungen auf. Traumatisierung meint den Prozeß, Trauma ist das Ergebnis dieses Vorgangs (vgl. Brand, 1986, Veer, 1992, Mertens, 1992).

Psychologisch bedeutet eine Traumatisierung einen tiefen Einbruch, nachdem nichts mehr so ist, wie es vorher war; das gewohnte Leben, Werthaltungen und Lebenseinstellungen sind durcheinandergeraten bzw. gestört. Traumatische Erfahrungen sind existentielle Erfahrungen, die eine Konfrontation mit dem Tod bedeuten, konkret oder im Sinne der Zerstörung der alten Existenz (vgl. Dhawan, 1993).

Doch das Trauma bedingt durch eine Gewaltanwendung ist oft erst der Anfang. Die Traumatisierung geht auch im Aufnahmeland weiter. Keilson (1979), der eine Untersuchung an jüdischen Kriegswaisen in den Niederlanden nach der NS-Zeit durchgeführt hat, hat in diesem Zusammenhang den Begriff der „sequentiellen Traumatisierung" eingeführt. Er beschreibt am Beispiel der Niederlande folgende Phasen der Traumatisierung:

1. Die feindliche Besetzung der Niederlande mit beginnendem Terror gegen die jüdische Minderheit – vergleichbar mit dem Beginn der ethnischen Säuberungen in Ex-Jugoslawien, von der alle dort lebenden Volksgruppen betroffen waren und sind.
2. Direkte Verfolgung, Versteck in improvisierten Kriegspflegefamilien; Aufenthalt in Konzentrationslagern – vergleichbar den ersten Schritten ins Exil, der bisweilen nur bis ins ethnisch anders strukturierte Nachbardorf geführt hat sowie den Vergewaltigungswellen und der Konzentrationslagerhaft, die die Frauen und Männer in Bosnien erlitten haben. In diese Phase fällt auch der Aufenthalt in den Massenlagern in einem sogenannten sicheren Drittland oder in Österreich selbst.
3. Nachkriegsperiode – vergleichbar mit der Zeit im Aufnahmeland, im speziellen in Österreich, in der weder eine realistische Rückkehr- noch Integrationsperspektive vorhanden war und ist. Diese Phase dauert für die nach Österreich gekommenen Bosniern nach wie vor an.

Wesentlich an der sequentiellen Traumatisierung ist, daß mit der Beendigung der Verfolgung (zweite Phase), die Traumatisierung keineswegs aussetzt, denn – folgt man den Befunden Keilson`s ist eine ungünstige dritte Phase für die psychische Befindlichkeit wesentlich schädigender als eine ungünstige zweite Phase.
Ebenfalls die Prozeßhaftigkeit der Traumatisierung betont Khan (1963), von dem der Begriff des „kumulativen Traumas" stammt. Zusammengefaßt beschreibt er das Trauma als ein sich aus einer Serie an sich nichttraumatischer Einzelerfahrungen, die sich allerdings in einem Rahmen entwickeln, verstärken und schließlich zum Zusammenbruch führen können. Er führt also die Abhängigkeit von den Rahmenbedingungen ins Treffen, innerhalb derer sich die ExilantInnen mit Beginn ihres Exodus bewegen. Ein ähnlicher Gedanke findet sich bereits bei Freud und Breuer (1895).

1.4 Entwurzelung und Heimatverlust

Ist man im Exil, wurde man vertrieben oder ist man geflüchtet, eines ist auf alle Fälle geschehen, man hat die Wurzeln verloren. Das hat nichts mit Blut und Boden zu tun, den Wurzeln kann man theoretisch überall schlagen, folgt man der Definition von Heimat, die Nuscheler (1991) entwickelt hat. „Heimat ist die soziale Umwelt, in der sich jemand heimisch fühlt und mit der sich jemand identifizieren kann. Fremdsein ist keine Eigenschaft, sondern ein Verhältnis zwischen Menschen. Auch das subjekive Gefühl des Fremdseins resultiert aus der Begegnung mit anderen Menschen" (S. 28).
Mit dem Begriff der Entwurzelung wird häufig versucht, die Befindlichkeit von Flüchtlingen zu beschreiben. Entwurzelung meint den psychischen, sozialen und kulturellen Zustand eines Menschen, der Heimat, Bezugswerte und Gruppenzugehörigkeit verloren hat und (noch) keine Möglichkeiten gefunden hat, sich mit der neuen Kultur und der gesellschaftlichen Ordnung im Asylland zu identifizieren. Dieses schmerzhafte Entwurzelungsgefühl ist (Espin, 1992, S. 12f.) dauernd präsent, weil es die Abwesenheit von alltäglich Vertrautem begleitet. Immer und überall wird man daran erinnert, daß man hier fremd, d. h. entwurzelt ist. Leupold-Löwenthal nennt den Entwurzelten einen Menschen im Nichts (1958, S. 91).
Heimat bedeutet nicht nur Staatszugehörigkeit, sondern auch Gemeinschaft, Schutz, Geborgenheit, Sicherheit, Verstehen und Verstanden werden, Vertrautheit.
Aber: Heimatgefühl erwächst nicht so sehr aus der Bindung an einen Ort, sondern aus Beziehungen zu Menschen und aus konkreten Lebensbedingungen, die Glück erfahrbar machen.
Oft wird vieles getan, um dieses Heimatgefühl erst gar nicht aufkommen zu lassen. Fremde werden qua Gesetz ausgegrenzt, mit dem Ziel sie mög-

lichst bald wieder los zu werden. Fremde leben ausgegrenzt und abge-
schieden von allem, was zum seelischen Wohlbefinden gehört. Dort wurden sie entwurzelt, hier werden sie nicht an- und aufgenommen, es ist dies
eine Situation, die in der Regel krank macht, d. h. voller Risikofaktoren
steckt und im Auftreten von Lebensereignissen, häufig der Weg in die
Krankheit ist (vgl. Schwarzer & Jerusalem, 1994).

1.5 Trennung und Integration

Jede Wanderung beginnt mit einer Trennung und jede Trennung ist ambi-
valent, weil die Angst vor einer unbekannten Zukunft, vor den fremden
Lebensbedingungen und Selbstzweifeln sich mit der Hoffnung auf eine
besser Zukunft, mit Mut, bisweilen sogar mit Übermut bezüglich der eigenen Fähigkeiten und Kräfte vermischen.
Migration umfaßt das Abschiednehmen von Gewohntem in allen Lebensbereichen. Sie ist die Trennung von allen Bindungen und Beziehungen, die
Lebensinhalt und -sinn vermitteln: Familie, Freundeskreis, Beruf, Gemein-
schaftszugehörigkeit, diese Trennung wird „absolut" erfahren. So kann
eine (regressive) Abwehrhaltung gegen dieses Verlustgefühl entstehen,
gegen das Lösen von früheren Identifkationen und gegen die Unterwer-
fung unter fremde Normen, Wertvorstellungen und Verhaltensmustern. Wie
ein Kind oder ein Jugendlicher lehnt man sich dann gegen Regeln und
Normen im Aufenthaltsland auf, z. B. durch Mißachtung und Passivität.
Dieser Mechanismus kann nach langen Jahren „erfolgreicher" Integration
unter Streßfaktoren – wie Scheidung oder Verlust des Arbeitsplatzes –
wieder Dominanz in der psychischen Steuerung erlangen. Bei einer Fixie-
rung negiert man die Gegenwart, lebt im Nostalgischen.
Das „Umtopfen" oder die „Verpflanzung" von der eigenen Gesellschaft in
eine fremde bedeutet einen dauerhaften psychischen Streß. Routine in der
zwischenmenschlichen Kommunikation, dem Einkaufen, Wohnen, Essen,
der Hygiene fallen weg. Der Zwang sich jeden Lebensbereich neu zu
erobern, d. h. ausreichend Informationen zu sammeln, sie in Handlungen
umzusetzen, und sie so lange zu üben, bis sie Routine sind, geht damit einher. Und dies erzeugt ein Gefühl ständiger Überforderung. Dazu kommt
durch den Heimatverlust auch ein Stück Persönlichkeits- oder Identitätsverlust. Im Grunde lebt der Fremde wie ein Kind, er/sie lernt nur durch Fehler und Sanktionen der sozialen Umwelt – das ist schmerzhaft und braucht
viel Zeit. Insgesamt dauert der Prozeß der Anpassung lange und zwar
umso länger, je weiter der kulturelle und soziale Abstand zwischen Herkunftsland und Gastland ist. Insofern ist es wichtig, daß *Integration nicht
mit Assimilation* verwechselt wird. Diese verlangt ein sich völliges Anpassen an die herrschende Kultur und damit eine Verleugnung der eigenen

Identität. Assimilation wird durch das Bedürfnis einer Kultur nach Homogenisierung, nach dem Wunsch eines Wir-Gefühls verstehbar. Kulturen, die sich stark nach außen abgrenzen über die unsichtbaren Grenzen der *„Wir sind wir-Mentalität"* legen den Fremden den Zwang auf zu verschwinden, d. h. entweder das Land zu verlassen oder sich in ihm aufzulösen, sich unsichtbar zu machen. Dies löst jedenfalls starke Minderwertigkeitsgefühle aus, die Identität ist bedroht. Schutz davor bietet, auf sich selbst zu beharren, die eigenen Lebensgewohnheiten zu übertragen, bzw. sie in die ferne Zukunft zu phantasieren, wo man reich und glücklich, wohl angesehen in die Heimat zurückkehrt. Gleichzeitig wird damit eine effektive Lebensführung in der Fremde verhindert, die Sprache des neuen Landes wird auf Dauer verweigert, der reale Bezug zum Hier und Jetzt geht zugunsten einer idealisierten Heimatfixierung verloren. Doch wird diese Heimkehr oft nicht vollzogen. Die Stigmatisierung als Ausländer nimmt ihren Anfang und wird durch die verstümmelte Sprachform, mit der die Inländer den Ausländern begegnen, symbolisiert.

Die phantasierte Heimat wird immer prächtiger und paradiesischer, man selber wird in der Vorstellung über den eigenen Status zu Hause immer wichtiger und wesentlicher, etwaige Kritik an Verhaltensweisen oder Normen des Herkunftslandes wird mit Aggression begegnet. Dabei kann es bleiben oder man geht den nächsten Schritt der Entwicklung. Eigene spezifische Wertvorstellungen werden entwickelt, die in reiner Form in keiner der beiden Kulturen vorkommen. Individualisierung setzt ein, die oft als Vereinsamung erlebt wird, weil man nirgends mehr oder noch nicht richtig dazu gehört.

Integration, umgangssprachlich, meint den Anpassungsprozeß des Neuankömmlings an die im Aufnahmeland gültigen Regeln. Leupold-Löwenthal (1958) versteht unter Integration einen wechselseitigen Prozeß, der Leistungen von den Emigranten und der Aufnahmebevölkerung fordert, und zwar seelisch, ökonomisch und sozial. Hier wird klar, daß Integration nicht nur einen seelischen Vorgang seitens der Flüchtlinge einfordert – ihre Anpassungsleistung – sondern eine Vielzahl von Umweltbedingungen einen entscheidenden Einfluß ausüben. Von den Betroffenen selbst wird unter Integration verstanden: „Integration selbst, wenn überhaupt erstrebenswert, müßte jedoch eine kritische und schöpferische Auseinandersetzung mit dem österreichischen Kulturraum sein, ein Kennenlernen desselben, ohne dabei freilich die eigene Tradition zu verlieren. Dies geschah und geschieht nicht. Was verlangt wird ist eine blinde Anpassung, ist unkritische, fast sklavische Bejahung der gängigen Befehlsstrukturen. Doch selbst diese Integration um jeden Preis garantiert noch keine soziale Anerkennung, selbst der angepaßte Chilene bleibt „nur" Chilene" (Pattillio-Hess, 1986, S. 16f.).

2. Probleme der ersten Zeit

Zwei Tage ist Irina nun im Flüchtlingslager, die erste Nacht war furchtbar. Es war so heiß in dem großen Raum, die Luft war schlecht, Kinder haben geweint, Schnarchen von überall her, wenn sie wenigstens ein kleines Zimmer hätte – für sich allein, aber nur durch einen Paravent von den Blicken der anderen geschützt zu sein, raubt ihr den Schlaf. Immer wenn sie knapp vorm Einschlafen war, sind die Bilder gekommen, wie die Soldaten in ihre Wohnung eingedrungen sind, die Gewehre auf sie gerichtet, die Drohung der Vergewaltigung, sie konnte diese Bilder nicht wegschicken, sie hat es probiert mit einem Befehl. „Geht weg", hat sie gesagt, aber die Bilder sind geblieben. Völlig erschlagen ist sie in der Früh aufgestanden, sie hat versucht ihr gewohntes Morgenritual hier durchzuführen – ein bißchen Gymnastik im Bett, dann ins Bad, ein gemütliches Frühstück, um den Tag entspannt zu beginnen. Mitten in den Übungen für die Bauchmuskeln ist ihr eingefallen, daß sie nicht weiß wie sie diesen Tag verbringen soll, es gibt keine Aufgaben, die sie in Angriff nehmen kann, es gibt niemanden für den sie in Form sein soll, sie ist sich völlig nutz- und sinnlos vorgekommen. Wenn nicht das Mädchen – Aliza – im Zimmer gewesen wäre, hätte sie hemmungslos geheult. So aber sind ihr die Tränen im Hals stecken geblieben, sie konnte noch nie vor Fremden weinen. Aliza hat trotzdem gemerkt, daß es ihr schlecht geht. Sie hat ihr Kaffee und Semmeln aus dem Speisesaal gebracht. Das ist eigentlich verboten, die Mahlzeiten dürfen nicht im Zimmer eingenommen werden, man muß dazu immer in den Speisesaal gehen, sich anstellen und dann bekommt man sein Essen. Aliza hat ihr gesagt, es sei günstig, möglichst früh hinzugehen, weil es manchmal vorkommt, daß es nichts mehr gibt, wenn man gegen Ende der Essensausgabe erscheint. Ihr ist das völlig egal, dieses Essen schmeckt so grauenvoll, daß sie es nicht will, allein der Gedanke daran, läßt ihren Hunger vergehen. Nicht nur daß das Essen schrecklich schmeckt, auch ist dieser Speisesaal so häßlich – kahl, mit alten Möbeln – sie fühlt sich entwürdigt, daß sie in so einer Umgebung essen soll. Was hat sie nicht alles verloren, ihre gemütliche Frühstücksecke in der Küche, voll Sonnenlicht mit vielen Pflanzen und frischen Kaffee, nicht so wie hier aus der Thermoskanne, alt und abgestanden. Jetzt ist sie ein Flüchtling, mit nichts in der Hand, außer den Kleidern, die sie trug und ihren Dokumenten. Aliza hat ihr gezeigt, wie sie zu Kleidungsstücken, Seife, Haarshampoo und ähnliches kommt. Dafür muß sie in das Büro der Lagerleitung gehen, sagen was sie braucht, dann wird in einem großen Buch eingetragen, was sie bekommen hat. Genauso ist es, wenn sie ein Medikament braucht. Alles bekommt sie von der Lagerleitung. Dort hat sie ebenfalls ein Wörterbuch erhalten, sie kümmern sich auch um ihr Visum, deshalb hat sie dort den Paß abgegeben. Eines hat sie dabei nicht verstan-

den. Wenn sie ausgehen will, muß sie ihren Paß mitnehmen, hat man ihr erklärt, weil in Österreich Ausweispflicht besteht und gleichzeitig mußte sie ihren Paß abgeben. Jetzt kann sie eigentlich nicht auf die Straße gehen, weil sie keinen Paß hat. Sie weiß nicht, was sie tun soll. Aliza geht einfach ohne Dokument hinaus. Das traut sie sich nicht. Sie weiß auch gar nicht, wohin sie gehen soll. Sie hat Angst sich zu verlaufen und sie kennt auch niemanden. Nur die Z.s, die sie ohnehin besuchen. Aliza ist da ganz anders. Sie hat ihr erzählt, daß sie am ersten Tag in Wien einen Stadtplan gekauft hat und sich jeden Tag etwas Neues anschaut. Aliza redet sich jeden Tag ein, daß sie ab jetzt hier in Wien lebt, zu Hause war es für sie auch nicht schön, sie kann nur gewinnen, wenn sie in Wien bleibt. Aliza sagt: „man muß sich das neue Leben organisieren, Deutsch lernen, Arbeit suchen, Freunde suchen, einen Mann suchen", nur so kann man überleben. Aliza organisiert sich also ihr Leben, sie geht zur Lagerleitung, wenn sie etwas braucht oder etwas nicht versteht, sie hat schon eine Freundin gefunden, sie paßt ab und zu auf ihre Kinder auf, sie ist ständig in Bewegung. Aliza achtet auch auf ihren Körper, schminkt sich, pflegt sich, lacht und sagt: „nur wenn ich schön bin, finde ich einen Mann." Arbeit finden, sagt Aliza ist das Schwerste. Sie könnte in einem bosnischen Lokal als Servierin arbeiten, aber nur schwarz und immer bis zwei in der Früh, aber um 10 Uhr muß sie im Lager sein, sonst verliert sie ihr Bett. Putzen könnte sie noch, das macht ihr keinen Spaß, schließlich ist sie gelernte Friseurin, putzen ist also nichts für sie. Trotzdem sagt sie, das alles möglich ist, wenn man nur will.

Irina hat ihren ersten Tag im Lager sinnierend verbracht. Sie hat ihren „Verschlag" nur verlassen, um sich Kopfschmerztabletten zu holen und ihre hygienischen Bedürfnisse zu stillen. Es war ein Tag voll Kummer, der sie immer wieder an ihre Heimat und ihren Weg nach Wien erinnerte. Wie im Kino liefen die Bilder in ihrem Kopf ab, alles mögliche hat sie wieder und wieder gesehen. Sie hat befürchtet verrückt zu werden. Aliza sagt, daß ist ganz normal, alle Flüchtlinge sehen ihre Bilder immer wieder. „Kino im Kopf", lacht sie, wird dann ernst und sagt ihr, daß sie deshalb bei einer Psychologin im Lager war, weil sie auch schon ganz verrückt davon war und die ersten zwei Wochen nicht schlafen konnte. Irina hat beschlossen ihr Kino nicht mehr so ernst zu nehmen und hat sich am zweiten Tag das Lager genauer angeschaut. Es ändert sich nichts, wenn sie den ganzen Tag im Zimmer sitzt, sie geht lieber hinaus. Das Lager ist in schöner Umgebung, ein großer Park lieg in der Nähe, das Zentrum soll nicht weit sein, viele schöne Geschäfte hat sie bei einem kleinen Spaziergang entdeckt. „Wien könnte ein schöner Platz zum Leben sein", hat sie gedacht. Später hat sie sich im Lager umgeschaut und alle Zettel gelesen, die überall herumhängen. Essenszeiten, Putzanleitung für Bad und WC, Medikamentenausgabe, Kleiderausgabe, Hausordnung, Deutschkurs,

Kinderspielgruppen, Frauengruppe, Verlängerung des Visums, Hand-
arbeitskreis, Ausflug ins Schwimmbad und für die Kinder ein Besuch im
Zoo. Viele Gebote und Verbote, aber auch ein bißchen was zum Leben.
Was fängt sie nun mit dem Rest des Tages an? Am Gang spricht sie ein
junger Mann an, er fragt sie wann sie gekommen ist, woher sie kommt
und wie die Fahrt hierher war. Sie kommt ins Erzählen. Es tut ihr gut über
ihre Erlebnisse zu sprechen. Sie verwickeln sich in eine Diskussion, wie
lange der Krieg noch dauern wird. Der junge Mann ist sich sicher in ein
paar Monaten wieder zu Hause zu sein, sie ist da viel pessimistischer,
nach allem was sie erlebt hat, wird es noch lange kein friedliches Miteinander geben. Der junge Mann erzählt ihr, daß er die Wochen hier nützt,
um Geld für die Leute aus seinem Dorf zu sammeln, er fährt von Lager zu
Lager, sammelt Spenden von seinen Landsleute und versucht das Geld
mit Hilfe von seinen Freunden nach Hause zu schicken. Da gibt es in
Wien eine Bank, die das Geld schicken kann. Er bittet auch sie um eine
Spende. Leider hat sie gar kein Geld. Sie fragt ihn aber, warum er das tut,
wenn er doch glaubt, daß er bald wieder zurück kann. Mirco, so heißt er,
erzählt ihr, daß er hier Gutes für seine Landsleute tun muß, weil er wegen
seiner Krankheit nicht mit ihnen kämpfen kann. Wenn er hier nur faul her-
umliegt, werden sie ihn nicht mehr akzeptieren, wenn er zurückkehrt. Er
fühlt sich schuldig, daß er sie dort alleine läßt, auch weil es ihm hier ganz
gut geht. Er hat zu essen und zu trinken, ein Bett zum Schlafen und muß
nicht befürchten, verschleppt, gefangengenommen oder gefoltert zu werden. Er hat also wirklich mehr als Grund genug, von hier etwas für seine
Freunde und Landsleute zu tun. Er würde sich auch feig vorkommen,
wenn er hier sein Leben genießt, während die anderen in der Schlacht
sind. Jetzt will Irina wissen, warum er dann überhaupt geflohen ist. Mirco
ist entrüstet. Er ist nicht geflohen, er ist ein Vertriebener, er ist mit der
Pistole an der Schläfe abgeführt worden. Dann wollte er sich bei der
Armee anmelden, um zu kämpfen. Aber sie nehmen ihn nicht, weil er
zuckerkrank ist. Er muß sich jeden Tag Spritzen geben, so jemanden können sie nicht gebrauchen. Er darf nicht kämpfen, obwohl er ein guter
Soldat wäre. Weil es im Deportationslager keine Medikamente gibt, hat
ihn das Rote Kreuz nach Wien geschickt. Das hat er angenommen.
Ohne Medikamente droht ihm die Erblindung. Als Blinder kann er für
seine Heimat gar nichts tun, also ist er seit zwei Monaten hier in Wien.
Jetzt ist Irina total verwirrt. Er ist seit zwei Monaten hier und glaubt noch
immer, daß der Krieg bald vorüber ist, verhält sich aber so, als würde der
Krieg noch lange dauern. Verwirrt verabschiedet sich Irina und geht in
ihr Schlafabteil, wo sie ihren Kleiderbestand sichtet. Viel ist es nicht, was
sie hat, eine Jeans, einen Pulli, ein T-shirt, ein bißchen Wäsche, es fehlt
ihr vor allem der Badeanzug, den wird sie sich heute am Abend besor-
gen. Aliza soll ihr helfen. Einstweilen ist sie müde, soviele neue Ein-

drücke, die Schlaflosigkeit der letzten Nächte, vielleicht gelingt es ihr zu schlafen.

Die erste Phase des Hierseins ist meist getragen von Mut und Euphorie und läßt dadurch viele Anfangshürden relativ leicht nehmen. Doch durch die Konfrontation mit der Realität schlägt diese Gestimmtheit auch leicht in Ohnmacht um, dies auf dem Hintergrund der Ambivalenz des Entschlusses, die Heimat zu verlassen. Entfremdung, Zugehörigkeitsvakuum, Identifikationsunfähigkeit mit den anderen lassen bisweilen Angst bis hin zu Panikattacken entstehen, die Ausdruck der nicht verarbeitbaren Reizüberflutung sind. Vor dem Hintergrund politischer Entwicklungen werden diese Angst- und Panikgefühle stärker und haben auch realen Bezug.

Diese ersten Tage im Flüchtlingslage, die Irina mit Verboten, Geboten und verwirrenden Begegnungen konfrontieren, verbringt sie mit Appetit- und Schlaflosigkeit, voller Zweifel, Orientierungslosigkeit und flashbacks (Kino im Kopf), die dann besonders intensiv sind, wenn sie mit Leuten über die Vorgänge in ihrer Heimat spricht oder sie durch irgend etwas an die Ereignisse ihrer Flucht und den Überfall durch die Milizen erinnert wird. Die Polizei, die unlängst im Lager war, uniformiert und mit Pistolen, hat ihr ganz besonders zu schaffen gemacht. Immer wieder sah sie die drei Milizen vor sich stehen, sie konnte überhaupt nicht realisieren, daß sie hier in Wien im Lager in Sicherheit ist. Das ist typisch für den Anfang eines Flüchtlingslebens. Nichts ist mehr wie es war, alles fremd und neu.

Diese Situation wird entweder mit einer euphorischen Stimmung beantwortet, in der man davon überzeugt ist, sich ein neues, tolles Leben aufzubauen, und nur die Vorteile des Ankunftslandes wahrnimmt. Diese Euphorie ist in der Regel bei jenen Menschen anzutreffen, die keine gravierenden traumatisierenden Erlebnisse auf den Weg in die Emigration erleben mußten, während Menschen, die lebensbedrohlichen Situationen entkommen sind, antriebslos und gedrückt erscheinen, weder Hunger noch Durst zeigen und nicht schlafen können.

In der psychologischen Fachliteratur werden als Folge von Flucht und Traumatisierung folgende Phänomene beschrieben. Unter dem Begriff Seelenmord (Niederland, 1980) oder „extreme Traumatisierung" (Bettelheim, 1980) werden Symptome wie Ängste, Schlaflosigkeit, Alpträume, Gedächtnisstörungen, Identitätsstörungen und psychosomatische Beschwerden zusammengefaßt. Oft steht am Beginn des Flüchtlingslebens eine aggressive Reizbarkeit, die nach einiger Zeit in Resignation und Rückzug umschlägt. Bei Überlebenden der Nazi-KZs, die einer generell sehr grausamen Verfolgung ausgesetzt waren, wurde häufig ein „Überlebendensyndrom" diagnostiziert, das folgende Symptome aufweist:
– schwere plötzlich einsetzende Erregungs- und Angstzustände,
– das Gefühl der Todesnähe und des Anders- als die anderen-Seins,

– Überlebensschuld,
– Depressionszustände, Apathie, sozialer Rückzug,
– psychosomatische Beschwerden (vgl. Niederland, 1980).

Einige dieser Symptome weisen auch Irina und Mirco auf, bei dem vor allem die Überlebensschuld sehr in den Vordergrund tritt, obwohl er „gute" Gründe hatte, nach Wien zu kommen. Absurd an der Überlebensschuld ist, daß sich nicht die Verfolger, sondern die Verfolgten schuldig fühlen. Es ist dies wohl Ausdruck der verrückten Situation, in der sich die Verfolgten wiederfinden.

Desweiteren kommt es bei traumatisierten Menschen zur sogenannten Viktimisierung und zu Störungen der Informationsverarbeitung. Unter Viktimisierung verbirgt sich das Gefühl, Kompetenz und Kontrolle über das eigene Leben verloren zu haben. Aber auch der Verlust von Sinn und die Illusion von Unverletzbarkeit, die Menschen davon abhält sich rechtzeitig zu schützen und vorsichtig zu sein und gleichzeitig vor zuviel Angst bewahrt, ist zerstört. Davon rühren die Angst- und Panikzustände der Traumatisierten. Auf diese Weise werden die schrecklichen Erfahrungen in die kognitive Welt integriert (vgl. Janoff- Bulmann, 1985).

Der Informationsverarbeitsprozeß ist nach traumatischen Erfahrungen verändert, weil das Individuum während des Traumas mit Informationen überschüttet wurde. Der Mensch nimmt die Umgebung, die Täter, die körperlichen Reaktionen auf Angst, Schmerz, Hilflosigkeit, Wut und Zorn gleichzeitig auf. Die Reize während dieser Situationen kommen sehr schnell und sind äußerst vielfältig, die individuelle Informationsverarbeitung ist hochgradig überfordert. Nur ein Teil der Informationen kann im Langzeitgedächtnis gespeichert werden, der Rest bleibt im Kurzzeitspeicher. Die Kurzzeit-Informationen sind sehr bewußtseinnah und dringen immer wieder in die aktuellen Denkprozesse als Erinnerungen, Alpträume und flashbacks (Kino im Kopf) ein. Neue Informationen kann man dadurch viel schwerer verarbeiten, Vergeßlichkeit und Konzentrationsprobleme sind die Folge. Dies erklärt auch den Zwang einiger Flüchtlinge ihre traumatischen Erfahrungen wieder und wieder zu erzählen. Manchmal aber sind die Erlebnisse so grauenerregend, daß sie aus Scham und Schmerz nicht veröffentlicht, d. h. nicht erzählt werden können. Dennoch sind sie vorhanden, sie zeigen sich in Alpträumen, Zeichnungen oder Absenzen, d. h. überall dort, wo das Wach-Bewußtsein keine Kontrolle hat. All das zeigt sich einerseits erschwerend beim Erlernen der neuen Sprache, aber auch die Aussagen bei den Vernehmungen für den Asylantrag erleiden dadurch Verzerrungen, weil häufig, Abläufe durch ihre Kurzzeitspeicherung in unterschiedlicher Reihenfolge erinnert und zu Protokoll gegeben weden. Eine therapeutische Methode, diesem Informationsdefizit zu begegnen, ist es den Traumatisierten immer wieder aufzufordern, die Ereignisse chronologisch zu berichten, um eine Verarbeitung zu erreichen und so den Übergang in den Langzeitspeicher zu fördern.

Auch das Grundvertrauen in die Welt und andere Menschen ist schwer erschüttert, in der Betreuungsarbeit von Flüchtlingen muß fürs Erste daran gearbeitet werden, Kontakt herzustellen und Vertrauen aufzubauen.

Leupold-Löwenthal (1958) interpretiert die unmittelbar auf die Flucht folgenden seelischen Reaktionen und Verhaltensweisen als normalen Ausdruck von schwerer psychischer und physischer Erschöpfung. Folgt man der Beschreibung von Hoff, Leupold-Löwenthal und Strotzka (1958), die sich um die ungarischen Flüchtlinge kümmerten, so ist die von ihnen festgestellte regressive Tendenz der Geflüchteten und Vertriebenen in den Vordergrund zu stellen. Regression bezeichnet einen Zustand, wo die Menschen in quasi kindliche Verhaltensweisen zurückfallen, die eine unmittelbare Befriedigung aller Bedürfnisse durch die Eltern bzw. Gastgeber zum Ziel haben. Diese regressiven Tendenzen entstehen durch das Zusammenwirken von realitätsfremdem Wunschdenken in Bezug auf die Möglichkeiten im Aufnahmeland (Aliza = alles ist möglich-Typ) – hier sind Enttäuschungen vorprogrammiert – und den verdrängten Schuldgefühlen gegenüber den Verlassenen. Ähnlich wie von den Eltern sind die Flüchtlinge (= Kinder) vom Gastland abhängig, daß die regressiven Tendenzen fördert, in dem es von den Flüchtlingen erwartet, hilflos, leidend, abhängig und dankbar zu sein. Also: nicht nur, daß Flüchtlinge zu Regression neigen, die Gastgeber fördern noch diese Regression und versorgen ihre Gäste wie kleine Kinder, die man füttert, führt, leitet und Dankbarkeit von ihnen erwartet. Liebe, im Sinne des Wachsenlassens, fehlt.

Leupold-Löwenthal fand in seinen Untersuchungen folgende Reaktionen:
– erhöhte Angstbereitschaft: Panikattacken und nervöse Spannungszustände (Bestehenbleiben der Fluchttendenzen z. B. wird der Koffer nicht ausgepackt und Überlegungen für das nächste Ziel werden angestellt).
– gesteigerter Selbsterhaltungstrieb: konventionelle Hemmungen und Bindungen werden leichter als sonst aufgegeben, z. B. werden Beziehungen leichter gelöst und geknüpft als früher.
– aggressive Reizbarkeit: Streit über Kleinigkeiten ist im Flüchtlingslager Alltag
– Regression: man hält an Traditionen, z. B. den Ernährungsgewohnheiten fest, Heimatkontakte und Erinnerungen werden intensiv gepflegt.
– Das Aufnahmeland wird überbewertet, alle Menschen sind freundlich, alles ist schön.
– Mangel an Eigeninitiative, körperliche und geistige Passivität
– Fehleinschätzung der Realität: der Krieg ist fast vorüber, nach dem Sommer können wir wieder zurück, obwohl die politische Situation alles andere verspricht.

Deutlich wird, daß im Ausnahme- bzw. Extremzustand eine Wechselwirkung zwischen Situation und Persönlichkeit stattfindet, die entweder zur Integration = Anpassung oder zu einer Fehlanpassung (z. B. Psychose, Lagerkoller, soziale Verwahrlosung) führt.

Doch nicht nur die Stärke des Traumas ist für die psychischen Folgeprobleme ausschlaggebend, schreibt Brand (1986), eine Mitarbeiterin des Kölner Zentrums für ausländische Flüchtlinge. Ihren Erfahrungen nach haben folgende Faktoren einen Einfluß auf das Befinden:

- die Intensität des Reizes: je länger und massiver der Reiz war, desto zerstörerischer kann er auf die Persönlichkeitsstrukturen wirken, weil die Erholung vom Trauma kaum möglich ist
- die Persönlichkeitsstruktur des Betroffenen (vor dem traumatischen Ereignis)
- Die Entwicklungsphase, in der sich die Betroffenen befinden, weil Entwurzelung und Migration die Entwicklungsphasen durcheinanderbringen.
- der Zusammenbruch der vertrauten Bezüge zur Welt (psychisch und materiell). Psychologisch spricht man von der Kontiniutät bzw. Diskontinuität der Objektwelt.

3. Probleme des Flüchtlingsalltags

3.1 Nachrichten aus der Heimat

Heute wurde Irina in das Büro des Lagerleiters gerufen. Auf den Weg dorthin war ihr ein bißchen mulmig, was wird er von ihr wollen, muß sie vielleicht umziehen oder ist etwas mit ihren Papieren nicht in Ordnung?, hat sie sich gefragt. Nichts von all dem, ein Brief von ihren Eltern aus Sarajewo ist gekommen, fünf Monate mußte sie auf die erste Nachricht warten, jetzt hört sie von ihnen. Ihre Wohnung wurde zerstört, sie leben bei Freunden, die bei ihrer Wohnung einen großen Keller haben. Es gibt keinen Strom, Wasser holen sie bei den Wasserstellen. Die Herzmedikamente für den Vater gibt es schon lange nicht mehr. Dennoch: sie leben, es geht ihnen halbwegs gut und sie sind glücklich, daß ihre Tochte noch lebt. Von Dragan, ihrem Mann haben sie auch nichts gehört. Statt über diese Nachrichten glücklich zu sein, kann sie nun schon seit drei Stunden mit dem Weinen nicht mehr aufhören. Sie hätte, wirft sie sich vor, gleich zu Kriegsbeginn nach Sarajewo fahren sollen und sich dort um ihre alten Eltern kümmern. Stattdessen sitzt sie im geheizten Zimmer, hat genug zum Essen. Sie fragt sich, wie sie diesen Fehler jemals wieder gut machen kann?

Die Menschen sind nach wie vor in die Geschehnisse ihres Herkunftslandes eingebunden. Nachrichten – egal ob über die Medien vermittelt oder persönlich überbracht – beeinflussen die Stimmung und machen die tiefe Betroffenheit der Flüchtlinge deutlich. Auch können diese Nachrichten die eigenen Schuldgefühle wegen des Davongekommenseins wachrufen und Erinnerungen an die eigenen traumatischen Erlebnisse aktualisieren. Die Flüchtlinge sind auch in ständiger Sorge wegen ihrer Angehörigen und Freunde. Sie leben in der Hoffnung auf ein Wiedersehen und der Furcht vor dem Nie-mehr-Wiedersehen. Wenn es irgendwie möglich ist, wird versucht telephonischen Kontakt herzustellen, Briefe zu schreiben, über deren Ankunft häufig Ungewißheit herrscht und Botschaften zu übermitteln. Ein Brieftransport nach Bosnien kostete im Winter 1994 öS 500,–, eine mündliche Mitteilung ebenfalls. Diese Ausgaben werden gerne auf sich genommen, erhofft man sich doch von diesem Kontakt die erlösende Antwort, daß die Angehörigen in Sicherheit und Gesundheit leben. Viele versuchen, sie aus dem Exilland materiell zu unterstützen. Jene Personen, die allein gekommen sind, versuchen ihre Angehörigen nachzuholen.

3.2 Adaptionsschwierigkeiten

Vor allem die neuen Lebens- und Arbeits- bzw. Nicht-Arbeitsverhältnisse, aber auch die unterschiedlichen kulturellen Normen und Bräuche führen bisweilen zu Mißverständnissen, Konflikten und Spannungen zwischen den Exilanten und dem Aufnahmeland. Ein harmloses Beispiel aus dem Lageralltag ist die Verwendung von Kompact-Waschmittel, das den Bosnierinnen unbekannt war. Sie dosierten wie gewohnt und überschäumten dadurch die Naßzellen. Die Reaktion der Betreuer fiel unterschiedlich aus: zwischen Unverständnis über die Unkenntnis bis zum Erkennen der Komik, die dieser Situation innewohnte, war alles da. Gravierender werden diese Unterschiede z. B. im Umgang mit Gesundheit und Krankheit, mit Schwangerschaftsverhütung und Pünktlichkeit, die in unserer Gesellschaft eine größere Rolle spielt als im Herkunftsland.

3.3 Diskriminierungserfahrungen

Irina hat Mirco wieder einmal auf dem Gang getroffen. Er war fürchterlich deprimiert und wütend und behauptet, daß er sofort nach Bosnien zurückgeht, bei diesen Österreichern hält er ist nicht mehr aus. Was ist passiert?, hat Irina gefragt. Mirco erzählt, daß er im Krankenhaus war, weil er mit seinen Medikamenten nicht zurecht kommt. Er hatte den Ein-

druck, daß sie nicht mehr stimmen. Stundenlang ist er in der Ambulanz gesessen und hat auf den Arzt gewartet. Die Schwester hat ihn beruhigt und ihm gesagt, daß es immer solange dauert. Zu Mittag war er der einzige im Wartesaal und noch immer hat sich keiner um ihn gekümmert. Gut, so ist es, sie haben viel zu tun, hat er sich gedacht. Dann ist der Arzt gekommen. Sie haben englisch miteinander gesprochen. Als Mirco sagt, daß er Bosnier ist, ist der Arzt plötzlich komisch geworden, sehr streng und scharft, er hat ihn gefragt, warum er nicht in Belgrad oder Zagreb geblieben ist, hier läßt er sich nur auf Kosten der Steuerzahler versorgen und stiehlt ihm seine Zeit. So wichtig muß er sich mit seinem bißchen Zucker auch nicht nehmen, daß er deshalb nach Wien kommt und schmarotzt, hat ihm der Arzt gesagt. Mirco ist aufgestanden und gegangen. Mit so einem Menschen wollte er wirklich nicht diskutieren. Er ist außerdem nicht freiwillig hier, das Rote Kreuz hat ihn nach Wien geschickt. Mirco hätte am liebsten zugeschlagen, eines ist sicher, zu diesem Arzt geht er nie wieder!

Irina ist nicht erstaunt, sie hat etwas ähnliches erlebt, als sie sich im Krankenhaus als Hilfspflegerin vorgestellt hat, waren sie auch recht unfreundlich. Sie müßte einen Kurs machen, ihre Diplome nützen ihr hier gar nichts, auch wenn sie zehnmal Krankenschwester war, hier ist alles anders, daß müsse sie schließlich einsehen. So ist es eben im Exil, nichts ist mehr so wie es früher war und die Menschen haben Angst vor dem Fremden, schließlich haben sie eine Wirtschaftskrise in Europa.

Fremdenfeindlichkeit und Rassismus sind in den letzten Jahren gewachsen und nehmen noch zu. Bombenattentate auf Menschen, die sich für Ausländer einsetzen, Brandanschläge auf Wohnstätten von Ausländern, aber auch die weniger spektakulären Schritte gegenüber den Fremden – wie Unfreundlichkeit bei Behörden oder in Geschäften oder in öffentlichen Verkehrsmitteln – verbreiten Angst und verschlechtern die Interaktionsmöglichkeiten zwischen Aufnahmegesellschaft und den Flüchtlingen. Folgt man den Untersuchungen von Kürsat-Ahlers, 1991, so sind es die Behörden wie das Arbeitsamt, das Sozialamt, welche den Migranten den ersten Eindruck des Nicht-Erwünscht-Seins vermitteln. Sie lösen damit Hilflosigkeit und Minderwertigkeitsgefühle aus. Das Gefühl des Entfremdet-Seins und der Ohnmacht läßt die Kluft zwischen den „Partnern" (= Exilant – Gastland) noch größer werden, eine Identifizierung mit dem Aufnahmeland wird nahezu unmöglich. Das Aufnahmeland wird in der Folge – nicht zu Unrecht – abgewertet, Feindseligkeit wird in die Gastgeber projiziert. Die von uns befragten Frauen formulierten: „Sie wollen uns nicht, weil sie glauben, daß wir ungebildet, primitiv und schmutzig sind und glauben, daß wir hier auf ihre Kosten Urlaub machen wollen." Dies steht im Widerspruch zu den Untersuchungsergebnissen von Leupold-Löwenthal (1958). Eine mögliche

Erklärung bietet der sehr viel freundlicher Empfang der Ungarnflüchtlinge durch die Österreicher im Jahr 1956. Obwohl die Bedingungen in den damaligen Flüchtlingslager sicher nicht besser waren, war doch die Stimmung gegenüber diesen Menschen freundschaftlicher als die Stimmung der Österreicher gegenüber den Flüchtlingen aus Bosnien in den Jahren 1992 bis 1995[3].

3.4 Soziale Isolation

Viele Flüchtlinge sind allein gekommen, sie haben ihre Familie, ihre Partner, ihre Eltern und Freunde zurückgelassen und erleben nun das Desinteresse der Einheimischen, aber auch der anderen Lagerbewohner an ihrer Person. Viele klagen über Einsamkeit. Auch wird von den Flüchtlingen selbst Kontakt zu anderen Flüchtlingen vemieden, um nicht dauernd an die schmerzlichen Erfahrungen erinnert zu werden. Des weiteren ist die soziale Distanz ein wichtiges Mittel, um Platz für sich allein zu haben, etwas was in Massen- und Privatquartieren häufig unmöglich ist. Eine eindrucksvolle Beobachtung schildert dazu H. Rosenegger (1994), in dem er die Sitzverteilung einiger Flüchtlinge im Garten ihres Quartiers als ständig gleich und mit sehr großen Abständen zueinander beschreiben konnte. Für die Frauen ist die traditionelle Vernetzung der Frauen untereinander, die ihnen aus der Heimat vertraut war, größtenteils auseinander gefallen. Diese Vertrautheit, die man gegenüber den Nachbarinnen und den Frauen der eigenen Familie gelebt hat, ist unwiederbringlich verschwunden, mit ihr ein wesentlicher Bestandteil des Frauenlebens, der mit nichts zu ersetzen ist.

3.5 Gesetzliche Ungewißheit

Gerade die österreichische Fremdengesetzgebung ist prädestiniert dafür, die Menschen in Ungewißheit über ihre Zukunft zu belassen. Der Status des de-facto-Flüchtlings, der jede Arbeitsaufnahme verbietet und befristet ist, verhindert das Aufkommen eines Sicherheitsgefühls.

---

3 Möglicherweise war die Stimmung gegenüber den Ungarnflüchtlingen in den 50er Jahren gar nicht soviel freundlicher, als die gegenüber den BosnierInnen, sie erscheint nur im Rückblick – quasi mystifizierend – positiver. Darüberhinaus flüchteten die Menschen in der Zeit des kalten Kriegs vor einer Machtübernahme durch die Kommunisten, wobei die Sowjetsoldaten erst ein Jahr vorher das Land aus der Besatzung entlassen hatten. Viele ÖsterreicherInnen waren mit der Verwaltung durch Kommunisten vertraut und mußten einiges Unrecht hinnehmen, sodaß hier sicher eine höhere Solidaritätsbereitschaft vorhanden war als heute.

Bosnische Kriegsflüchtlinge durchlaufen im Regelfall kein Asylabkommen im Sinne der Genfer Konvention. Ein positiver Abschluß eines Asylverfahrens hätte zur Folge, daß ein unbefristetes Aufenthaltsrecht und ein unbeschränkter Zugang zum Arbeitsmarkt erhalten wird. Im Jahr 1993 hatten insgesamt rund 500 Bosnier dieses Asyl erhalten. Der große Rest – circa 70 bis 80000 – fällt unter § 12 des Aufenthaltsgesetzes. Dieser § besagt, daß „für Zeiten erhöhter internationaler Spannungen, eines bewaffneten Konfliktes oder sonstiger die Sicherheit ganzer Bevölkerungsgruppen gefährdender Umstände (…) die Bundesregierung mit Verordnung davon unmittelbar betroffener Gruppen von Fremden, die andersweitig keinen Schutz finden, ein vorübergehendes Aufenthaltsrecht gewähren kann." Dieses Aufenthaltsrecht ist befristet und kann verlängert werden, z. B. wenn im Herkunftsland die Kriegshandlungen andauern. Für die Bosnier galt, daß sie dieses Recht bis zum 1. 7. 1993 für jeweils 3 Monate erhielten und danach wieder verlängert wurden. Mit einer Verordnung zum § 12 durch die Bundesregierung wurden den bosnischen Flüchtlingen ein Aufenthaltsrecht vom 1. 7. 93 bis zum 30. 6. 1994 zugesprochen. Voraussetzungen dafür waren die Flucht aus dem bosnischen Staatsgebiet, bosnisch-herzegowinisch Staatsangehörigkeit und kein Aufenthalt in einem Drittland, der über zwei Wochen hinausging. Das vorübergehende Aufenthaltsrecht beinhaltet allerdings keinen freien oder zumindest erleichterten Zugang zum Arbeitsmarkt. Flüchtlinge, die ihren Aufenthalt aus dem § 12 des Aufenthaltsgesetzes ableiten, werden De-facto-Flüchtlinge genannt.

3.6 Arbeits- und Beschäftigungslosigkeit

Arbeit ist ein zentraler Faktor im Erwachsenenleben. Sie strukturiert den Tagesablauf der Einzelperson genauso wie den der Familie und vermittelt in der Regel das Gefühl, einen wichtigen Beitrag zum Funktionieren des Alltags zu leisten. Des weiteren ist Arbeit die einzige Möglichkeit, Geld zu verdienen und hat insofern existentielle Bedeutung für alle Menschen. Aus der Forschung zur Arbeitslosigkeit wissen wir, daß Arbeitslosigkeit, wenn sie länger andauert, krank machen kann. Arbeiten bedeutet also neben der Sicherung des Einkommens auch Gesundheit für die Menschen. Wie aus der obigen Darstellung der rechtlichen Grundlage des De-facto-Flüchtlingsstatuses hervorgeht, ist dieser mit einem Arbeitsverbot verbunden. Grundsätzlich sieht das Ausländerbeschäftigungsgesetz drei Formen der legalen Beschäftigung für Nicht-EU-Ausländer vor.
1. der Befreiungsschein: er kann dann beantragt werden, wenn jemand während der letzten acht Jahre fünf Jahre offiziell erwerbstätig war. Er bedeutet die quasi Gleichstellung des Ausländers mit dem Inländer.
2. die Arbeitserlaubnis: sie ist für die Dauer von zwei Jahren gültig und

steht Personen zu, die während der letzten 14 Monate 53 Wochen in Österreich erwerbstätig waren. Die Gültigkeit ist auf ein Bundesland beschränkt, ein Arbeitsplatzwechsel ist aber möglich.

3. Beschäftigungsbewilligung: sie kann nur vom Arbeitgeber beim Arbeitsamt erteilt werden und gilt nur für einen Arbeitsplatz. Sie ist mit 9 Monaten beschränkt und kann verlängert werden.

Bis August 1993 erhielten die bosnischen Flüchtlinge keine Beschäftigungsbewilligung, seither können Arbeitgeber um eine Beschäftigungsbewilligung ansuchen, wenn sie nachweisen, daß für den betreffenden Arbeitsplatz kein Inländer oder Ausländer mit einem höheren Integrationsgrad gefunden werden kann. D. h. den Flüchtlingen bleiben meist nur Tätigkeiten, die weder Qualifikation noch eine Erlaubnis zur Arbeit erfordern. Sie sind somit in den Arbeitsschwarzmarkt abgedrängt und verrichten Tätigkeiten wie Putzen, Lager räumen und ähnliche Hilfstätigkeiten. Die Flüchtlinge werden wie Personen behandelt, die potentiell kein Interesse an der Integration zeigen und ehebaldigst zurückkehren wollen. Dies mag für den Beginn eines Aufenthaltes berechtigt sein, verliert aber die Legitimation, wenn der Krieg im Herkunftsland andauert. Durch das Arbeitsverbot wird auch der Spracherwerb nicht gefördert, sondern behindert, auch dies dient dazu, die Rückkehrbereitschaft aufrechtzuerhalten. In der Realität bedeutet diese Vorgangsweise für die Flüchtlinge, daß sie oft jahrelang zur Untätigkeit verurteilt sind. Diese erzwungene Passivität, über Jahre zu ertragen, wirkt sich auf die Integration negativ aus. Ebenso wird seitens der Gesetzgeber die negative Beeinflussung auf die Identität und psychische Integrität der Flüchtlinge in Betracht gezogen. So werden aus arbeitswilligen und integrationsmotivierten Menschen Almosenempfänger produziert, die über die Zeit hinweg Mut und Kraft für Schritte in ein neues Leben verlieren.

3.7 Materielle Grundlagen des Flüchtlingslebens

Fuad, ein junger Mann aus Sarajewo, der von mir betreut wird, kam heute mit strahlenden Augen in die Stunde, ganz zum Unterschied von sonst, wo er sich immer mühsam ins Zimmer schleppt, sich auf den Stuhl sacken läßt und sofort die Probleme der letzten Woche schildert. Neugierig wollte ich wissen, was seinen Strahleblick ausmachte. Ich hatte Phantasien über eine Verliebtheit oder das Eintreffen der langersehnten Einreisegenehmigung nach Großbritannien. Nichts von diesem war zutreffend. Er hat heute zu ersten Mal seit vier Jahren neue Kleider in einem richtigen Geschäft gekauft.

Wie bereits erwähnt ist es ExilantInnen verboten, einer eigenen Beschäftigung zum Einkommenserwerb nachzugehen. Doch Leben kostet Geld – auch im Flüchtlingslager – und: zum Leben braucht man bestimmte Güter. Essen, Trinken, Kleidung, Hygieneartikel und ein Dach über dem Kopf sind die basalen Güter, die jeder Mensch benötigt. Darüber hinaus hat jeder den Anspruch auf geistige Auseinandersetzung, Unterhaltung und Freizeit. Für die Flüchtlinge aus Ex-Jugoslawien wurde von Bund und Ländern die Aktion „Bosnienhilfe" ins Leben gerufen. Die Unterstützung umfaßt im wesentlichen Unterkunft und Verpflegung. Die Unterkunft erfolgt entweder in Großquartieren oder in privaten Unterkünften, zu denen auch die vielen Pfarren zählen, die Quartier anboten. Auch diese Form von Privatunterkunft hat Lagercharakter. Wenn private Personen oder Einrichtungen Quartier geben, dann erhalten sie von der Gemeinde Wien pro Monat öS 1500,–, die für Verpflegung und Logie aufzuwenden sind. Dieses Geld erhält der Quartiergeber, die Flüchtlinge selbst erhalten kein Bargeld. Die Hygieneartikel werden in den Lagern ausgegeben, ebenso Bekleidung, die aber auch kontingentiert bei der Caritas erhältlich ist. Die Verpflegung wird vom Quartiergeber bereitgestellt. Meist wird sie von Großküchen angeliefert. Im Lager der Universität Wien wurde das Essen von der Küche des Allgemeinen Krankenhauses angeliefert und war vom Typ „Schonkost", weil dieser kein Schweinefleisch enthält. Diese Nahrung ist auf wenig Gegenliebe gestoßen. Dem Wunsch selber Essen zu kochen, kann in den wenigsten Lagern aus feuerpolizeilichen und hygienischen Gründen statt gegeben werden. Erhält ein Flüchtling eine Beschäftigungsbewilligung und verdient Geld, verliert er bzw. seine Angehörigen den Anspruch auf die öS 1500,– pro Kopf und Monat, stattdessen müssen öS 1500,– an den Quartiergeber pro Kopf und Monat entrichtet werden, wobei ein Sockelbetrag von öS 2000,– dem Verdiener erhalten bleiben soll. Neuerdings ist der Besitz eines PKWs Anlaß für den Verlust der Bosnienhilfe, ebenso zu lange Aufenthalte im Ausland, etwa in Slowenien oder Deutschland, um Familienmitglieder, die durch den Krieg verstreut wurden, zu besuchen. Diese Maßnahmen sind für die Flüchtlinge oft schwer nachzuvollziehen. Sie dürfen nicht arbeiten, müssen sich von ihrem häufig einzigem Besitz – einem alten Auto trennen – und dürfen ihre Angehörigen nicht sehen, diese Bedingungen müssen sie erfüllen, damit für sie öS 1500,– pro Monat bezahlt werden. Für die Betreuung rufen diese Regeln oft unnötige Auseinandersetzung hervor und können häufig auch nicht wirklich vertreten werden. Klarerweise ist auch die Idee der Bosnienhilfe, durch Einschränkungen der Bezugsgruppe, Geld zu sparen und Mißbrauch einzudämmen, verständlich. Doch das Zusammentreffen behördlicher Logik und Psycho-Logik wird im Bereich der materiellen Versorgung besonders deutlich. Näher werden wir im Kapitel „Betreuung" auf diese Problematik eingehen.

3.8 Statusverlust

Die Mittelschullehrerin für Informatik geht drei Mal in der Woche putzen, der Schauspieler und Radiosprecher aus Sarajewo hat einen Straßenkehrjob bei der Stadt Wien ergattert und eine Friseurmeisterin mit ehemals drei Angestellten strickt gelegentlich für eine Trachtenfirma. Die 18jährige Maturantin sitzt jetzt mit 15jährigen in der Klasse und versteht fast gar nichts, der Hausbesitzer (zwei Garagen) lebt in einem Schlafsaal mit neun weiteren Männern. Die erfolgsgewöhnte Rechtsanwältin hat gelernt, daß ihre Diplome und gewonnenen Prozesse nichts wert sind, also greift auch sie zum Putzlappen und wenn es sein muß zum Strickzeug. Der Deutschlehrer hat Glück gehabt, er arbeitet jetzt als zweiter Lehrer in einer Schule, um den Flüchtlingskindern im ersten Jahr zur Seite zu stehen. Wie es dann weitergeht, weiß er allerdings nicht. Der langjährige Gastarbeiter mit westeuropäischer Facharbeiterausbildung versucht erst gar in seinem Beruf unterzukommen, er darf nicht arbeiten. Jetzt ernähren seine Frau und seine Tochter mit ihren Putzarbeiten die Familie, er sucht Trost im Alkohol. Der Leiter des Jugendchores hat seinen Chor und damit seinen Lebensinhalt und sein Ansehen verloren. Der Bürgermeister der Kleinstadt versucht seine Leute zu organisieren, er scheitert aber immer wieder an den Vorschriften der Lagerleitung, langsam verliert er sein gesamtes Prestige und den Glauben an sich selbst.

Die soziale Umschichtung erfolgt innerhalb und außerhalb der eigenen ethnischen Gruppe. Die Flüchtlinge stehen vor dem Problem sich einen neuen Standort in der Gesellschaft zu suchen. Besonders Flüchtlinge mit hoher beruflicher Qualifizierung und Reputation erleiden einen starken Statusverlust. Die Dequalifizierung, die sie durchmachen, ist eng verknüpft mit fehlenden Sprachkenntnissen. Es bleiben ihnen nur statusniedrige Jobs zur Auswahl, deren Ausübung sie häufig als Demütigung erleben. Besonders für Männer ist der Verlust von Einkommen und Status einschneidend und schwer zu akzeptieren, waren sie es doch, die bislang die Familie ernährten. Jetzt bringen Frau und Kinder das Geld ins Haus und sie sind funktions- und nutzlos geworden. Die einzige Kontrolle, die sie noch weiter ausüben können, ist die über ihre Ehefrau, und auch die entzieht sich ihnen durch arbeitsbedingte Abwesenheit. Die Männer suchen ihre Selbstbestätigung entweder in der Rückbesinnung auf nationale Traditionen oder im Suchtverhalten. Die Familienmitglieder haben die Konsequenzen zu ertragen. Alle unterliegen sie einem Rollenwandel, der erst psychisch bewältigt werden muß, und der nur langsam innerlich angenommen werden kann.

4. Leben im Lager

Das Leben in Flüchtlingslagern ist gekennzeichnet durch räumliche Dichte, fehlenden Intimssphäre und Reglementierungen. Die großen Wiener Flüchtlingslager beherbergen 100 Personen und mehr. Meist befinden sie sich in aufgelassenen Pensionen, Fabrikshallen oder Kasernen bzw. Krankenhäusern, die wenig Infrastruktur für den Alltag bereitstellen. Die Flüchtlinge erhalten Zimmer zugeteilt, die sie – wenn vorhanden – mit Familienangehörigen teilen müssen. Pro Familie, z. B. Mutter, Vater, zwei Kinder, wird ein Zimmer zugeteilt. Dieses Zimmer hat dann zwei Stockbetten, eines für die Eltern, eines für die Kinder, einen Kleiderkasten, zwei oder drei Stühle und einen Tisch, so noch Platz vorhanden ist. Unter den Betten und auf dem Kasten werden die Gepäcksstücke verstaut, die wenigen Habseligkeiten finden im Kasten Platz. Das Zimmer einer Familie hat im Idealfall 20 m^2. Die Seitenwände bilden der eigene Kleiderkasten und der Kleiderkasten der Nachbarfamilie, die Fensterseite schließt einen Teil, der andere Teil wird durch einen Vorhang, der auf den beiden Kästen befestigt ist, abgeschlossen. Das Zimmer hat also keine Mauern, eine Türe, Waschbecken oder Dusche, sondern ist in Wahrheit eine Koje. In den großen Flüchtlingslagern reiht sich Koje an Koje, das Licht kommt von den Deckenbeleuchtungen wie sie in Fabrikshallen oder großen Krankensälen üblich sind. Familien werden nach Möglichkeit gemeinsam in einer Koje untergebracht. Kommt man allein in ein Lager werden – nach Geschlecht getrennt – die Kojen aufgefüllt. So kann es passieren, daß ein junges Mädchen mit einer Frau mit Kleinkind und einer Seniorin gemeinsam wohnt. Konflikte aufgrund der unterschiedlichen Lebensstadien und den damit verbundenen Bedürfnissen und Alltagsstrukturen sind vorprogrammiert. Die sanitären Einrichtungen sind immer Gemeinschaftseinrichtungen und – sofern möglich – geschlechtlich getrennt zu benützen. Für die Kinder steht als Spielraum der Gang bzw. die Koje der Angehörigen zur Verfügung. Die Geräuschentwicklung beim Kinderspiel wird häufig von den Erwachsenen als Lärmbelästigung empfunden, ebenso wie die Radiomusik, die aus diversen Kojen dringt. Die Sauberhaltung des Flüchtlingslager obliegt den Personen. Mittels eines Putzplans werden sie von den Betreuern angehalten, die sanitären Einrichtungen, die Gänge und die eigene Unterkunft zu pflegen. Das wird kontrolliert. Durch die dichte Belegung der Räumlichkeiten ist es kaum möglich die Hygiene aufrechtzuerhalten, sodaß es zu ständigen Reibereien zwischen den Flüchtlingen untereinander, aber auch zwischen den Flüchtlingen und der Lagerleitung kommt. Ein weiteres typisches Element des Lagerlebens ist die Hausordnung. Ihr Ziel besteht im konfliktlosen Funktionieren der Unterkunft. Das bedeutet: Kontrolle der ein- und ausgehenden Personen, freier Zugang des Personals zu allen Räumen – unangemeldet und jederzeit, Verbote bezüglich Rauchen,

Kochen und Essen in den Zimmern, eine Fülle von Ausschlußmöglichkeiten aus dem Lager, wenn Regeln nicht befolgt werden, z. B. das Übernachtenlassen eines Freundes oder Familienangehörigen, der nicht im Lager wohnt. Des weiteren sind die vorgegebenen Essenszeiten einzuhalten. Fehlt man einige Male bei der Essensausgabe, kann es sein, daß man den Anspruch auf Verköstigung verliert. Dinge des täglichen Bedarfs, wie etwa Seife, Haarshampoo, Monatshygieneartikel für Frauen, rezeptfreie Medikamente und Kleidung sind bei der Lagerverwaltung erhältlich, die nur zu bestimmten Zeiten dafür geöffnet ist. Ist man zu diesen Zeiten außer Haus, kann man in der Regel keine Ersatzperson hinschicken, da der Erhalt der Güter quittiert wird, um so Mißbräuche zu verhindern. Ebenso können Anrufe nur zu bestimmten Zeiten im Büro der Lagerleitung entgegengenommen werden. Auch ist die Lagerleitung für den bürokratischen Ablauf der Visumsverlängerung, Paßverlängerung, Krankenscheinausgabe und ähnliches zuständig. Den meisten Flüchtlingslager steht ein Konsiliararzt zur Verfügung, der entweder bei Bedarf oder zu einem fixen Termin einmal wöchentlich erscheint. Ist fachmedizinische Versorgung von Nöten, werden die Flüchtlinge zu den Arztbesuchen oder in die Ambulanzen der Krankenhäuser begleitet, um zu dolmetschen. D. h. eine freie Arztwahl ist nicht gegeben, der Lagerverwaltung entscheidet mit, ob und wann ein Arzt aufgesucht wird. Psychologische Betreuung findet in den Lagern für bosnische Flüchtlinge selten institutionalisiert statt, sondern auf ehrenamtlicher Basis seitens kleiner Gruppen engagierter Psychologen und Psychotherapeuten, die in die Lager gehen und auf die Zusammenarbeit mit der Lagerverwaltung angewiesen sind. Es gibt also eine Fülle von Konfliktpunkten, die auf Dauer gesehen zermürben und nicht selten mit der Entwicklung von Realitätsverlust, Passivität und dementsprechendem inadäquaten Verhaltensmustern enden. Hervorzuheben sind diesbezüglich noch zwei Themen, die den Weg zum Lagerkoller begleiten können: Essen und Kommunikation mit der Lagerleitung.

4.1 Essen

Essen und Trinken sind menschliche Grundbedürfnisse, die darüberhinaus auch soziale Bedürfnisse stillen. Essen und Trinken bedeutet nicht nur Nahrungs- und Flüssigkeitsaufnahme sondern auch geselliges Beisammensein sowie Abbild der Kultur. „Der Mensch ist, was er ißt", ist zwar ein Sprichwort, doch hat es seine Berechtigung, wenn man die unterschiedlichen Eßgewohnheiten z. B. innerhalb Österreichs betrachtet. Für die Flüchtlinge wird die Art der Identitätsstabilisierung durch die Flucht und die Situation in den Lagern zunichte gemacht. Die wenigsten Quartiere erlauben es, selbst zu kochen. Das hat feuerpolizeiliche und hygienische

Gründe. Das Essen wird in der Regel durch Großküchen am Vormittag angeliefert und zu fix vorgegebenen Zeiten hat es im Speisesaal eingenommen zu werden. Da die meisten Flüchtlinge Moslems sind, wurde auch die islamische Regel „kein Schweinefleisch" Rücksicht genommen und Schonkost verabreicht. Das Essen war um die Mittagszeit häufig bereits lauwarm und ist ingesamt von Großküchenqualität, die meist wenig geschmackliche Höhepunkte vorweisen kann. Von der Zusammenstellung war es ein billiges Essen. Ähnliches hörte man aus allen österreichischen Flüchtlingslagern. Dazu kommt das natürlich österreichische Küche gereicht wird, die nicht den Gewohnheiten der Bosnier entspricht. Unabhängig von der schlechten Qualität der Mahlzeiten, ist die hohe Bedeutung des Essens in der Flüchtlingssituation zu berücksichtigen. Wie weiter oben beschrieben, fallen die Menschen bedingt durch Flucht und Entwurzelung und der strukturellen Passivität des Flüchtlingsalltags in eine regressive Dynamik. Sie zeigen Verhaltensmuster wie abhängige Kinder von ihren Eltern. Die oft einzige Möglichkeiten für Kinder sich gegen die Eltern aufzulehnen, ist die Verweigerung von Essen oder die Einhaltung von Essensregeln. Ähnliches dürfte in der Flüchtlingssituation die Problematik rund um das Essen zum Teil erklären. In jedem der mir bekannten Wiener Lager, die von Großküchen versorgt werden, hat es Klagen über das Essen gegeben, die bisweilen bis zur Essensverweigerung geführt haben. Einzig in den kleinen Lagern – wie etwa in dem von Rosenegger, 1994 beschriebenen, in dem selbst gekocht wird – herrschen diesbezüglich keine Klagen.
Drastisch wird die Situation von Projekt ID ASYL, 1986 zusammengefaßt: „Das Schlimmste ist allerdings die Demütigung, die mit dieser Form der Naturalverpflegung verbunden ist. Da Flüchtlinge weder arbeiten, noch eine Ausbildung machen dürfen und es ihnen nicht erlaubt ist, den Kreis, in dem sie gemeldet sind zu verlassen – um beispielsweise Freunde in anderen Städten zu besuchen – nimmt die Zubereitung des Essens und das Essen selber eine wichtige Funktion im Leben der Flüchtlinge ein. In Bayern wird ihnen somit das geringst Maß an Selbststimmung genommen; selber entscheiden zu können, was sie essen …" (S. 11).
Abschließend möchte ich noch auf die Probleme medizinisch induzierter Diäten eingehen, z. B. bei Diabetes mellitus. Diese kann von Großküchen keinesfalls erfüllt werden, daher müßte dem Betroffenen das Essensgeld zur Selbstverpflegung ausgehändigt werden. Da dafür keine Möglichkeit besteht ist es auch nicht möglich die Diät zu halten, was zu einer Verschlechterung des Gesundheitszustand beiträgt, die Behörde trägt also zur Verschlechterung des Zustand des Patienten bei, finanziert die teuren Arztbesuche und Krankenhausaufenthalte und treibt die Spirale der Krankheit durch die Verweigerung der individuellen Diät weiter voran.

4.2 Lagerleitung und Betreuungspersonal

Flüchtlingslager für Bosnier wurden und werden entweder von abgestellten Beamten aus dem Innenministerium oder aus der zuständigen Magistratsabteilung der Stadt Wien oder von großen sozialen Institutitionen wie der Caritas geleitet. Ihnen zur Seite stehen einige wenige hauptamtliche Betreuer, die teilweise der Fremdsprache mächtig sind sowie einige Zivildiener. Erweitert wird der Betreuungsstab eines Flüchtlingslager durch ehrenamtliche Helfer, z. B. Privatpersonen oder PraktikantInnen aus Sozialakademien, dem Psychologiestudium o. ä. m.

Gemeinsam ist ihnen, daß sie vorher kaum jemals mit dem Flüchtlingselend und der Organisation von Massenquartieren konfrontiert wurden. Die zu erfüllenden Aufgaben sind zahlreich und widersprüchlich. Zum einem ist für ein relativ reibungsloses Zusammenleben von sehr vielen Menschen auf engstem Raum mit mangelhafter Infrastruktur zu sorgen, zum anderen sind die individuellen Bedürfnisse gequälter Menschen zumindest zu berücksichtigen, wenn man sie schon nicht befriedigen kann. Darüberhinaus sind die Auflagen der Behörden zu erfüllen. Z. B. machen viele Lagerleiter und Flüchtlingsbetreuer den de-facto-Flüchtlingsstatus für etliche Probleme ihrer Schützlinge verantwortlich, haben aber keine Handhabe gegen diese politische Willensäußerung, sondern müssen sie auch rechtfertigen. Etliche Betreuer wissen auch, daß z. B. Kinder und Jugendliche zusätzliche Zuwendung und therapeutische Unterstützung brauchen, haben aber weder Zeit noch Ort dafür. Viele haben mit großem Engagement ihre Tätigkeit aufgenommen und versuchten einen Teil des Flüchtlingselends zu lindern. Nächtelange Überstunden, zahllose Gespräche mit den Bewohnern, unendliche viele Konfliktlösungsvorschläge zum Thema „wer welche Toilette putzen muß" und „ob das Radio der Familie M. noch immer zu laut spielt", zehren an den Nerven und der psychischen Stabilität. Dazu kommt mangels ausreichender Einschulung fehlendes Wissen über kulturelle Normen und Werte der Flüchtlingspopulation, ihrer psychischen Verletzungen, Unverständnis über Verhaltensmuster. Der Weg ins Burn-out erscheint vorgezeichnet. Die Flüchtlinge werden lästig, die ehemals geschätzten ehrenamtlichen Helfer zur Plage, die Türen werden zugemacht und nur mehr zur scharf überwachten Öffnungszeiten ist der Zutritt erlaubt. Betreuungsarbeit wird delegiert an einen sprachkundigen, willigen Flüchtling, der dafür mit Privilegien ausgestattet wird. Ein Gleicher unter Gleichen ist geschaffen worden, der nun den Unmut und die Klagen auf sich zieht. Der engagierte Helfer ist zum Schreibtischmenschen geworden. Dieser Prozeß wird noch beschleunigt, wenn von den Behörden aufgrund der Bundesländer-Quotierung Übersiedelungen in ein kleines Dorf auf das Land von z. B. 25 Personen angeordnet werden. Es obliegt der Lagerleitung diese Personen auszuwählen. D. h. er trägt die Verantwortung dafür, daß der Schulbesuch von Kindern nach einigen Monaten wieder abgebrochen wird, daß Freundschaften zerrissen werden, Großfamilien u. U. getrennt werden müssen und zarte Wurzeln wieder abgeschnitten werden. Ist die Auswahl getroffen und bekannt gegeben, wird er von den Ausgewählten bestürmt, sie doch hier zu lassen. Ihre Argumente kann er gut verstehen, jeder hat gute Argumente, keiner will aufs Land ziehen, weil alle Flüchtlinge wissen, daß ihnen die Großstadt mehr Chancen auf Arbeit, soziale Unterstützung und Integration bietet.

Auch ist es dem engagierten Lagerleiter trotz aller Bemühen nicht möglich, den steten psychischen und körperlichen Verfall der Bewohner zu verhindern. Aus aktiven, phantasiebegabten und kommunikativen Menschen, die eine komplizierte Flucht geschafft haben, werden durch den Einfluß des äußeren Reglements, der erzwungenen Arbeitslosigkeit und Beschäftigungslosigkeit nach einigem Aufbegehren, frustrierte, passive Menschen, die das verteidigen, was ihnen noch geblieben ist: der Zusammenhalt ihrer Familie, die Identifikation mit dem Herkunftsland, die eigene Sprache und einige private Habseligkeiten. Die depressive Grundstimmung ist nach einigen Monaten in nahezu jedem Großlager vorhanden und kaum zu bekämpfen. Weder Ausflüge noch Feste noch Gespräche können die Situation und Stimmungslage verändern. Innerhalb dieses Prozesses kommt es zu einem Komplex psychosomatischer Störungen wie Magenbeschwerden, Appetitlosigkeit, Kopfschmerzen und vor allem Schlafstörungen. Männer neigen verstärkt zu Mißbrauch von Alkohol und Nikotin. Jugendliche zeigen aggressives Verhalten, Frauen verlagern ihre Kompetenz ins unaufhörliche Putzen der Koje und ziehen sich von sozialen Kontakten zurück.[4] Insgesamt verflacht die Kommunikation zwischen den Bewohnern untereinander und der Lagerleitung. Jeder geht in die innere Emigration.

4.3 Lagerkoller

Wenn die Versuche der Flüchtlinge durch direktes Handeln Veränderungen zu erzeugen gescheitert sind, Arbeit nur im niedrigqualifizierten Segemet erhalten werden kann, die Perspektive der baldigen Rückkehr zunehmend schwindet, die ersten Erfahrungen der Unerwünschtheit mit der hiesigen Bevölkerung gemacht wurden und man noch immer in der gleichen Koje lebt, wie zu Beginn des Aufenthaltes und keine Möglichkeit mehr zur Zukunftsgestaltung gesehen wird, dann beginnt für viele Flüchtlinge eine psychische Krise.

---

4 Im zweiten Halbjahr des Bestehens der Lager im Alten AKH nahmen die Arzt- und Krankenhausbesuche drastisch zu, ebenso stieg die Anzahl der organischen Erkrankungen.

Drei Formen sind zu nennen:
- scheinbar psychotische Zustände
- ausgeprägte Überlebensschuld
- Suizidalität

Unter scheinbar psychotischen Zuständen versteht man Reaktionen, die psychotischen Symptomen entsprechen, etwa wahnhafte Ideen wie die Vorstellung, das die Nachbarn aus der Nebenkoje Spitzel des politischen Verfolgers wären oder man auserwählt ist, diesen Krieg siegreich zu beenden oder die Lagerleitung die Auslieferung an die Feinde plant und man daher Vorsicht walten lassen muß. Ich bezeichne diese Zustände deshalb als scheinbar psychotisch, weil sie im Grunde Reaktionen auf ein Übermaß an psychischer Belastung sind, d. h. eine deutliche soziale Bedingtheit aufweisen. Diese Zustände können sich von Qualität und Quantität her steigern und zu selbst- und fremdaggressiven Handlungen führen.

Eine ausgeprägte Überlebensschuld zeichnet sich durch Handlungen aus, die diese Schuldgefühle reduzieren sollen. Zu nennen sind Akte der Selbstkasteiung wie hungern und fasten, exzessives Geldsammeln, ausgeprägte Betreuungsaktivitäten anderer Flüchtlinge, z. B. organisieren von Arbeit, ohne davon selbst zu profitieren oder intensive politische Betätigung für den Wiederaufbau der Heimat, die an der Realität gemessen unrealistisch erscheint.

Suizidalität ist in Flüchtlingslagern weit verbreitet. Ihr geht die oben beschriebene depressive Grundstimmung voraus, die von psychosomatischen Erkrankungen begleitet ist. Psychische Erschöpfung und Verzweiflung sowie Perspektiv- und Hoffnungslosigkeit münden in Selbstmordgedanken und deren Umsetzung.

Sowohl beim scheinbar psychotischen Verhalten als auch bei Suizidversuchen kommt es häufig zur Psychiatrisierung, die eine medikamentöse Behandlung vorsieht. Therapeutische Interventionen versagen häufig aufgrund der komplexen Situation der Flüchtlinge, die es den Psychiatern nicht erlaubt, das Geflecht der auslösenden Ursachen zu entwirren und lebenswerte Perspektiven aufzuzeigen. So kommt es vor, daß diese Personen zu Drehtürpatienten der Psychiatrie werden. Eine Antwort darauf ist ein neuer Verein mit Sitz in Wien, der Folter- und Kriegsopfer betreut. Dabei wird die kulturelle Herkunft, ebenso wie die spezifischen Traumata durch Krieg und Verfolgung berücksichtigt und medizinische, psychologische und psychotherapeutische Hilfe zur Verfügung gestellt[5].

Insgesamt führt der Aufenthalt in Flüchtlingslager nahezu unausweislich zu psychischen und sozialen Langzeitschäden und verletzt die Menschenwürde aufs Gröbste.

---

5 Der Verein heiß Hemayat (persisch, arabisch: Schutz, Betreuung). Seine Adresse lautet: Felbigerg. 38/2, 1140 Wien, Tel. 49150/2427.

5. Auswege aus dem Transit

Der Transitraum eines Flughafens hat zwei Funktionen, er bietet Aufenthalt und ist Durchgangsort für die Wartezeit zur Zielerreichung. Im Transitraum eines Flugshafens gibt es in der Regel eine Gewißheit: man wird nach einer bestimmten Zeit mit Hilfe bestimmter Maßnahmen an ein konkretes Ziel kommen. Der Transitraum ist Station und Durchzugsort zugleich. Ähnlich ist es im Exil: es ist Station und Durchzugort in einem. Drei Möglichkeiten gibt es im Exil, um den Transit zu verlassen

– Integration: man bleibt hier: ähnlich wie der Entschluß, seinen Flug zu unterbrechen und das gewünschte Ziel nicht anzusteuern, sind damit etliche Hürden verbunden. Etliche bosnische Flüchtlinge haben sich entschlossen, nicht mehr zurückzukehren. Sie haben es geschafft das Lager zu verlassen. Sie haben Arbeit gefunden und leben in einer eigenen Wohnung, sie sprechen die Landessprache und stehen auf eigenen Füssen. Das Trauma der Flucht und des Heimatverlusts haben sie halbwegs überwunden. Der Trauer über das Verlorene ist die Freude am Gewonnenen gefolgt. Immer noch ist es schwierig für sie im Land zu bleiben, sie unterliegen gesetzlichen Restriktionen am Arbeitsmarkt, der Aufenthalt ist nachwievor befristet, aber sie sind zuversichtlich und gehen ihren Weg. Die Unterstützungsangebote für Flüchtlinge nehmen sie immer weniger in Anspruch, die gesetzlichen, gesellschaftlichen und kulturellen Bedingungen das Aufnahmelandes sind ihnen vertraut, auf besondere Maßnahmen können sie verzichten.

– Rückkehr: Sie erfolgt freiwillig oder quasi erzwungen durch die sogenannten „Rückkehraktionen". Die Rückkehrproblematik bei den Flüchtlingen aus den Nachfolgestaaten Jugoslawiens wird im letzten Kapitel genau beschrieben. Die Vielschichtigkeit der Konflikte von LangzeitexilantInnen erörtert Karl Heinz Fronek.

– Weiterwandern: Wenn es kein Zurück gibt und das Hier und Jetzt keine Perspektiven hat, dann liegt für einige der Ausweg in einem dritten Ort. Alle Hoffnungen auf eine bessere Zukunft werden in eine geographische Region projiziert, meist dorthin, wo bereits Freunde oder Verwandte sind, oft aber auch ohne reale Grundlagen und Informationen. Viele Anstrengungen werden unternommen, um die notwendigen Dokumente für eine Weiterreise zu erhalten, Pläne über berufliche Vorhaben werden entwickelt. Oft geschieht dies sehr nachdrücklich, dennoch werden viele Wandervorhaben nicht umgesetzt. Dies hat zum einen gesetzliche Ursachen: es gibt keine Einreisegenehmungen, zum anderen erkennen die Personen ihr Vorhaben als psychische Strategie zur Verarbeitung des Traumas. Sie entschließen sich nach diesem Erkenntnisprozeß zum Hierbleiben oder Zurückkehren und geben ihre Wanderungspläne auf.

– Scheitern: Niederland (1980) beschreibt anhand der Gutachten, die er für die jüdischen Opfer der Verfolgung durch die Nationalsozialisten tätigte, Personen, denen es nicht gelang, im Leben wieder Fuß zu fassen. Weder konnten sie regelmäßiger Arbeit nachgehen, noch gingen sie neue Partnerschaften ein. Auch waren sie häufig sehr krank. Viele von ihnen wurden zu Drehtür- bzw. Langzeitpatienten in den psychiatrischen Krankenhäusern. Bezüglich der Flüchtlinge aus Ex-Jugoslawien ist zu befürchten, daß etliche Betroffenen den Weg zur Normalität nicht schaffen. Noch ist es allerdings für Prognosen zu früh, weil ein Scheitern erst langfristig sichtbar wird. Dennoch sind uns in unserer Arbeit immer wieder Menschen begegnet, die es trotz aller Unterstützung nicht schafften, den Flüchtlingsalltag zu bewältigen. Bei ihnen ist die Befürchtung berechtigt, daß sie in dieser Welt nicht mehr heimisch werden können.

Literatur

Bettelheim, B. (1980): Erziehung zum Überleben. Zur Psychologie von Extremsituationen. Stuttgart, Deutscher Taschenbuchverlag.

Brand, B. (1986): Beratung für Flüchtlingsfrauen – Möglichkeiten und Grenzen am Beispiel des Sozialdienstes für Flüchtlinge in Frankfurt. In: Internationaler Sozialdienst deutscher Zweig E. v. (Hg.): Flüchtlingsfrauen in der Bundesrepublik (S. 115–125). Frankfurt am Main.

Dhawan, S. (1993): unveröfftl. Manuskript zum Vortrag am Institut für Kunst und Wissenschaft. Wien am 23. 4. 1993: Einblicke in die psychotherapeutische Arbeit der Beratungsstelle Xenion.

Espin, O., M.; Rothblum, E. D.(eds.) (1992): Refugee Women and Their Mental Health: Shattered Societies, Shattered Lives. New York, Harrington Park Press.

Freud, S.; Breuer, J. (1895): Studien über Hysterie. GW VII, S. 161–274.

Fronek, K. H. (1994): Psychische Belastung und Bewältigung des Langzeitexils. Am Beispiel von in Wien lebenden Exilchilenen mit extremtraumatischen Erfahrungen. Universität Wien, Diplomarbeit.

Grinberg L.; Grinberg, R. (1990): Psychoanalyse der Migration und des Exils, München, Wien, Verlag Internationale Psychoanalyse.

Hoff, H.; Strotzka, H. (Hg.) (1958): Die psychohygienische Betreuung ungarischer Neuflüchtlinge in Österreich 1956–1958 in Verbindung mit einer Anleitung zum Verständnis und zur Betreuung von Menschen in Extremgruppen. Wien, Hollenek.

Keilson, H. (1979): Sequentielle Traumatisierung bei Kindern. Stuttgart, Enke.

Khan, M. (1963): Das kumulative Trauma. In: M. Khan (Hg.): Selbsterfahrung in der Therapie. München, Kindler.

Kürsat-Ahlers, E. (1991): Migration – Abschiednehmen von den Wurzeln. In: Pflüger P. M (Hg.): Abschiedlich leben Umsiedeln – Entwurzeln – Identität suchen (S. 58–89), Olten, Walter-Verlag.

Leupold-Löwenthal, H. (1958) Psychohygiene und Flüchtlingsarbeit. In: Die psycho-hygienische Betreuung ungarischer Neuflüchtlinge in Österreich 1956–1958 in Verbindung mit einer Anleitung zum Verständnis und zur Betreuung von Menschen in Extremgruppen (S. 71–110). Wien, Hollenek.

Mentzos, S. (1993): Der Krieg und seine psychosozialen Funktionen. Frankfurt, Geist und Psyche, Fischer Verlag.

Mertens, W. (1992): Psychoanalyse. Stuttgart, Kohlhammer Verlag.

Niederland W. G. (1980): Folgen der Verfolgung: Das Überlebenden-Syndrom Seelenmord. Frankfurt, Suhrkamp.

Nuscheler, F. (1987): Das „Jahrhundert der Flüchtlinge". In: T. Stamen (Hg.): Vertreibung und Exil Lebensformen – Lebenserfahrungen (S. 45–67). München, Zürich, katholische Akademie Freiburg und Schnell und Steiner.

Nuscheler, F. (1991): Flucht und Exil: Abschiedlich leben. In: Pflüger, P. (Hg.): Abschiedlich leben Umsiedeln – Entwurzeln – Identität suchen. Olten, Walter Verlag.

Pattillio-Hess, J. (1986): Vom Zerfall der Masse zur Hetzmeute? Chilenische Flüchtlinge in Wien. Wien, Verband Wiener Volkshochschulen, Schriftenreihe 9.

Projekt ID ASYL, (1989): Lager zerstören Menschen. Dokumentation Lager Nr. 1, Düsseldorf.

Rosenegger, H. (1994): Leben im Flüchtlingslager. Zeitverwendung und psychische Befindlichkeit. Universität Wien, Diplomarbeit.

Schwarzer, R.; Jerusalem, M. (Hg.) (1994): Gesellschaftlicher Umbruch als kritisches Lebensereignis. Psychosoziale Krisenbewältigung von Übersiedlern und Ostdeutschen. Weinheim und Münschen, Juventa.

Veer, G. v. (1992): Counselling and Therapy with Refugees. Psychological Problems of Victims of War, Torture and Repression. West Sussex, Wiley & Sons Ltd.

Diskriminierung und Isolation

Karl Heinz Fronek

Diskriminierung und Isolation – zwei Schlagworte, die das Leben von Flüchtlingen in Österreich und in vielen anderen Ländern der Welt, treffend charakterisieren. Erfahrungen von Ausgrenzung und Abwertung durchdringen den gesamten Lebensbereich einer geflüchteten Person und finden ihren Niederschlag in der Berufswelt, in der Wohnumgebung, in der Freizeit, im Freundes- und Bekanntenkreis und sogar in der eigenen Familie. Der im folgenden beleuchtete Teilaspekt dieser Problematik beschreibt die subjektiv erlebten Belastungen in den Bereichen Freizeit und Wohnumwelt.[1]

Die in diesen Text eingearbeiteten Zitate stammen aus einer in den Jahren 1993–1994 durchgeführten Untersuchung, zu psychischen Belastungen des Langzeitexils und deren Bewältigung. Dazu wurden mehrstündige Interviews mit in Wien lebenden Chilenen durchgeführt. Es handelt sich um Personen, welche sich größtenteils schon über zwanzig Jahre in Österreich aufhalten. Die geschilderten Erlebnisse können daher nicht ohne weiteres auf diejenigen von Flüchtlingen aus anderen Ländern übertragen werden. Es ist aber anzunehmen, daß die meisten der hier geschilderten Erfahrungen in zumindest ähnlicher Form auch auf viele andere Flüchtlinge zutreffen.

Ein Großteil meiner Gesprächspartner berichtet über persönlich erlebte Demütigungen im Freizeitbereich. Die Art der Diskriminierung ist dabei sehr unterschiedlich. Nicht berichtet wurde von meinen Interviewpartnern von direkt gegen sie gerichteter körperlicher Gewalt. Trotzdem wirkt sich das Ansteigen der fremdenfeindlich motivierten Straftaten extrem negativ auf ihr psychisches Wohlbefinden aus. Die Angst, Opfer eines gewalttätigen Übergriffs zu werden, ist bei vielen Chilenen, unabhängig vom Besitz der österreichischen Staatsbürgerschaft, vorhanden.

Häufig berichtet wird von direkten verbalen Angriffen durch Einheimische oder aber von wesentlich subtileren Formen der Abwertung. Der zweite Schwerpunkt dieses Artikels, die Isolationserfahrung, stellt sich komplex dar: Einerseits findet sie sich als Strategie diskriminierenden Erlebnissen zu entgehen, andererseits wird die Zurückweisung durch ÖsterreicherInnen als belastend erlebt.

---

1 Die Einflüsse von Isolation und Diskriminierung am Arbeitsplatz, in der Familie und im Freundeskreis werden explizit oder implizit an anderen Stellen dieses Buches behandelt.

1. Aggressive Konfrontationen mit ÖsterreicherInnen

Diese belastenden Erlebnisse können sich in aggressiv entgegengebrachter Ablehnung äußern. Obwohl Patricio angibt, sich in Österreich nicht diskriminiert zu fühlen, erzählt er über negative Erfahrungen mit Österreichern. Er reagiert in dieser Situation auf den Angriff, indem er den Aggressor zur Rede stellt.

Patricio[2]: *Einer ist in die Bar gekommen und hat gesagt: „Ihr gehört alle vergast!" Und ich habe gesagt: „Ja, aber du kommst mit". Er sagt: „Wieso? Ihr seid Ausländer!" Ja, und dann sind wir in ein Gespräch gekommen. Am Ende war er ein netter Mensch, ein Idiot (lacht), er hatte überhaupt keine Argumente. Ein Pensionist, er hatte wirklich überhaupt keine Argumente für die Diskussion.*

Ebenso erzählt Francisco von einem ähnlichen Erlebnis.

Francisco: *Vor zirca drei oder vier Monaten bin ich mit jemanden zusammengestoßen. Ich habe gesagt: „Was ist los?" Er hat gesagt: „Geh nach Hause, wir brauchen keine dicken und kleinen Menschen so wie dich!"*

Die Reaktionen auf derartige Angriffe richten sich bei ihm ebenfalls direkt gegen den Angreifer.

Francisco: *Ja, wenn ich Konfrontationen gehabt habe, war ich sehr aggressiv und stark. Ich habe keine Angst gehabt. Im allgemeinen habe ich Angst, aber wenn ich konfrontiert war, ist diese Angst weggegangen.*

Diese Übergriffe von Seiten der Einheimischen sind nicht als traurige Einzelfälle zu betrachten. Vielmehr sind sie Ausdruck einer generell vorhandenen Stimmung in der österreichischen Gesellschaft. Fremden werden, wie die Untersuchung von Plasser und Ulram 1991 zeigt, hauptsächlich negative Eigenschaften zugeschrieben. So werden Attribute wie „aggressiv", „unordentlich", „schmutzig" und „laut" von den Befragten stärker herausgestrichen als die positiven Eigenschaften. Eine Ausnahme bildet das Attribut „arbeitsam", welches von immerhin 43 % der Befragten AusländerInnen in Österreich zugestanden wird. Diese negative Einstellung zeigt sich sowohl in der Häufigkeit wie in der steigenden Frequenz verbaler Attacken gegenüber Menschen, die als Ausländer identifiziert werden.

Während aus den Stellungnahmen von Francisco und Patricio hervorgeht, daß die Betroffenen die erlebte Diskriminierung nicht besonders nachhaltig beeindruckt, stellt sie für Antonio eine schwere psychische Belastung dar. Es wird deutlich, daß die subjektive Bewertung objektiv ähnlich strukturierter Belastungssituationen sehr unterschiedlich ausfallen kann. Bemerkenswert ist dabei, daß nicht so sehr die persönlich erlebte Diskriminierung, sondern die Abwertung anderer Ausländergruppen als besonders

---

2 Die Namen der Inteviewpartner wurden geändert.

befremdend erlebt wird. Auf seine schwierigste Zeit in Österreich angesprochen, antwortet Antonio:
*Ich glaube, die ist noch immer. ... Ich würde sagen die achziger Jahre, so
fünfundachzig, weil da hat die Ausländerfeindlichkeit angefangen. Da
habe ich mich wirklich fremd gefühlt. Weil ich habe verstanden warum.
Ich habe mich so schlecht gefühlt, habe auch verstanden, daß die Österreicher sehr Unrecht getan haben. Nicht wegen mir, weil zu mir haben sie
immer gesagt: „Scheiß Ausländer!" Ok.*
I: Haben sie das öfter zu dir gesagt?
Antonio: *Viele Male. Oder, „Indianer, geh aus dem Weg!" Indianer, das ist
mir ganz egal. Ich bin stolz, wenn jemand zu mir Indianer sagt. ... Aber,
was mich ganz besonders stört und verletzt, ist, daß wenn sie gewußt
haben, daß ich kein Jugoslawe, kein Türke bin, sondern ein Chilene, dann
bist du ein Mensch von einer anderen Kategorie. Daß man besser gestellt
ist als ein Türke, ein Jugoslawe. Und da habe ich die Welt nicht mehr verstanden.*
In den ersten Jahren seines Exilaufenthalts in Österreich reagiert Antonio
auf derartige Vorfälle defensiv.
Antonio: *Früher habe ich mich einfach klein gefühlt. Ich habe gesagt, „Ich
bin genau wie wenn ich in ein fremdes Haus gehe, ich bin Gast." Und ich
habe es dann einfach akzeptieren müssen.*
Diese Reaktion läßt sich als Assimilationsphase beschreiben, wie sie
Dewran (1989) unter Bezugnahme auf eine 1980 erschiene Berliner Studie charakterisiert: „(Der zuziehende Ausländer) versucht und bemüht sich
nicht aufzufallen, nichts falsch zu machen, er unterliegt einer „Zwangsan-
passung"." Die dritte und letzte Phase dieses Modells betont die zunehmende Aktivität der MigrantInnen. In diese Strategiephase kann die heutige Reaktion meines Interviewpartners eingeordnet werden.
Antonio: *Wenn ich guter Stimmung bin, bleibe ich stehen und versuche
ein Gespräch mit diesem Typ. Und nur, um ihn kaputt zu machen. Weil
ich sage immer „Gut, ich bin ein Arschloch, ich bin ein Tschusch. Aber
ich bin stolz ein Tschusch zu sein, und nicht so ein Depp wie Sie. Weil
ich weiß nämlich, warum ich hier bin und Sie wissen es nicht!"*

2. Erlebte Ablehnung durch ÖsterreicherInnen

Noch wesentlich öfter als durch aggressiv vorgebrachte verbale Attacken,
werden meine Gesprächspartner mit entgegengebrachtem Mißtrauen und
Anschuldigungen konfrontiert.
Antonio: *Hier in Österreich ist eine gewisse Feindlichkeit, die aber nicht
voll an die Oberfläche kommt. Daß man Leute schimpft, oder so. Son-*

dern, es ist irgendwie im Hintergedanken. Es ist ein Problem von der Erziehung. Und dann, wenn irgend etwas passiert, dann ist sicher der Ausländer schuld.

Meine Interviewpartner beschreiben, daß sie als Ausländer oft Situationen ausgesetzt sind, in denen sie sich aufgrund ihrer Herkunft gedemütigt fühlen. Im Gegensatz zu offen erlebter aggressiver Diskriminierung ist eine offensive Verteidigung bei subtileren Formen entgegengebrachter Ablehnung schwer möglich. Unter diesen Bedingungen ist es kaum denkbar, sich aktiv gegen den Aggressor zu verteidigen. Vor allem in den ersten Jahren des Exilaufenthaltes kommt es zu internen Attributionsmustern. Der Fehler wird bei sich selbst und im eigenen Verhalten geortet. Die eigene Unkenntnis der in Österreich gültigen kulturellen und gesellschaftlichen Normen wird für das Scheitern im zwischenmenschlichen Bereich verantwortlich gemacht.

Antonio: *Eine Frau kommt aus dem Autobus, ich gebe ihr die Hand um ihr zu helfen, … es geht nicht. (Oder) „Soll ich" habe ich auf Deutsch gesprochen, „Soll ich ihre Tasche (tragen), soll ich helfen?" „Du willst meine Sachen stehlen!" … Ich habe nie, nie was geschimpft. Ich habe immer gesagt, na gut, das ist ihr Problem. Ihr Land, ich bin da, Ok.*

I: Aber hat dich das gekränkt?

Antonio: *Ja, sicher. … Manchmal hatte ich sogar ein schlechtes Gewissen oder so, trotzdem, vieles habe ich falsch gemacht. Vielleicht sind sie es gar nicht gewohnt, daß man sie anspricht und helfen will. Vielleicht soll ich das nicht tun?*

Besonders problematisch ist, daß die hier lebenden Ausländer in keinem Lebensbereich vor Diskriminierung geschützt sind. German, der aktiver Katholik ist, berichtet von derartigen Erlebnissen in der Kirche.

German: *(Es war) in der Kapelle, wo wir zur Messe gegangen sind. … Ich stehe in der Bank, … und ich sehe, daß ein Handschuh von einer Dame am Boden liegt. Und ich wollte der Dame den Handschuh geben. Die Dame läuft praktisch weg von mir, als ob ich die Pest hätte. … Sie wollte den Handschuh nicht von mir. Das war für mich schon unverständlich.*

German schildert noch ein weiteres, diskriminierendes Erlebnis in der Kirche. Während er die Aussage von der alten Dame noch tolerieren kann, löst die Reaktion des österreichischen Priesters große Enttäuschung bei ihm aus. Die Einschätzung der erlebten Abwertung ist, entscheidend von der Bedeutung der Person, die sie vorbringt, abhängig (vgl. Leupold-Löwenthal, 1958, S. 99). Dies soll im nachfolgenden Statement deutlich gemacht werden.

German: *Eine Dame hat mit dem Priester von der Kapelle gesprochen, und sie hat gesagt, „Herr Bonifaz, wie können sie und der Pater Hermann diese Ausländer hier in der Kapelle zulassen. Das sind Leute, die keine*

Kultur haben, und warum sollen wir zusammensein? Können die nicht woanders hingehen?"
Das war schon eine unangenehme Situation, aber es war eine ältere Dame. ... Das war für mich nicht so traurig, oder so schlimm. Was sehr schlimm war, war die Antwort des Priesters. Der kreuzte die Arme, schaute zum Himmel und sagte, „Ja, liebe Schwester, sie haben ganz sicher recht, aber als gute Christen müssen wir hier alle akzeptieren".

Für meine Gespächspartner besteht eine ständige und über jeden Lebensbereich generalisierte Gefahr, wegen ihrer Herkunft abgelehnt zu werden. Da an dieser Tatsache nichts geändert werden kann, bleiben nicht allzuviele Möglichkeiten, die Frustrationserlebnisse zu vermeiden. Die immer wieder erlebte Diskriminierung durch Inländer bringt Mario zu der Überzeugung, daß er von den Österreichern nicht akzeptiert wird.

Mario: *Die Leute akzeptieren mich nicht. ... Ja, und ich finde das ziemlich lächerlich, ..., und ich bin darüber sehr traurig, daß es diese Mentalität gibt.*

Eduardo spricht nicht von persönlich erlebter Diskriminierung durch ÖsterreicherInnen. Daß er bisher davon verschont blieb, ist auf mehrere Faktoren zurückzuführen. Er spricht einerseits ausgezeichnet Deutsch, andererseits entspricht er äußerlich nicht dem Klischee des typischen „Gastarbeiters". Außerdem wirkt er in seinem Auftreten sehr selbstsicher. Die allgemeine Situation, die Ausländer hier in Österreich antreffen, wirkt sich jedoch auch auf sein Wohlbefinden aus. Ebenso wird hier, wie schon in anderen Stellungnahmen, der Prozeß sichtbar, daß sich die Situation für in Österreich lebende Ausländer zunehmend verschlechtert, die relative Sicherheit somit keine absolute ist.

Eduardo: *Ich schaue wahrscheinlich mehr wie ein sizilianischer Tourist aus, als ein Gastarbeiter; oder ein tunesischer Tourist. (...) Die allgemeine Einstellung gegenüber Fremden ist ein bißchen befremdend. ... Man merkt diese allgemeine Stimmung, das heißt, es wird wieder salonfähig, gegen diese Ausländer und Sozialschmarotzer zu gehen. Seit dem Tod Kreiskys, wahrscheinlich unter Sinowatz, war es auch nicht salonfähig.*

Die sich verändernde politische Situation, die ihren Ausdruck in immer rigider werdenden Fremdengesetzen findet, löst bei Eduardo Angst aus, selbst Opfer von gewalttätigen Übergriffen zu werden. Es zeigt sich, daß das politische Umfeld als Einflußfaktor auf die erlebte Lebensqualität nicht vernachlässigt werden darf.

Eduardo: *Seit ein paar Jahren, mit dem neuen Innenminister[3] und den Aussagen des Innenministers, ist es bedrohlich.Das Wohlbefinden ist zurückgegangen, nicht radikal, aber ein bißchen schon.*

---

3 Gemeint ist damit der zum Zeitpunkt des Interviews amtierende Bundesminister für Inneres Dr. Franz Löschnak.

Eduardo war in seinem Leben schon zweimal gezwungen, aufgrund politischer Gegebenheiten ein Land fluchtartig zu verlassen (1973 Putsch in Chile; 1976 Putsch in Argentinien). Er hält es durchaus für möglich, daß die Lage auch in Österreich eskaliert und stellt Überlegungen für den Ernstfall an.

Eduardo: *Es äußert sich in dem Wunsch, nicht nur für mich, sondern mit österreichischen Freunden ein Haus in Chile zu kaufen. Daß, wenn etwas hier passieren könnte, daß wir irgendwo landen. … Und außerdem nicht nur ich fürchte das, es gibt auch Österreicher jüdischer Abstammung, … denen diese Situation nicht ganz geheuer ist.*

Dieses Gefühl der Bedrohung durch die politische Situation, läßt sich auch anhand der repräsentativen Umfragen des Fessel Instituts (1990–1991) nachvollziehen. Darin zeigt sich der Trend zu zunehmenden Vertrauen in eine Politik der Ausgrenzung: Während im Februar/März 1990 nur 11 % der Befragten die FPÖ für kompetent hielten, das „Ausländerproblem" zu lösen, waren es April/Mai 1991 bereits 18 % und schließlich im September/Oktober 23 %.

3. Isolation als Strategie zur Vermeidung von Diskriminierung

Durch die prolongierten negativen Erfahrungen kommt es zu einer Verschiebung der eigenen Zielsetzung. Obwohl Mario ursprünglich Beziehungen zu ÖsterreicherInnen aufgeschlossen gegenübersteht, bewertet er sie heute als uninteressant. Diese Umwertung der eigenen Interessen führt dazu, daß er, soweit es möglich ist, jeden weiteren Kontakt mit Österreichern vermeidet.

Mario: *Die Leute sind für dich uninteressant. Du hast deinen Job, hast deine Wohnung, hast deine Familie. Das andere interessiert dich nicht.*

Das Vermeidungsverhalten kann im Einzelfall zwar vor Erniedrigungen bewahren, trägt auf lange Sicht aber zur weiteren Isolierung und der damit verbundenenen Verfestigung der Marginalposition bei. Die Isolierung von der österreichischen Gesellschaft führt im Fall von Mario sogar dazu, daß er anfängt, die deutsche Sprache zu verlernen. Dies wird auch dadurch bedingt, daß er auch im Beruf über lange Zeit nicht genötigt ist, die deutsche Sprache zu praktizieren.[4]

---

4 Ich weise darauf hin, daß das angeschnittene Problem bei meinen Interviewpartnern zwar nur bei Mario auftritt, generell aber wesentlich größere Bedeutung besitzt. Dies hängt mit dem Sampling meiner Stichprobe zusammen. Es konnten nur Exilchilenen Berücksichti-

Mario: *Ich habe früher viel besser Deutsch gesprochen und geschrieben. Weil ich war sehr lange in dem Job, wo ich nur Spanisch gesprochen habe. Die ganze Zeit, zehn Jahre, habe ich nur Spanisch gesprochen.*
Bei den anderen wirkt sich die erlebte Ablehnung nicht derart einschneidend aus. So entwickelt Patricio eine Strategie, um diskriminierenden Situationen prophylaktisch zu begegnen. Doch auch für ihn ist der Umgang, vor allem mit älteren ÖsterreicherInnen, nicht unbefangen.
Patricio: *Wenn ich eine Straße nicht finde, weil es soviele Neubauten gibt, und da geht ein älterer Mensch, und ich weiß, daß sie mehr wissen. Und es wird immer wieder gesagt: „Ausländer haben einen alten Mann oder eine alte Frau überfallen und haben sie beraubt, und was weiß ich noch." Dann gehe ich ganz höflich hin und frage. Weil ich habe immer diesen Gedanken. Wenn ich hingehe und frage, und plötzlich fängt sie vielleicht zum Schreien an, und dann wird es für mich gefährlich.*
Die auf lange Sicht erfolgsversprechendste Vorgehensweise ist, sich durch Diskriminierungen nicht entmutigen zu lassen. Nur durch eine aktive Auseinandersetzung mit Einheimischen kann es zu einer Änderung bereits festgelegter Meinungen und darüber hinaus zu einer echten Annäherung kommen. In den ersten Jahren seines Exilaufenthaltes denkt German, daß die ÖsterreicherInnen ausländerfeindlich sind.
German: *Und ich habe deswegen auch sehr oft gedacht, ... Österreicher sind ausländerfeindlich. Es ist eine geschlossene Gesellschaft.*
Er stellt fest, daß Angst der Motor ist, der ablehnende Reaktionen bei der österreichischen Bevölkerung gegenüber Fremden hervorruft. Dabei gibt er den Medien die Verantwortung dafür, durch ihre Negativberichterstattung diese Angst zu fördern.
German: *Die Leute hören nur, daß Ausländer besoffen sind, Vergewaltiger, Wüstlinge, ich weiß nicht, was noch. Alles, was negativ ist, kommt von den Ausländern. Und dann haben vor allem ältere Menschen deswegen Angst, wenn sie einen Ausländer sehen. Und wenn sie sich unhöflich zu einem Ausländer benehmen, ist es, weil sie Angst haben.*
Diese Einschätzung, wird durch die Erfahrungen des Antidiskriminierungsbüro Bielefeld bestätigt: „Die Medien können im Hinblick auf das Phänomen „Rassismus auch als eine Art „Vierte Gewalt" bezeichnet werden, da die verbreiteten Diskurse nicht nur Einflußmöglichkeiten auf das Denken und Handeln besitzen, sondern auch rassistische Haltungen verstärken"(1995, S. 55).

---

gung finden, die der deutschen Sprache im ausreichenden Ausmaß mächtig sind. Aus eigener Erfahrung weiß ich, daß es weit mehr Chilenen gibt, die bis heute die deutsche Sprache nur rudimentär beherrschen. Daß dies eine Partizipation am öffentlichen Leben in Österreich auf ein Minimum reduziert, sei hier nur am Rande angemerkt.

4. Isolation als Belastungsmoment

Für einige meiner Gesprächspartner stellt die erlebte Isolation in der österreichischen Gesellschaft ein enormes Belastungspotential dar.

Das in Chile vorhandene Netzwerk an Freunden, Bekannten und Nachbarn, auf welches man sich sowohl im Alltag als auch in Krisenzeiten stützen konnte, wird vermißt. Den in Chile üblicherweise gepflegten zwischenmenschlichen Beziehungen wird nachgetrauert, sie können aber in der neuen Umgebung kaum wieder aufgebaut werden. Das Gefühl der Entwurzelung kann über Jahre konstant bleiben, der Aufbau eines neuen sozialen Netzwerks gelingt nur in den seltensten Fällen. Die Errichtung eines neuen Beziehungsgefüges hemmen internalisierte psychologische Faktoren (Vertrauensverlust in die Menscheit durch Foltererlebnisse; Loyalitätskonflikte mit den Zurückbleibenden (vgl. Grinberg & Grinberg, 1990) wie auch situative Gegebenheiten (Großsstadtmentalität, Sprache).

Im Wohnbereich zeigen sich zunehmende Segretationstendenzen. Der Wiener Integrationsfonds weist darauf hin, daß nach den Daten der Volkszählung 1991 50 % der Wohnbevölkerung mit fremdem Paß in nur sechs Wiener Gemeindebezirken leben. Zehn Jahre zuvor war die 50 % Marke noch bei sieben Bezirken gelegen (vgl. Wiener Integrationsfonds 1994). Aber auch diejenigen, die in Bezirken mit geringem Ausländeranteil leben, beklagen den fehlenden Kontakt zu österreichischen Nachbarn.

Antonio: *Ja, und das, was mich bis heute am meisten stört; ich habe es so in den Hintergedanken verlegt, daß ich es fast für eine normale Situation finde; daß ich nur mit den Leuten „Grüß Gott" und „Guten Tag" (sage). … Und wenn sie gestorben sind, werde ich das im nächsten Monat merken. Und wenn mir was passiert, dann ist es das gleiche. Das sind so Umstände, die bei uns nicht gewöhnlich sind. Und das vermisse ich. Weil ich bin ein Mensch, der gerne mit anderen Leuten spricht.*

Antonio merkt an, daß ihn seine Nachbarn in den letzten Jahren zumindest nicht mehr unfreundlich behandeln. Dies führt er auf seine berufliche Stellung zurück.

Antonio: *Jetzt begrüßen sie mich sehr nett, am Anfang nicht, weil da war ich einfach ein Ausländer. Ich habe gegrüßt und der andere hat nicht geantwortet. Jetzt repräsentiere ich einen gewissen Respekt. Warum? Ich habe schon in den letzten Jahren sehr viel für den ORF gemacht, für das Völkerkundemuseum. Sie lesen manchmal meinen Namen in Zeitungen.*

Daß ihm die respektvolle Behandlung durch die Hausbewohner nur aufgrund seiner beruflichen Stellung zuteil wird, kränkt Antonio. Die von ihm begehrte Freundschaft mit den Nachbarn findet er nicht.

Antonio: *Und das stört mich, das paßt mir nicht. … Ich brauche eine gewisse Wärme, die einem die Menschen geben sollten. Meiner Meinung nach. Ich biete ihnen immer Hilfe an, wenn sie das brauchen. Sie nehmen nicht an, aber sie bedanken sich. Aber ich weiß, wenn ich kein Künstler wäre und einfach Straßenkehrer wäre, würden sie wahrscheinlich sagen: „Was fällt dir ein! Ich brauche deine Hilfe nicht".*

Jorge fühlt anfänglich ebenfalls diese Isolation von der österreichischen Gesellschaft. In der Sprache erkennt er jedoch für sich den Schlüssel, um dieses Problem zu überwinden.

Jorge: *Ich habe mit Inländern schon über ihre psychischen Sachen gesprochen. Über die seelischen Probleme. Habe gesprochen über hunderttausend Dinge, die nicht vorstellbar sind, wenn man die Sprache als Instrument nicht hat. ... Weil wenn man das nicht hat, ... , ist es fast unmöglich zu entdecken, welche seelischen Vorstellungen der andere hat.*

Der Großteil der intensiveren Freizeitkontakte mit Österreichern wird über politische Arbeit hergestellt.

Francisco: *In meiner Freizeit hatte ich hauptsächlich Kontakt mit Chilenen. Außer über die Solidarität mit Chile, da haben wir auch Kontakt mit österreichischen Menschen gehabt.*

In Ausnahmefällen kommt es dabei zu echten und dauerhaften Freundschaften mit Österreichern.

German: *Ja, ich würde sagen, meine besten Freunde habe ich durch die Arbeit in der Arbeitsgemeinschaft Christen für Chile gemacht – unter den Österreichern. Also wir haben sehr gute Freunde.*

5. Schlußbemerkung

Einer Begegnung Gleichwertiger, stehen derzeit die gesetzlichen Benachteiligungen von AusländerInnen entgegen. Es wäre aber falsch zu glauben, daß alleine durch eine Änderung der restriktiven Fremdengesetze die dargestellten Phänomene steigender Diskriminierung und Ausgrenzung rückgängig gemacht werden könnten. Wie wir aus der eigenen Geschichte wissen sollten, führt gerade diese Ausgrenzung von Bevölkerungsteilen zu sozialen Katastrophen. Den Kreislauf von Vorurteilen und deren Bestätigung im Sinne einer „self-fulfilling-prophecy" zu durchbrechen, erfordert von allen Beteiligten die Bereitschaft zu ehrlicher Konfrontation. Unter Konfrontation verstehe ich alltägliche Begegnungen, denn nur in ihnen kann aus Fremdheit Vertrautheit und Nachbarschaft entstehen. Die angesprochene „Ehrlichkeit" verlangt den Mut sich seiner eigenen Vorurteile – seien es diskriminierende oder idealisierende – berauben zu lassen. Die überwundenen Barrieren würden aber sowohl den Angekommenen als auch den Ansässigen neue Perspektiven eröffnen.

Literatur

Antidiskriminierungsbüro (1995): Ein Jahr Bielefelder Antidiskriminierungsbüro. Dokumentation 1994, Bielefeld.

Dewran, H. (1989): Belastung und Bewältigungsstrategien bei Jugendlichen aus der Türkei – eine theoretische und empirische Studie. München.

Grinberg, L.; Grinberg R. (1990): Psychoanalyse der Migration und des Exils. München, Wien.

Leupold-Löwenthal, H. (1958): Psychohygiene und Flüchtlingsarbeit. In H. Hoff & H. Strotzka (Hrsg.), Die psychohygienische Betreuung ungarischer Neuflüchtlinge in Österreich 1956–1958 (S. 71–110). Wien.

Plasser, F.; Ulram, P. (1991): „Die AusländerInnen kommen!", in: Österreichisches Jahrbuch für Politik, (S.311–323). Wien, München.

Wiener Integrationsfonds (1995): Bericht über das Jahr 1994. Wien.

Alltag im Flüchtlingslager: Das Fehlen von Zeitstrukturen[1]

Hans Rosenegger

„Endlich ein sicheres Gastland erreicht. Die Fahrt ins Ungewisse ist vorbei. Fürs erste dem lebensbedrohenden Krieg entkommen, obwohl der Schock über das Erlebte tief sitzt. Das Schicksal von Freunden und Verwandten ist zwar ungewiß, fast der gesamte Besitz mußte zurückgelassen werden, jedoch das eigene Leben wurde gerettet. Einen Schlafplatz in einem Massenquartier gibt es auch. Aber wie geht es weiter?"

Die letzte Frage stellt sich kaum ein Flüchtling unmittelbar nach dem Erreichen eines sicheren Aufnahmelandes. Zu groß waren die seelischen Belastungen und körperlichen Strapazen, die man gerade hinter sich gebracht hat.

1. Der Weg ins Flüchtlingslager

An einem Augustmorgen des Jahres 1992 kamen Soldaten in das bosnische Heimatdorf von Said A. Mit Gewehren im Anschlag drangen sie in sein Haus ein und gaben der Familie eine halbe Stunde Zeit, es – mit den nötigsten Habseligkeiten ausgestattet – zu verlassen. Gemeinsam mit vielen anderen Dorfbewohnern wurden Said A., seine Frau und die drei Kinder auf Lastwägen aus ihrer bisherigen Heimat deportiert, einem unbekannten Ziel entgegen.
Viele Familien wurden getrennt oder verloren sich während des Transports aus den Augen. Said A. hatte das *Glück*, daß sich seine Familie samt Bruder, Eltern und Schwiegereltern im selben Konvoi befand.
Nach einer mehrtägigen Fahrt ins Ungewisse erfuhr Familie A., daß sie in Österreich aufgenommen wird. Gemeinsam mit Tausenden anderer Kriegsvertriebener kamen sie schließlich erschöpft, aber mit der Gewißheit, das eigene Leben gerettet zu haben, in Wien an. Hier wurden zu-

---

1 Die folgenden Schilderungen entstammen im wesentlichen meiner Diplomarbeit „Leben im Flüchtlingslager – Zeitverwendung und psychische Befindlichkeit".

nächst alle Personen registriert und anschließend in einem Großlager untergebracht. Dort schliefen Hunderte Personen im selben Saal, es gab aber für alle ein Notbett und Verpflegung. Said A. war früher einige Jahre als Gastarbeiter in Deutschland tätig und spricht daher fließend Deutsch. Seine Sprachkenntnisse waren für ihn und seine Landsleute während der Aufnahmeprozedur und bei der Klärung organisatorischer Fragen ein unschätzbarer Vorteil. Die meisten BosnierInnen fanden sich aber in einer fremden Welt wieder, in der sie weder verstanden noch sich verständigen konnten.

Einige Tage nach der Ankunft erklärte sich eine Wiener Pfarre bereit, 28 Kriegsvertriebene aufzunehmen, darunter auch Familie A. Im dortigen Pfarrheim gab es im wesentlichen zwei größere Räume, von denen einer als Gemeinschaftsschlafraum und einer als Aufenthaltsraum diente sowie eine kleine Küche und Sanitäranlagen. Weiters konnte ein dem Pfarrheim angeschlossener Fußballplatz von den BosnierInnen als Ausweichmöglichkeit ins Freie benutzt werden. Obwohl diese Unterkunft nach unserem Verständnis allem anderen als einem Luxusquartier entspricht, nahm sie sich für die BosnierInnen im Gegensatz zum Großlager anfangs wesentlich angenehmer aus. Man konnte selbst die Mahlzeiten zubereiten und das Leben – soweit es in Anbetracht geringer finanzieller Mittel, fehlender Privatsphäre und fehlender Beschäftigungsmöglichkeiten möglich war – nach eigenem Gutdünken gestalten. Im Gegensatz zu anderen Lagern und Flüchtlingsunterkünften war dies eher eine Ausnahme.

Auf einen längeren Aufenthalt in Österreich richtete sich niemand ein, da die meisten BosnierInnen während dieser Zeit davon ausgingen, daß sie in einigen Wochen oder Monaten ohnehin wieder in ihre Heimat zurückkehren könnten.

Im Winter 1992/93 war die Hoffnung auf eine baldige Heimkehr bereits sehr reduziert. Die meiste Zeit verbrachte man wartend in der Unterkunft. Warten auf eine Gelegenheitsarbeit, auf Nachrichten aus der Heimat oder auf das Ende eines Tages, der genauso verlief wie die vorhergehenden. Während dieser Zeit kam es auch zu den ersten Konflikten zwischen den BosnierInnen. Die Ursachen waren fast immer Bagatellen, aber in der Enge eines Flüchtlingslagers können die Streitereien sehr schnell eskalieren. Es war unmöglich einander auszuweichen, man fühlte sich ständig beobachtet.

Im Frühjahr 1993 besserte sich die Situation ein wenig. Der ehrenamtliche, überaus engagierte Lagerleiter warb in der Umgebung des Lagers dafür, daß AnrainerInnen bosnische Kriegsvertriebene für Gelegenheitsarbeiten in Haushalt und Garten engagieren konnten. Diese Maßnahme führte dazu, daß es zumindest teilweise Beschäftigungsmöglichkeiten für die BosnierInnen gab, und die von der Bosnienhilfe der Gemeinde Wien ausbezahlten öS 1500,- zur Bestreitung der Lebenskosten etwas aufgebessert wurden.

Während dieser Zeit hatte ich meine ersten Gespräche mit den im Lager lebenden Menschen. Im Zuge meiner Diplomarbeit entwickelte sich zunehmend ein intensiver persönlicher Kontakt mit einzelnen BosnierInnen. Vor allem im Sommer und Herbst 1993 verbrachte ich viel Zeit im Lager und nahm am Leben der Kriegsvertriebenen teil. Mit der wissenschaftlichen Methode „Teilnehmende Beobachtung" versuchte ich, mehr Einblick in die Lebensbedingungen der BosnierInnen zu erhalten. Insbesondere interessierte mich die Frage, wie sich ein unstrukturierter Tagesablauf infolge mangelnder Beschäftigungsmöglichkeiten auf die Befindlichkeit von Flüchtlingen auswirkt.

Es war mir wichtig, zu den BosnierInnen einen zwischenmenschlichen Kontakt zu suchen und ihnen zu vermitteln, daß sie mich als Personen interessierten und ich sie nicht auf „Forschungsobjekte" reduzieren wollte. Deshalb versuchte ich, im Rahmen meiner Möglichkeiten Hilfe anzubieten, wie etwa Nachhilfe bei schulischen Problemen der Kinder und Jugendlichen, Unterstützung beim Verfassen deutschsprachiger Korrespondenz oder beim Ausfüllen von Formularen.

2. Arbeitslosigkeit – ein Flüchtlingsproblem?

Entwurzelung, Sprachverschiedenheit, Leben in Lagern, schwere Traumatisierungen, psychische und somatische Beschwerden, diffuse Zukunftsperspektiven, um nur einige Beispiele zu nennen, das sind doch die wesentlichsten Probleme von Flüchtlingen, aber Arbeitslosigkeit?

Auf den ersten Blick erscheint dieser Einwand sicher gerechtfertigt. Der dringendste Wunsch nach dem Erreichen eines sicheren Aufenthaltslandes ist nicht jener nach einer geregelten Beschäftigung. Diese „Schockphase" ist vor allem durch körperliche und emotionelle Erschöpfung gekennzeichnet, als Reaktion auf die intensive Spannung des Fluchterlebens (vgl. Leupold Löwenthal, 1958).

Erst nach einem längeren Aufenthalt in Flüchtlingslagern, dem Ausgeliefertsein an institutionelle Zwänge, dem permanenten Gefühl der eigenen Handlungsohnmacht, stellt sich ein Zustand der Apathie ein, der einen demoralisierenden Effekt auf die Menschen bewirkt. Innere Leere, ein Gefühl der Sinnlosigkeit und der vollständigen Abhängigkeit kennzeichnen diese Phase (vgl. Bohrn & Bohrn, 1992).

Grundsätzlich ist davon auszugehen, daß eine geregelte Beschäftigung für Flüchtlinge einen äußerst hohen Stellenwert besitzt. Sie bedeutet der Gleichförmigkeit des Flüchtlingslagers zu entkommen, eine geregelte Zeitstruktur und ein eigenes Einkommen zu haben und letztlich einen wesentlichen Schritt zur Integration in das neue Land geschafft zu haben.

Freud (1930) spricht gar von Arbeit als stärkste Bindung des Menschen an die Realität und einem grundlegenden Bedürfnis nach Zeitstrukturierung in allen Kulturen. Durch die Teilnahme an kollektiven Anstrengungen und Zielen sichert Arbeit auch einen Platz in der Gesellschaft. Sie weist Status und Identität zu, bringt eine Erweiterung an sozialen Erfahrungen und schafft ein geregeltes Einkommen, um nur einige Beispiele zu nennen (vgl. Jahoda, 1986).

Durch das österreichische Ausländerbeschäftigungsgesetz war es für bosnische Kriegsvertriebene bis zum Sommer 1993 nicht möglich, eine Beschäftigungsbewilligung zu erhalten und damit eine legale Arbeit aufzunehmen. Gelegenheitsarbeiten wurden nur im öffentlichen und caritativen Bereich angeboten. In diesem Zusammenhang ist das von der Caritas und vom Wiener Integrationsfonds initiierte Projekt *„Nachbarschaftshilfe"* zu erwähnen. Im Zuge dessen wurden BosnierInnen für die Erledigung privater Arbeiten an Wiener Haushalte vermittelt.

Seit Sommer 1993 besteht die rechtliche Möglichkeit, eine Beschäftigungsbewilligung zu beantragen. Im von mir beschriebenen Lager gelang es im Folgejahr nur einem einzigen Mann, eine solche auch zu erhalten. Um ein besseres Verständnis dafür zu erlangen, welchen Stellenwert geregelte Arbeit für Flüchtlinge hätte, soll zunächst ausgeführt werden, wie diese die *„Freizeit"* im Lager verbrachten.

3. Zeitverwendung im Flüchtlingslager

Im Frühjahr 1993, zu Beginn meiner Studie, hatte niemand der im Lager lebenden erwachsenen BosnierInnen einen festen Arbeitsplatz. Sie verbrachten den Großteil ihrer Zeit im Lager. Es kam häufig vor, daß Personen stundenlang in der gleichen Position verharrten und apathisch in die Luft schauten. Die Eintönigkeit war so groß, daß ich bereits nach wenigen Besuchen das Bild erahnen konnte, welches ich beim Eintreffen im Lager tatsächlich vorfinden würde. Nachfolgender Auszug aus einem meiner Beobachtungsprotokolle soll dies veranschaulichen:

Ich komme um etwa 16 Uhr ins Lager. Es ist sonnig und ausgesprochen heiß. Am Weg zum Lager stelle ich mir bereits mental das Bild vor, das ich nach dem Passieren des Eingangstores erwarte. Ich sehe Saids Kleinbus vor dem Eingang geparkt und vermute, daß er wieder auf der Treppe vor dem Haus sitzt, wie immer, wenn das Wetter schön ist. Seinen Vater erwarte ich auf der Wiese sitzend. Als ich dann eintrete und genau dieses Bild vor mir sehe, bin ich ziemlich verblüfft. Ich begrüße Said, der mir am nächsten sitzt, als ersten. Sein Vater sitzt etwa 30 Meter hinter ihm. Auf gleicher Höhe, aber etwa 20 Meter entfernt, sitzen der 18jährige

Nusret G. und seine Mutter Alma ebenfalls im Gras. Als er mich sieht, steht er sogleich auf, um mich zu begrüßen. Weiters befinden sich noch das Ehepaar Sabina und Damir B. im Garten, die sich möglichst weit weg von den anderen auf den heute abend stattfindenden Deutschkurs vorbereiten.
(Beobachtungsprotokoll vom 16. 8. 1993, Seite 1)

Diese Szene sah ich noch häufig, wenn ich ins Lager kam. Der Eindruck von Lethargie, der von den Menschen ausgeht, ist typisch für Personen, denen Aufgaben fehlen, die zum Nichtstun „verurteilt" sind.
Allerdings war das Ausmaß an (nicht) vorhandener Zeitstruktur für verschiedene Personengruppen unterschiedlich. Am ehesten war ein einigermaßen strukturierter Tagesablauf bei Kindern und Jugendlichen festzustellen, für die in Österreich die allgemeine Schulpflicht galt und noch immer gilt.
Durch die Organisation dieses Lagers war es möglich, Mahlzeiten selbst zuzubereiten. Tätigkeiten wie Einkaufen, Kochen, aber auch Kinderbetreuung wurden vorwiegend von Frauen durchgeführt. Für sie war es auch weniger schwierig, Gelegenheitsarbeiten zu erhalten, etwa als Putzfrauen oder Haushälterinnen. Tendenziell waren Frauen deshalb vom akuten Beschäftigungsmangel in geringerem Ausmaß betroffen als die meisten Männer.
Die meiste Zeit hielten sich ältere Personen im Lager auf, da diese kaum Gelegenheitsarbeiten nachgingen. Insgesamt vergingen die Tage für die BosnierInnen äußerst gleichförmig, Abwechslung gab es kaum.
Gelegenheitsarbeiten wurden zum Großteil von Privatpersonen der näheren Umgebung vergeben, die Hilfe im Haushalt oder Garten benötigten. Das Angebot an solchen Tätigkeiten war jedoch sehr unregelmäßig – häufiger im Frühling bzw. Sommer und kaum im Winter – und es ist keinesfalls mit einer geregelten Tätigkeit gleichzusetzen.

4. Was tun Menschen, wenn sie nichts tun dürfen?

Weil es innerhalb des Flüchtlingslagers nur wenige zielgerichtete Betätigungen, wie Reparatur- oder Putzarbeiten, zu verrichten gab, wurden oft auch Aktivitäten gesetzt, die eigentlich nicht nötig gewesen wären, etwa das Bewässern eines Rasens, obwohl es tags zuvor geregnet hatte.
Der Mangel an sinnvoller Beschäftigung führte unter anderem dazu, daß viele Personen tagsüber im Bett lagen, wie überhaupt eine Verschiebung der Schlafenszeiten zu beobachten war. Morgens gab es keine Notwendigkeit zeitig aufzustehen und abends blieben manche bis weit nach Mitternacht auf,

um fernzusehen, Karten zu spielen oder miteinander zu reden. Mitbewohner, die zu dieser Zeit schlafen wollten, fühlten sich dadurch gestört, was zu erhöhten Spannungen zwischen einzelnen BosnierInnen führte. Eine gezieltere Freizeitgestaltung, wie etwa der Besuch von Kultureinrichtungen, Veranstaltungen oder Gaststätten war wegen fehlender finanzieller Mittel sowie sprachlicher Verständigungsschwierigkeiten nicht möglich.

Unterbrochen wurde das Warten durch zielloses Herumgehen, gelegentliche Besuche von Freunden und Verwandten aus anderen Flüchtlingslagern. Der Fernseher war fast immer in Betrieb, obwohl nur wenige Personen so gute Deutschkenntnisse hatten, daß sie dem Programm einigermaßen folgen konnten. Auch Karten- und Brettspiele dienten oft als Zeitvertreib. Einmal wöchentlich wurde im Pfarrheim ein Deutschkurs angeboten. Anfangs war die Teilnahmebereitschaft – in Anbetracht einer baldigen Heimkehrerwartung – eher gering. Mit zunehmender Auftenthaltsdauer wurde die Notwendigkeit von guten Deutschkenntnissen für die BosnierInnen jedoch immer einsichtiger.

5. Soziale Interaktion im Lager

Der Beschäftigungsmangel kennzeichnete auch das soziale Zusammenleben im Flüchtlingslager. Durch die permanente Anwesenheit anderer Personen war es nicht möglich, eine Privatsphäre aufzubauen. Trotzdem gab es verschiedene Strategien, um sich von anderen Familien oder Gruppen so weit als möglich abzugrenzen.

Diese Abgrenzung erfolgte vor allem *räumlich*, indem man versuchte, relativ feste Sitzordnungen einzuhalten, und zwar so, daß sich die einzelnen Familien immer im größtmöglichen Abstand zu den anderen befanden. Diese „Stammplätze" gab es auch im angeschlossenen Garten, durch dessen Ausdehnung die eingenommene Distanz noch augenfälliger war als in der Unterkunft.

Neben der *räumlichen* gab es auch eine *verbale Abgrenzung* gegenüber den anderen Familien. Darunter ist zu verstehen, daß man MitbewohnerInnen über eigene Aktivitäten außerhalb des Lagers bewußt im Unklaren ließ oder sich in bezug auf deren Unternehmungen betont desinteressiert zeigte, etwa: *„Was gehen mich die an?"*

Diese Strategien trugen dazu bei, eine an sich unerträgliche Lebenssituation nicht eskalieren zu lassen. Streitigkeiten werden so seltener ausgetragen. In einem Lebensraum, wo Privatsphäre und Rückzugsmöglichkeiten nicht gegeben sind, könnte das Austragen von Konflikten ein weiteres Zusammenleben gänzlich unmöglich machen.

Der Großteil an sozialer Interaktion spielte sich daher innerhalb der

Großfamilie ab, gelegentlich auch zwischen Gleichaltrigen oder Personen, die schon vor dem Kriegsausbruch in Bosnien befreundet waren. Ein Zusammengehörigkeitsgefühl der im Lager lebenden Personen kam nicht zustande.

6. Auswirkungen der Lebensbedingungen auf die zeitliche Orientierung

Die Lebensumstände im Flüchtlingslager führten zu einem quälenden Gefühl von Langeweile. Subjektive Zeitstrukturen lösten sich auf, weil es im Tagesablauf keine notwendigen Fixpunkte mehr gab. Es war irrelevant, ob eine Handlung gleich, später oder erst in einigen Tagen durchgeführt wurde. Selbst Tätigkeiten wie Körperpflege und Essenseinnahme waren an keine bestimmten Tageszeiten gebunden.

Für Menschen aus industrialisierten Ländern, die vom Kindesalter an mit vorwiegend fremdbestimmten, vorstrukturierten Tages- und Wochenabläufen etc. konfrontiert sind, wird Zeit dann zum Problem, wenn sie im Übermaß vorhanden ist und im wesentlichen der Selbstbestimmung unterliegt, weil ein von außen vorgegebener Rahmen weitgehend fehlt.

Tendenziell dürften Frauen eher in der Lage sein, ihre „Freizeit" selbst zu gestalten. Die Lebenslaufforschung (vgl. Cain, 1964; Neugarten et al., 1973) erklärt dies durch die traditionelle Doppelrolle von Frauen, die sie den von außen aufgezwungenen Zeitstrukturen, etwa dem Arbeitsrhythmus, weniger ausliefert. Durch die häufige Ausübung der Doppelrolle Berufs- und Hausfrau können sie besser von der starren Reglementierung der Arbeitszeit in die frei zu gestaltende Zeit der Hausarbeit wechseln. Die Zeiterfahrung von Männern beschränkt sich eher auf die Vorgaben der Berufsarbeit.

Diese geschlechtsspezifischen Unterschiede beschränkten sich aber bei den BosnierInnen im Flüchtlingslager nur auf die gegenwärtige Zeitverwendung. Die Zukunftsperspektiven waren bei Frauen ebenso diffus wie bei Männern. Die Ungewißheit zentrierte sich auf die Fragen, wie lange die Kriegshandlungen andauern, ob man jemals in die Heimat zurückkehren kann, ob es eine Zukunft in Österreich gibt. Das schlimmste daran war, daß die Zukunftsplanung nicht von den BosnierInnen eigenständig vorgenommen werden konnte, sondern von äußeren, selbst nicht beeinflußbaren Faktoren abhing. Als ein Beispiel von vielen wurde schon der erschwerte Zugang zum Arbeistmarkt dargestellt. Selbst wenn es seit Sommer 1993 einigen Personen gelang, eine Beschäftigungsbewilligung zu erhalten, so war diese auf 9 Monate befristet und wurde in der Regel für eine Tätigkeit ausgestellt, die mit den ursprünglich erlernten oder ausgeübten Berufen wenig gemein hatte. Ein auf neun Monate befristeter Arbeitsplatz ließ keine längerfristigen Perspektiven zu, ermöglichte aber in beschränktem Umfang Planungen und erhöhte letztlich den Handlungsspielraum, indem man etwa geringfügige Ersparnisse ansammeln konnte.

Der Großteil der bosnischen Kriegsvertriebenen erlebt die Gegenwart von einer eklatanten Handlungsohnmacht geprägt. Häufig wurden mir Metaphern geschildert, daß *man sich derzeit wie in einem Tunnel fühle und es ungewiß sei, ob es ein Ende gibt bzw. was sich danach eröffnet.* Ein anderes Bild ist *das eines Bootes ohne Ruder, das in einem reißenden Fluß treibt und selbst nicht gelenkt werden kann.* Eine Rückkehr nach Bosnien, um am Krieg teilzunehmen, wurde in Momenten äußerster Verzweiflung oft als einzige Möglichkeit gesehen, das eigene Schicksal in die Hand zu nehmen. Die Option wurde vor allem von Männern erwähnt.

Die gegenwärtige Handlungsohnmacht und die fehlenden Zukunftsperspektiven führen letztlich zu einem verstärkten *gedanklichen Rückzug* in die Vergangenheit. Man sinniert darüber, wie man in Bosnien lebte, was man dort besaß und wie man Arbeit und Freizeit gestaltete.

Wenn man sich in einer unerträglichen Lebenssituation befindet, können Ereignisse der Vergangenheit das Bewußtsein mit positiven Inhalten besetzen. Diese werden dabei aber nachträglich idealisiert und überbewertet, sodaß sie nicht mehr als realistische Planungsvorlagen für die Zukunft dienen können. Erwartungen werden zunehmend von der Realitäts- auf die Irrealitätsebene verschoben, Zukunftsperspektiven verkürzen und verengen sich. Die veränderten Zeitperspektiven führen letztlich zu Lethargie und Apathie (vgl. Vogt, 1985, S. 216).

7. Auswirkungen auf die Befindlichkeit

Die im vorigen Kapitel beschriebenen Zusammenhänge zeigen, daß längerfristige und ungewollte Beschäftigungslosigkeit keinesfalls mit Urlaub gleichzusetzen ist. Die Unmöglichkeit, etwas Sinnvolles tun zu können, führt zu Gefühlen von Monotonie, Sinnlosigkeit und Langeweile. Viele Personen im Lager klagten auch über „Konzentrationsprobleme". Da die Gedanken immer um Bosnien und das damit verbundene eigene Schicksal kreisten, fiel es schwer, sich auf Gegenwärtiges zu konzentrieren.

Das Fehlen geregelter Zeitstrukturen schien dies zu verstärken. Der einzige Mann, der in diesem Lager im Sommer 1993 eine Beschäftigungsbewilligung hatte, berichtete, daß er in dieser Zeit oft Probleme hatte, dem Deutschkurs, Radio- und Fernsehsendungen etc. zu folgen. An seinem Arbeitsplatz hatte er jedoch keine Probleme, sich auf die dortigen Tätigkeiten zu konzentrieren. Obwohl er in seiner Freizeit fast immer an Bosnien dachte, hatte er durch die geregelte Arbeitszeit auch die Möglichkeit, sich mit seiner gegenwärtigen Umwelt aktiv auseinanderzusetzen.

Der eigene Beruf konstituiert in beträchtlichem Ausmaß die Identität, wie überhaupt durch die Ausübung einer bestimmten Erwerbstätigkeit die Zuweisung von Status und Rolle in der Gesellschaft erfolgt (vgl. Jahoda, 1986). Arbeit und Arbeitszeit sind zum Kern der Identität des Menschen der Industriezeit geworden. Nimmt man ihm den Arbeitsplatz, sieht er sich plötzlich mit der Zeit konfrontiert, mit der er nichts mehr anzufangen weiß (vgl. Vogt, 1985). Der Verlust von strukturierter Arbeitszeit geht also einher mit dem Verlust an Selbstwert und hat massive Auswirkungen auf die Selbstwahrnehmung. D. h. man fühlt sich mit der Zeit zu nichts nütze und findet sich wertlos und unfähig.

Auch die Muttersprache ist Teil der Identität eines Menschen. Da für eine Arbeitsaufnahme in Österreich relativ gute Deutschkenntnisse Voraussetzung sind, bedeutet das Erlernen einer neuen Sprache ein Relativieren der Bedeutung der Muttersprache und somit eine zusätzliche Identitätsbedrohung. Im Falle einer Arbeitsaufnahme überwiegen jedoch die Vorteile bei weitem. Diese bietet doch die Möglichkeit, neue Kontakte am Arbeitsplatz zu knüpfen, gibt eine Zeitstruktur vor, hebt die Isolation des Flüchtlingslagers zeitweilig auf und stellt einen wesentlichen Schritt Richtung Integration in das Aufnahmeland dar. Denn letztlich ist Arbeit auch ein Ausweg aus dem Lagerdasein, weil nur ein geregeltes Einkommen die Chance auf eigenen Wohnraum bieten kann. Fehlt der Arbeitsplatz, gibt es keine Alternative zur völligen Abhängigkeit des Lagers.

Die permanente Untätigkeit lenkte die Aufmerksamkeit vielmehr auf die derzeitige Situation, deren Auswegslosigkeit zunehmend unabwendbar erscheint. Die Gedanken kreisten immer um den Krieg in Bosnien und die daraus erwachsenden Konsequenzen für die Vertriebenen. Große Verzweiflung und Resignation waren die Folgen.

Viele BosnierInnen leiden an einer Überlebensschuld (vgl. Stoffels, 1992). Schuldgefühle, warum man die Heimat im Stich ließ und nicht am Krieg teilnahm, während Freunde und Verwandte ihr Leben riskierten. Durch den Beschäftigungsmangel wurden diese verstärkt focusiert, es kam zu einer dauernden Beeinträchtigung des Lebensgefühls, traurigen Verstimmungen, Gefühlen von Schuld, Versagen und Hoffnungslosigkeit. Diese irrationale Umkehr von Opfer-/Täterrollen wurde vielfach bei KZ-Überlebenden beschrieben (vgl. Niederland, 1980).

Im Lager war ein Mann untergebracht, der seine ganze Energie dazu aufbrachte, Hilfslieferungen für sein bosnisches Heimatdorf zu organisieren. Seine Befindlichkeit war stark vom jeweiligen Ausmaß dieser Aktivitäten abhängig. Wenn er gerade keine Beschäftigung hatte, waren seine Schuldgefühle deutlich verstärkt. Er interpretierte die *„Vertreibung"* aus seiner Heimat selbst als ein *„im Stich lassen"* und hatte große Angst, daß er im Falle einer Rückkehr nach Bosnien von den Zurückgebliebenen mit Vorwürfen konfrontiert werde. Nach der erfolgreichen Durchführung von Hilfslieferungen wirkte sein Befinden kurzfristig verbessert.

8. Fehlende Zukunftsperspektiven beeinträchtigen die Gesundheit

Allgemein kann das Fehlen von Zukunftsperspektiven als eine Beeinträchtigung der Gesundheit von Menschen gesehen werden. Die Handlungsregulationstheorie (vgl. Volpert, 1987) postuliert, daß sich Personen nur so lange verändern und weiterentwickeln können, solange sie in der Welt tätig sind. Nach diesem Verständnis sind jene Menschen gesund, die sich aktiv, planvoll, zielgerichtet in ihrer Welt bewegen, die sich weiterentwickeln und nicht auf einem Entwicklungsstand verharren. Gesundheit läßt sich demnach nicht nur über Beschwerdefreiheit, sondern auch über Positivindikatoren erfassen, wie etwa der Fähigkeit, sich vor dem Hintergrund langfristiger Zielsetzungen neue Handlungs- und Lebensbereiche durch Lernen zu erschließen und damit die eigene Handlungsfähigkeit zu erweitern (vgl. Greiner; Ducki, 1991, S. 305f.).

Mit anderen Worten bedeutet dies, daß man von einer Gesundheitsbeeinträchtigung nicht erst dann sprechen kann, wenn bestimmte Krankheitssymptome bereits auftreten, sondern daß im Vorfeld einer Erkrankung bestimmte Lebensumstände deren Ausbruch mehr oder weniger begünstigen können. Als ein Beispiel von vielen kann man längere, negativ erlebte Streßphasen anführen, die das Befinden zwar stark beeinträchtigen, aber meist erst nach einem längeren Zeitraum zu organischen Schäden führen (Stichworte: Herzinfarkt, Magengeschwüre etc.).

Solange man das Gefühl hat, daß man die Umwelt aktiv gestalten kann und somit Einfluß auf das eigene Schicksal hat, sind gesundheitsfördernde Lebensumstände gegeben.

Wenn man diese Hypothese zur Lebenssituation der bosnischen Kriegsvertriebenen in bezug setzt, kann man feststellen, daß nur sehr wenige bis keine längeren Zielsetzungen realisiert werden konnten. Der stationäre Zustand, in dem diese Menschen über einen so langen Zeitraum verweilen mußten, kann keinesfalls als gesundheitsförderlich angesehen werden. Dementsprechend häufig waren die Menschen im Lager krank.

Wenn Menschen erfahren, daß sie keine Kontrolle über ihre Lebensbedingungen haben, übertragen sie diese Wahrnehmung auch auf spätere Situationen, obwohl diese vielleicht kontrollierbar wären. Die Wahrnehmung und Generalisation der Unbeeinflußbarkeit heißt *gelernte Hilflosigkeit"* (vgl. Seligmann, 1975). Dieser Zustand hat negative Konsequenzen auf die Gefühle, Motivation sowie späteren Lernprozesse und je länger er andauert, desto unsinniger erscheint es den Betroffenen, Versuche zur Veränderung der Lebenssituation zu unternehmen. Letztlich führt die Beschäftigungslosigkeit bei Flüchtlingen zu psychischem Streß und zu Depressionen. Verlust von Zukunftsperspektiven, Sinnlosigkeit der Gegenwart und Rückzug in die Vergangenheit geben der Zeitperspektive Depressiver ihr Gepräge. Deren innere Lebensgeschichte erleidet einen Stillstand, der die Zukunft blockiert und Vergangenes dominieren läßt (vgl. Payk, 1979).

Als mögliche Reaktion darauf kommt es in Einzelfällen zu übermäßigem Alkoholkonsum, um die Langeweile und Sprachlosigkeit des Flüchtlingslagers zumindest zeitweise zu überwinden. Gründe, warum der Alkoholmißbrauch nicht in höherem Ausmaß stattfindet, dürften die fehlenden finanziellen Möglichkeiten sowie das Alkoholverbot des Islams sein.

Das Leben im Flüchtlingslager ist nicht, wie vielfach angenommen, mit Müßiggang, Erholung oder gar Urlaub gleichzusetzen ist. Es ist das genaue Gegenteil davon. Man ist ständig damit beschäftigt sich irgendwie zu beschäftigen, um sich für irgendetwas verantwortlich zu fühlen. Dies geht für kurze Zeit. Längerfristig resigniert man und gibt es auf, nach Aufgaben zu suchen. Wer jemals ein Flüchtlingslager betreten und in die dortigen Lebensbedingungen Einblick genommen hat, weiß, wie realitätsfern Äußerungen sind, die besagen, daß Flüchtlinge nur zu uns kommen, um ihre Lebenssituation zu verbessern und sich hier versorgen zu lassen. Rigide Bestimmungen − wie etwa das Ausländerbeschäftigungsgesetz − machen die BosnierInnen aber so, wie sie viele InländerInnen sehen möchten: Untätig und von staatlicher Unterstützung lebend. Dadurch werden bestehende Vorurteile bestärkt, was auch für die Befindlichkeit der Menschen Konsequenzen hat. Sie fühlen sich hier unerwünscht und überflüssig.

So notwendig und lobenswert es ist, Menschen deren Leben bedroht wird aufzunehmen, so unmenschlich ist es auch, diese über Jahre in einem stationären Zustand zu halten und ihnen eines der wesentlichsten Güter unserer Gesellschaft, nämlich die Arbeit, vorzuenthalten. Natürlich konnte man 1992 nicht wissen, wie lange der Krieg in Bosnien dauern würde. Aber schon nach relativ kurzer Zeit konnte man ahnen, daß eine Rückkehr in besetzte Gebiete, wo bereits andere Menschen in den Häusern oder Wohnungen lebten oder diese zerstört wurden, nicht realistisch ist. Auch wenn es in Zeiten erhöhter Ausländerfeindlichkeit nicht populär ist, soll hier die Forderung nach einem verbesserten legalen Zugang zum Arbeitsmarkt für Flüchtlinge und Kriegsvertriebene erhoben werden, weil man diese sonst zunehmend in den Bereich der Schattenwirtschaft und Illegalität drängt, was weder der Integration in das Aufnahmeland noch dem Führen eines menschenwürdigen Daseins dienlich sein kann.

Literatur

Bohrn, A.; Bohrn, K. (1992): Mit dem Verstand bin ich Österreicher, mit dem Herzen bleibe ich Lateinamerikaner. Eine psychosoziale Längsschnittstudie, gefördert durch das Bundesministerium für Wissenschaft und Kunst.

Cain, L. D. (1964): Life cause and social structure. In: Paris, R. E. L. (ed.): Handbook of modern sociology. Chicago. S. 272–309.

Freud, S. (1930): Das Unbehagen in der Kultur.

Greiner, B.; Ducki, A. (1991): Gesundheit als Prozeß – Welche Rolle spielt die Arbeit? In: Verhaltenstherapie und psychosoziale Praxis, 3/91. S. 305–318, München.

Jahoda, M. (1986): Wieviel Arbeit braucht der Mensch? Basel, Beltz.

Leupold-Löwenthal, H. (1958): Psychohygiene und Flüchtlingsarbeit. In Hoff, H., Strotzka,H. (Hg.): Die psychohygienische Betreuung ungarischer Neuflüchtlinge in Österreich. Wien, Hollenek.

Neugarten, B. L.; Datan, N. (1973): Sociological Perspectives on the Life Cycle. In: Bales, P. B, Schaie K. W. (eds.): Live Span Developmental Psychology. New York, S. 53–69.

Niederland, W. G. (1980): Folgen der Verfolgung: Das Überlebendensyndrom. Frankfurt am Main, Suhrkamp.

Stoffels, H. (1992): Terrorlandschaften der Seele: Möglichkeiten und Grenzen der Psychotherapie bei Verfolgten. Überarbeitete Fassung eines Vortrages der Sommerakademie des Instituts zur Erforschung der Geschichte der Juden in Österreich. St. Pölten, 10. 7. 1992 (pers. Manuskript).

Vogt, I. (1985): Zeiterfahrung und Zeitdisziplin. In: Fürstenberg, F., Mörth, I. (Hg.): Zeit als Strukturelement von Lebenwelt und Gesellschaft. Linz, Trauner.

Die Lebenssituation von Flüchtlingsfrauen und Migrantinnen zwischen Unsichtbarkeit und Pathologisierung[1]

Ingrid Karlegger

Bosnische Flüchtlingsfrauen sind von Krieg, Flucht und Exil besonders betroffenen. Die Bosnierinnen haben den Krieg im ehemaligen Jugoslawien überlebt, sind aus ihrem Land geflüchtet bzw. wurden zum Verlassen ihrer Heimat gezwungen (deportiert). Seit ihrer Ankunft in Österreich versuchen sie weiterzuleben – trotzdem.
Mein persönlicher, theoretischer Hintergrund ist die frauenspezifische Migrationsforschung, deren Grundsatz, lautet: Ist die Gesundheit von Frauen gefährdet, so ist die Gesundheit der gesamten Familien gestört und der Weg zur Selbständigkeit und Integration erschwert (vgl. Kelly, 1989).

1. Frauenspezifische Aspekte der Migration

Die bisherigen wissenschaftlichen Erkenntnisse über Flüchtlinge sind von der Unsichtbarkeit von Flüchtlingsfrauen und von Stereotypen, aus dominanter, ethnozentrischer, und kolonialistischer Perpektive gewonnenen Frauenbildern, durchzogen (vgl. Morokvasic, 1987, S. 18).
Die meisten Frauen-Migrationsstudien gibt es über die „Gastarbeiterinnen" aus ländlichen Gebieten mit islamischer Religion und Tradition, d. h. aus der Türkei: Darin richtet sich das Hauptaugenmerk auf die in vielen islamischen Ländern gängige Trennung der Geschlechter und den Einfluß der islamischen Kultur auf die Situation von Flüchtlingsfrauen im Exil. Bei der Untersuchung von Frauen, die aus Ländern mit islamischer Tradition stammen, darf aber nicht grundsätzlich von vergleichbaren Bedingungen ausgegangen werden. Dies wird besonders deutlich, wenn man sich mit der gesellschaftspolitischen und religiösen Situation im ehemaligen Jugoslawien auseinandersetzt, wo innerhalb eines kommunistischen Staatsgefüges religiöse Gedanken und Praxis keinen Stellenwert besaßen.

---

1 Die hier dargestellten Ergebnisse basieren auf einer im Rahmen meiner Diplomarbeit durchgeführten Untersuchung an bosnischen Flüchtlingsfrauen im Jahr 1993/94.

Weiters dürfen wir nicht vergessen, daß nicht nur das Bekenntnis zum Islam sondern auch individuell unterschiedliche Lebenshintergründe wie z. B. die Herkunftsschicht, Kultur, Bildungsniveau, politisches Engagement etc. und die Sozialisation aktuelle Schwierigkeiten im Exil erklären (vgl. Gottstein, 1993, S. 72ff.; Kelly,1989, S. 56). Außerdem wird die Lebenssituation einer Flüchtlingsfrau neben den soziokulturellen Faktoren des Herkunfts- und des Aufnahmelandes wesentlich bestimmt von ihrer Lebensphase und vom Grad ihrer familiären Einbindung. Im folgenden möchte ich kurz die spezifischen Probleme verschiedener Gruppen von Frauen beschreiben.

1.1 Das Schicksal der Älteren

Frauen genausowie Männer im Pensionsalter haben größere Integrationsprobleme als junge Menschen, denn für sie hat das Verlassen der Heimat sehr viel mit Sterben zu tun (vgl. Gringberg, Grinberg, 1990, S. 146). Für ältere Flüchtlinge bedeutet das Verlassen der Heimat ein Abschiednehmen für immer. Sie können sich aufgrund ihres hohen Lebensalters nicht an die Hoffnung klammern, jemals wieder in den vertrauten Lebensort zurückzukehren. Die Älteren leben von und mit ihren Erinnerungen an die Heimat, äußern massiv Rückkehrwünsche und erleben verstärkt einen Kulturschock. Viele von ihnen verlassen kaum mehr ihre Wohnung bzw. das Zimmer und erfahren dadurch Isolation und Abhängigkeit (vgl. Jockenhövel-Schiecke, 1985, S. 184). Ältere Flüchtlingsfrauen gehören zur Gruppe mit dem größten Risiko psychische Beeinträchtigungen oder Störungen zu erleben (vgl. Yee, 1992, S. 221ff.). Gerade weil traditionell lebende, ältere Frauen in der westlichen Gesellschaft einen enormen Status- und Selbstwertverlust erleben, leiden sie insbesondere an Ängsten und Depressionen.

1.2 Die Konflikte der jungen Frauen

Amela, ein 17jähriges Mädchen aus Bosnien, kam ohne Verwandte bzw. Bekannte nach Wien, wo sie im Flüchtlingslager eine Unterkunft fand. Ihre Lebensgeschichte vor ihrer Flucht blieb unbekannt und diffus. Eine Vergewaltigung deutete sie an, genaueres hat sie aber nie preis gegeben. Auffallend war ihre hohe Aggressionsbereitschaft. Die Suche nach einer Lehrstelle in Wien stellte sich als sehr schwierig heraus, da Amela bei keiner Stelle längere Zeit blieb und keine regelmäßigen Arbeitszeiten einhielt. Nach der Kündigung und einigen aggressiven Auseinandersetzungen im Flüchtlingslager mit dem Leiter und einigen BewohnerInnen wurde sie aus dem Lager rausgeworfen, was letztlich Obdachlosigkeit bedeutete. Daraufhin wurde der zuvor regelmäßige Kontakt zwischen Amela und der Psychologin im Flüchtlingslager nur mehr sporadisch. Amela fand anfänglich bei einigen Familien im Flüchtlingslager illegale „Unterkunft", Bald „befreundete" sie sich mit einem älteren Mann, der sie laut eigenen Aussagen „mit Geschenken überhäufte" und ihr „seine Wohnung" anbot. Sie begann nach einiger Zeit in einem Nachtlokal als Serviererin zu arbeiten. Weitere Nachforschungen blieben ergebnislos, weil Amela keine weitere Auskünfte über diese Arbeit und die „Freundschaft zu diesem Mann" gab und verschwand.

Im Vergleich zu den Älteren haben junge Frauen weniger Integrationsprobleme. Allerdings ist ihre Identitätsfindung aufgrund des Auseinanderklaffens der Wertvorstellungen in der Herkunftsgesellschaft und der Werte im Exil, erschwert (vgl. Jockenhövel-Schiecke, 1985, S. 183). Eine Folge dieser Wertedifferenzen sind Generationskonflikte. Eine besondere Risikogruppe für Orientierungslosigkeit und sexuelle Ausbeutung sind unbegleitete, minderjährige Flüchtlingsmädchen. Das Beispiel zeigt, wie haltlos und schutzlos junge alleinstehende Flüchtlingsmädchen dem Mißbrauch im Exil ausgeliefert sein können.

1.3 Die Überlastung der verheirateten Frauen (mit Kindern)

Im Exil stehen verheiratete Flüchtlingsfrauen und -mütter vor der schwierigen Aufgabe, ein „kulturelles Refugium" (vgl. Jockenhövel-Schiecke, 1985, S. 184) zu schaffen, welches die Familie in der konfliktreichen, bikulturellen Situation in einem fremden Land zusammenhält und den Akkulturationsdruck mildern soll. So stellt z. B. das Kochen und Essen heimatlicher Gerichte – bei den bosnischen Flüchtlingen sind dies verschiedene pitas (Fleisch- bzw. Käsestrudel) und kolacni (Kuchen) – eine ideelle Verbindung zur verlassenen Heimat her und hat für Verheiratete und Mütter im Aufnahmeland kurzfristig eine Bestärkung ihrer kulturellen, traditionellen Rolle zur Folge. Gleichzeitig impliziert diese zentrale Rolle eine starke psychische Belastung. Laut meiner Untersuchung ist die Befindlichkeit der Mütter allerdings etwas besser als die der kinderlosen Frauen, was auf eine Pufferfunktion der Kinder hinweist. Mittel- und langfristig besteht jedoch, besonders wenn die Mütter nicht arbeitstätig sind, die Gefahr, in einen Integrationsrückstand im Vergleich zu den übrigen Familienmitgliedern zu geraten. Die Autorin spricht in diesem Zusammenhang von einem „Akkulturationsdefizit", welches sich durch mangelnde Sprachkenntnisse und durch die Abhängigkeit vom Ehemann und von den Kindern in den Außenkontakten auszeichnet.

1.4 Die Isolation der Flüchtlingsfrauen mit Kleinkindern

Frau Samira lebt mit ihren drei kleinen Söhnen – der älteste besucht die Volksschule – in einem „Paravent-Zimmer" von ca. 20 m² im Flüchtlingslager. Der Ehemann und Vater ist in Bosnien geblieben. Sie hat über die Lagerleitung stundenweise Arbeit als Bedienerin gefunden und muß während der Arbeitszeit ihre Kinder unbeaufsichtigt im Lager lassen. Sie beklagt sich darüber, daß jeder Kontakt von den übrigen LagerbewohnerInnen mit Argwohn betrachte wird. Sie fürchtet das schlechte Gerede und meint als verheiratete Frau darauf achten zu müssen, mit keinem Mann zu lange zu reden. Von den anderen Frauen bekommt sie keine Unterstützung, weil ihre Kinder immer wieder in Streitigkeiten und Unruhestifterei verwickelt sind. Frau Samira äußert in der Folge den Wunsch nach Bosnien zurückzukehren, was zur damaligen Zeit äußerst gefahrvoll war. Nach einigen Gesprächen mit der Psychologin stimmt sie zu, in ein Privatquartier zu übersiedeln. Dort entwickelt sie nach kurzer Zeit sehr starke Depressionen, sie ist nicht mehr in der Lage sich um die Kinder zu kümmern, sodaß sie schließlich wieder in das Lager rückübersiedelt und dort regelmäßig zur Psychologin geht.

Eine besondere Risikogruppe sind Flüchtlingsfrauen mit kleinen Kindern. Sie sind – anders als in der Großfamilie und Frauengemeinschaft im Herkunftsland – im Aufnahmeland meist allein für die Versorgung der Kinder zuständig, was ihre Isolation verstärkt. Sie haben weder Zeit noch Kraft, noch die Möglichkeit ihre Kinder mitzunehmen, um z. B. einen Sprachkurs zu besuchen. Dadurch werden die ersten Hürden auf dem Weg zur Integration noch höher, weil jede Erwerbstätigkeit zumindest geringfügige Sprachkenntnisse benötigt. Auch sind sie es, die am wenigsten einer Erwerbsarbeit nachgehen können, weil die Kinder nirgends versorgt werden. Es kommt zu einer Kumulierung des Integrationsdefizits.
Bei alleinerziehenden Frauen verstärken sich die Probleme und damit das Gefährdungspotential: In einem fremden Land ohne erwachsenen Partner lebend, tragen sie die Verantwortung für die Existenzsicherung und Zukunftsplanung für sich und ihre Kinder. Sie müssen die Erziehung ihrer Kinder unter den bikulturellen Gegebenheiten, sowie die Erfordernisse der Alltags (wie z. B. Behördengänge, Kinderbetreuung etc.) alleine bewältigen. Alleinerziehende Mütter sprechen die Sprache des Asyllandes meist nur sehr schlecht, „weil sie weder die Zeit noch die Kraft haben, diese zu lernen, und auch, weil sie ihre Kinder als Dolmetscher einsetzen" (Jockenhövel-Schiecke, 1985, S. 183).
Während des gesamten Migrationsprozesses haben Frauen eine zentrale Funktion für die Umstellung der Familie an die neue Lebenssituation. Dabei geht es um die Anpassung an die sich verändernden Rollen innerhalb der

Familie, aber auch um traditionelle Aufgaben, wie die Weitergabe von Kultur und Tradition, die Erziehung der Kinder und die Versorgung von älteren Menschen (vgl. Robenson, 1992, S. 48). Die Doppelrolle und die gesellschaftlich zugeschriebene Verantwortlichkeit von Frauen in der Erziehung und Betreuung von Kindern sowie als Managerinnen für die materielle Existenzsicherung ihrer Familien, sind Streßfaktoren, welche die physische und psychische Verfassung schwächen[2].

Aus dem bislang Erörterten wird deutlich, daß Frauen die gesamte Last der Emigration in der Familie tragen. In der Folge gehören sie zur Risikogruppe für physische und psychische Überlastung.

Als Risikopersonen für die Entwicklung psychischer Störungen gelten Frauen und Männer,

– die den Verlust bzw. die Trennung von der Familie erlitten,

– sehr lange Zeit in Flüchtlingslagern gelebt und

– multiple traumatisierende Erfahrungen überlebt haben,

– weiters gegenwärtig arbeitslos sind,

– sehr geringe Schulbildung besitzen,

– der (englischen) Sprache kaum mächtig sind und

– über wenig emotionale und materielle Ressourcen verfügen (vgl. Chung, Kagawa-Singer, 1993, S. 631).

Traumatisierende Erfahrungen haben nicht für alle Überlebenden dieselben psychischen Konsequenzen. Diese hängen sowohl von Bewältigungsfähigkeiten als auch von materiellen und soziale Ressourcen ab (vgl. Veer, 1992, S. 15). Relativiert wird der Einfluß kultureller und individueller Differenzen durch den Vorschlag, Traumabewältigung und Integration aus der Individualisierung zu lösen und das Augenmerk auf die materiellen und sozialen Bedingungen im Exil zu setzen (vgl. Chung, Kagawa-Singer, 1993, S. 631).

Nachdem Frauen diejenigen sind, die in unserer Gesellschaft für die gesundheitliche Versorgung in der Familie oder der Gemeinschaft zuständig und wie aus den vorliegenden Analysen hervorgeht, sehr gefährdet sind, verdienen spezifischen Bedürfnissen von geflüchteten Frauen, maximale Beachtung.

---

2 „The dual role of women as bearers and caretakers of children and managers of family income exposes them to special physical and psychological vulnerability" (Kelley N., 1989, S. 88).

2. Die psychische Verfassung bosnischer Flüchtlings-frauen in Wien

Frau Azra B. ist mit ihrem Mann, einer erwachsenen Tochter, einer 14jährigen Tochter und einem 6jährigen Sohn im Flüchtlingslager in einem 40 m²–Raum untergebracht. Vor ihrer Flucht waren Herr und Frau B. Inhaber einer Fleischerei in einem Dorf in Bosnien. Seit der Ankunft in Wien ist der Alkoholkonsum des Familienvaters beträchtlich angestiegen, was Azra mit dem Ausrotten der Familie ihres Mannes in Zusammenhang bringt. Während die beiden Jüngsten die Schule besuchen, sind die Erwachsenen mit den Schwierigkeiten der Arbeitssuche und des Deutschlernens konfrontiert. Die erwachsene Tochter hat aufgrund ihrer guten Sprachkenntnisse eine Arbeit als Pflegerin gefunden. Frau Azra B., die Mutter arbeitet als Bedienerin, während der Mann nur Gelegenheits-arbeiten findet. Somit sind die beiden Frauen für den finanziellen Erhalt der Familie zuständig. Die Mutter und Tochter klagen immer wieder über Rückenschmerzen und Kopfschmerzen. Die Mutter leidet zudem an aller-gischen Reaktionen auf scharfe Putzmittel. Die Angst der Mutter davor, die Arbeit aufgrund von Krankenstand und der fehlenden Sprachkennt-nisse zu verlieren, ist in jedem Gespräch präsent. Die erwachsene Toch-ter hat Schwierigkeiten mit der Nostrifizierung ihrer Schulausbildung.

Mit der von Corak V. (1995) und mir und im Winter 1994 in Wien durchge-führten Befragung von 74 Flüchtlingsfrauen[3] aus dem ehemaligen Jugosla-wien versuchte ich die Schwierigkeiten des Flüchlingsdaseins Nicht-Betroffenen vor Augen zu führen. Ich verfolgte nicht die Absicht die Kriegs-erlebnisse der bosnischen Frauen zu dokumentieren.

Die befragten Frauen wurden durch den Krieg von Familienangehörigen bzw. nahen Verwandten getrennt. Sie haben seit Kriegsbeginn viele schreckliche Erfahrungen gemacht, die tiefe seelische Wunden hinterlas-sen. So hat zum Beispiel jede zweite von ihnen völlig den Kontakt zu ihren Angehörigen verloren bzw. hat Todesopfer zu beklagen.

Der Verlust des Kontaktes zu Familienangehörigen löst starke Gefühle der Besorgtheit um die in den Kriegsgebieten Verbliebenen aus. Mehr als die Hälfte macht sich große Sorgen um ihre Angehörigen. Die Ungewißheit über das Schicksal von Familienangehörigen (ob diese in Gefahr sind oder getötet wurden) schlägt sich besonders negativ auf die Befindlichkeit nie-der (vgl. Roe., 1992, S. 93f.).

---

3 37 Frauen waren in einem Wiener Flüchtlingslager untergebracht, 37 lebten in Privatquar-tieren. Zur Ermittlung der psychischen Belastung wurde der SCL-90–R (Derogatis, 1977, nach CIPS, 1986) eingesetzt.

Die psychische Befindlichkeit der befragten Frauen ist darüberhinaus durch Probleme der Flucht und des Exils belastet. Sie leiden in erster Linie an körperlichen Störungen wie z. B. Kreislauf-, Herz-, Verdauungs- und Atmungsproblemen, Kopfschmerzen und diffusem Unwohlsein (Schwächegefühl, Taubheit u. a.). Fast jede dritte geflüchtete Frau klagt sowohl über vermehrte psychische als auch physische Gesundheitsprobleme, und zwar über Appetit- und Energielosigkeit, „immer wieder auftauchenden unangenehmen Gedanken, Worten oder Ideen, die ihnen nicht aus dem Kopf gehen", „einem Gefühl, daß alles sehr anstrengend ist" und „Gedächtnisschwierigkeiten" u. ä. Die Ergebnisse anderer Studien weisen auf häufige psychosomatischen Erkrankungen bei MigrantInnen und Flüchtlingen hin (vgl. Leupold-Löwenthal., 1958, S. 83, Leyer 1991; Peterson et al., 1991, S. 39).

Dabei darf nicht vergessen werden, daß den Gefühlen, daß andere an ihren Schwierigkeiten schuld sind und daß man den meisten Menschen nicht trauen kann, durchaus konkrete, objektive Ursachen zugrundeliegen. Verfolgungsängste, Mißtrauen und Minderwertigkeitsgefühle, Denkstörungen, feindselige Gefühle, Angst vor Verlust von Autonomie u. a. sind allesamt auf realen, schwierigen Lebensbedingungen begründet. Das erlittene Schicksal löst bei den befragten Frauen immer wieder Weinkrämpfe, Schwermut, Gefühle der Hoffungslosigkeit und Einsamkeit aus. Massive Schlafstörungen und erhöhte Reizbarkeit werden verständlich, ja sogar logisch, wenn man sich die Vorgeschichte und die aktuelle Lebenssituation vergegenwärtigt.

Würde man in der Bewertung der Symptome der Flüchtlingsfrauen ärztlichen Diagnosen folgen, so müßten die Flüchtingsfrauen als psychisch krank bezeichnet werden. Daß aber die psychische Verfassung aufgrund der Sorgen, Ängste und Verzweiflung enorm bedenklich ist, erscheint mir als eine durchwegs normale Reaktion auf eine abnorme, pathologische (Lebens-)Situation infolge des Krieges, des Lagerlebens, der Arbeitsbedingungen in Österreich usw.

Leyer (1991) spricht in diesem Zusammenhang von einem erhöhten Erkrankungsrisiko von MigrantInnen – mit dem Hauptsymptom „Kopfschmerz" – aufgrund der x-fachen Problembelastung durch wirtschaftliche, soziale und rechtliche Unsicherheiten und den daraus erwachsende familiären Konflikten.

In den Gesprächen tritt immer wieder der Verlust einer übergreifenden Lebensperspektive zutage, der sich z. B. darin äußert, daß es keinen oder nur einen sehr stark eingeschränkten Handlungs- und Entscheidungsspielraum gibt. Die im Flüchtlingslager untergebrachten Frauen beklagen sich darüber, ihren Alltag nicht mehr eigenständig planen zu können, kein Geld für die Erfüllung existentieller Bedürfnisse zur Verfügung zu haben. Es ist daher nicht verwunderlich, daß sich ungefähr die Hälfte der Flüchtlingsfrauen die Rückkehr nach Bosnien wünscht. In der vorliegenden Studie konnte ein sehr ausgeprägter Rückkehrwunsch vorwiegend bei jenen Frauen festgestellt werden, die auch diskrimierende Erfahrungen (vorwiegend in Verbindung mit der Erwerbstätigkeit) gemacht hatten und die sich ein Leben in Österreich nicht vorstellen können. Bereits 1962 beschreibt Zwingmann (S. 308) eine „nostalgische Reaktion" auf Trennung. Dabei wird die Vergangenheit, die Heimat glorifiziert und idealisiert, die Gegenwart abgewertet und die Zukunft als bedrohlich und hoffnungslos visioniert. Fremdheits- und Schuldgefühle spielen eine wesentliche Rolle.

3. Leben im Flüchtlingslager

Ungefähr 9500 bosnische Flüchtlinge waren im Februar 1993 in verschiedenen Flüchtlingslagern und -pensionen – verstreut über ganz Österreich – untergebracht (vgl. Brandl, 1993). Viele davon, auch die von mir befragten Frauen, lebten schon seit über einem Jahr in Flüchtlingslagern.
Bislang gab es in Österreich keine Dokumentation über die Lebensbedingungen in Flüchtlingslagern. Zahlreiche deutsche AutorInnen verweisen darauf, daß die Lebensbedingungen in den bundesdeutschen Flüchtlingslagern menschenunwürdig sind (vgl. Gebauer, 1993, S. 73–77).
Im Zuge meiner Untersuchung mußte ich feststellen, daß die Situation in Österreich ebenfalls als unzumutbar bezeichnet werden kann (vgl. Bericht des Bielefelder Flüchtlingsrates, 1989, S. 7–14).
So ist beispielsweise das Flüchtlingslager Traiskirchen, welches für 1000 Personen konzipiert wurde, permanent überbelegt. Auch die provisorisch in alten, stillgelegten, kurz vor dem Abriß stehenden Fabriks-, Schul- oder Krankenhausgebäuden eingerichteten Flüchtlingslager in Wien sind durch Lebensbedingungen gekennzeichnet, die keine Normalisierung des Alltags nach den Strapazen der Flucht und der Traumatisierung durch den Krieg gestatten.
Die befragten Frauen erleben die Atmosphäre im Lager negativ, und zwar schmutzig, eng und laut. Einige beschreiben das Klima im Lager als „monoton", welches meines Erachtens die persönliche Stimmungslage, aber auch den Funktionsverlust in Sammellagern mit Vollverpflegung widerspiegelt. In der Folge fördert das Leben in Flüchtlingslagern mit seinen menschenunwürdigen Lebensbedingungen eher psychische und psychosomatischen Beschwerden als daß es die Verarbeitung der Kriegserlebnisse unterstützen bzw. den Integrationsprozeß erleichtern würde. Aus der vorliegenden Untersuchung geht hervor, daß Frauen, denen es psychisch sehr schlecht geht, das Lagerleben besonders belastend empfinden.

Mehr als die Hälfte der Frauen, die im Flüchtlingslager leben, geben an, mehr psychische Gesundheitsprobleme (Depression, Lustlosigkeit, Traurigkeit, Angespanntheit, Besorgtheit etc.) zu haben, seit sie in Österreich sind, während dies nur ca. 30 % der Frauen in den Privatunterkünften äußern. Die Annahme, daß Lagerstrukturen Menschen passiv machen und Eigeninitiative nicht fördern, sowie zur einer Verstärkung depressiver Symptome und zu einer Verringerung von Integrationsbemühungen führen, ist durchaus gerechtfertigt. Passivität, als eine Folgeerscheinung des Lagers und der Beschäftigungslosigkeit, kann als Versuch verstanden werden, sich an ein mächtiges System, welches Abhängigkeit belohnt, anzupassen (vgl. Hitchcox 1988a nach Williams, 1990, S. 106). Diese kurzfristig sehr wirksame Bewältigungsstrategie bringt langfristig jedoch meist Probleme für die Betroffenen.

Mit zunehmender Aufenthaltsdauer im Lager verschärfen sich die Belastungen des Lagerlebens, wobei die Belastungen durch „infrastrukturelle Mängel" und aufgrund der „schlechten Beziehung zur Lagerleitung" immer mehr an Bedeutung gewinnen. Während die räumliche Enge, die vielen fremden Menschen im Lager und die Beziehung zur Lagerleitung von den Frauen, die erst seit wenigen Monaten im Flüchtlingslager sind, kaum erwähnt werden, wachsen diese Belastungen mit zunehmender Aufenthaltsdauer. Je länger der Lageraufenthalt dauert, desto gravierender sind die psychischen und physischen Verfallserscheinungen (vgl. Gulis, 1993, S. 16). Psychische Veränderungen zeigen sich spätestens nach neun bis zwölf Monaten Unterbringung in Sammelunterkünften. Der sogenannte „Lagerkoller" (Pfister-Ammende, 1973 zit. nach Herzka, 1989, S. 20) ist eine Folge der Abhängigkeitsverhältnisse in Flüchtlingslagern. Am Beginn reagieren die Lagerbewohner auf die Einschränkungen mit Wut und aggressiven Verhaltensweisen, die nach einiger Zeit in Sinnlosigkeitsgefühle, dem Gefühl innerer Leere und Abhängigkeit kippen und schließlich in Angst, sozialem Rückzug, Depressionen und Handlungsunfähigkeit, Apathie und Lethargie übergehen (vgl. Leupold-Löwenthal, 1958, S. 101). Die psychosozialen Folgen von Lageraufenthalten scheinen universell gültig zu sein, d. h. die erwähnten Probleme tauchen in allen Flüchtlingslagern der Welt auf (vgl. Ashkenasi, 1988)[4]. Für die betroffenen Flüchtlinge hat die Unterbringung in Großquartieren und Flüchtlingslagern individualpsychologische Konsequenzen.

---

4 Aus einer Untersuchung von Knudsen J. (1983 nach Williams H. A., 1990, S. 103) geht hervor, daß unterschiedliche Charakteristiken eines Lagers (was Anzahl der Lagerbewohner, Nationalität, Lagerleitungsstil, Regierungsabsichten, totale Abgeschlossenheit versus Zugang zur Außenwelt betrifft) keinen Einfluß auf die spätere Integration ausüben. Unabhängig von den strukturellen Merkmalen des Lagers, beschreiben alle befragten Flüchtlinge, das Leben im Lager als „verlorene Zeit", „sinnlos", und beklagen den „Verlust des Rechts, ihr eigenes Leben zu gestalten".

4. Verlust jeglicher Privatsphäre, Intimität und Rückzugsmöglichkeiten

Familie C., bestehend aus den Eltern, einer 7jährigen Tochter und einem 10jährigen Sohn, „wohnt" in einem 8 m² Zimmer. Dieses ist mit einigen Küchengeräten, wie einem Kühlschrank, einer Herdplatte, einem Kasten, einem Tisch und drei Stühlen ausgestattet. Ein Stockbett steht als Schlafgelegenheit zur Verfügung, wobei der untere Stock den beiden Kindern, der obere den Eltern zur Verfügung steht. In diesem Zimmer spielt sich das gesamte Leben ab; die Kinder müssen die Aufgaben machen, die Eltern Deutsch lernen, es wird gekocht, geraucht etc.

Der durch die räumliche Enge im Flüchtlingslager bedingte Verlust von Privatsphäre und Rückzugsmöglichkeiten, erhöht das zwischenmenschliche Konfliktpotential einerseits, andererseits verhindert diese Enge das Austragen von Konflikten innerhalb der Partnerschaften und Familien.

Des weiteren klagen die Frauen über den Verlust von Selbstinitiative, Eigenverantwortung und Handlungsfähigkeit. Das Gefühl das Leben in vielen Facetten nicht mehr gestalten zu können, geht den meisten Frauen im Flüchtlingslager verloren. Der Lageralltag ist durch Eintönigkeit sowie durch existentielle Unsicherheiten geprägt. Diese Interpretation wird von Gebauer (1993) bestätigt: Besonders in der Vollverpflegung ist ein gravierender Faktor für den Funktions- und Rollenverlust von Frauen in Flüchtlingslager gegeben.

Mit dem Zubereiten heimatlicher Gerichte werden Erinnerungen an die eigene Kultur und Traditionen wach, was sich positiv auf die Befindlichkeit auswirkt. Frauen kommen besser mit dem Alltag in Flüchtlingslagern zurecht als Männer, weil das Ausführen traditioneller Aufgaben, wie das Kochen, dem aufgezwungenen und aufgelösten Tagesrhythmus wieder eine Struktur gibt. In Strukturen, die sonst keine Selbstinitiative, keine Arbeitstätigkeit erlauben, bleibt Frauen immer noch die Kinderversorgung und Essenszubereitung, während für Männer kein Betätigungsfeld offen ist. Sie fühlen sich dadurch häufig entwertet und in ihrer Identität als Ernäher der Familie bedroht und eingeschränkt (vgl. Williams, 1990, Gebauer, 1993).

5. Verlust von Selbstbestimmungsmöglichkeiten

Aufgrund der Unterordnung in eine von oben definierte Lagerordnung und den fehlenden Möglichkeiten der Mitgestaltung, sind es gerade die im Flüchtlingslager lebenden Frauen, die am häufigsten den Verlust von

Handlungsfreiheit beklagen, während die privat untergebrachten Flüchtlingsfrauen diese Problematik nicht ansprechen (vgl. Corak, 1995).
*Viele Frauen klagen über: „ich kann mir die Unterkunft nicht aussuchen",
„ich kann nicht machen was ich will, wann ich will, wie z. B. Baden,
Waschen, Essen, Musik hören; „... nicht Besuch bekommen, „ich muß
mich an die Lagerordnung anpassen und die Lagerpflichten erfüllen sonst
droht der Rauswurf".*

Durch die Lagerordnung und Lagerleitung fühlen sich durch die Lagerbe-
wohnerInnen kontrolliert und durch Verbote, wie z. B. das Besuchsverbot,
in ihrer Lebensführung eingeengt. In der Folge werden Lagerleiter und das
Betreuungsteam als allmächtig empfunden.
Ein anderes Beispiel für mangelnde Kontrollierbarkeit sind die häufigen
Wechsel in andere Flüchtlingslager, auf die Flüchtlinge keinen Einfluß neh-
men können.
*Frau D. war mit ihrer kranken Mutter nach Österreich geflüchtet, wo beide
im Flüchtlingslager Traiskirchen untergebracht wurden. Nach einigen
Tagen wurden beide in ein Lager in Wien gebracht und von dort nach
ungefähr einem Monat in eine Flüchtlingspension nach Retz überstellt
(Niederösterreich). Dort lebten sie fast ein halbes Jahr bevor sie wieder
in ein Flüchtlingslager in Wien umgesiedelt wurden. Dort nahm sie an der
Befragung teil. Nach einem 3/4 Jahr wurde dieses Lager geschlossen
und die beiden kamen in ein weiteres Lager. Nach ungefähr einem weiteren Jahr fanden Frau D. und ihre Mutter in einem Wohnheim für Flüchtlinge in Wien eine kleine Wohnung, die sie auf 2 Jahre befristet erhalten.*

Das Gefühl, die Kontrolle über das eigene Leben und über die Kinder, verloren zu haben, bzw. keine Entscheidungen mehr treffen zu können wird
von einigen wenigen Frauen angeführt. Eine enge Verbindung zwischen
dem Gefühl der Nicht-kontrollierbarkeit und geringer Erwartung von Kompetenz, Hilflosigkeit und Angst, Hoffnungslosigkeit und Depression sind
die Endpunkte dieser Entwicklung (vgl. Schwarzer, 1987).

6. Der Verlust von Status

Der Verlust von Handlungsfreiheit, der in enger Verbindung mit den ein-
schränkenden Bedingungen im Flüchtlingslager zu sehen ist, wird von
mehr als der Hälfte der Frauen erwähnt. Fast jede dritte Frau hat den Eindruck, Hoffnung und Zukunftsperspektiven, aber auch gesellschaftliche
Position verloren zu haben. Der Verlust von Status ist ein zentraler Konflikt
der Migration und zeigt sich bei Flüchtlingsfrauen vor allem in den nicht

erfüllbaren Konsumwünschen auf der einen Seite und der Trauer um den verlorenen Beruf und Besitz. In diesem Zusammenhang möchte ich die Aussage einer akademisch ausgebildeten Flüchtlingsfrau zitieren, die bezüglich Beschäftigungsbewilligungen meinte, daß *„Österreich zur Zeit wohl die überqualifiziertesten Straßenkehrer und Putzfrauen besäße".* Statusraubende, dequalifizierenden Arbeits- und Lebensverhältnisse wirken sich negativ auf Selbstwertgefühl und Identität aus.

Was die sozialen Beziehungen zwischen den im Flüchtlingslager untergebrachten Frauen anbelangt, konnte ich eine Tendenz zur Kontaktarmut feststellen. Nur ungefähr ein Viertel der Frauen findet bei ihren Lagernachbarinnen Trost. Die häufigen Streitigkeiten zwischen den LagerbewohnerInnen werden von mehr als einem Drittel der Frauen als sehr belastend empfunden Offensichtlich pflegen die Frauen im Lager kaum unterstützende, sondern eher oberflächliche und feindselige Beziehungen zueinander. Aus meiner Befragung geht hervor, daß die Kommunikation und Interaktion zwischen den Flüchtlingen durch „Aggressivität, „Grobheiten", „Tratschsucht", „Gier", „Eifersucht und Neid", „Haß", „Streitlust" und „mangelnde Solidarität" gekennzeichnet ist.
Diese internen Bedingungen des Flüchtlingslagers, die ein sehr angespanntes und unfreundliches Klima zwischen den LagerbewohnerInnen schaffen, zählen zu den am häufigsten erwähnten Belastungen des Lagerlebens.
Frau C. unterhält kaum Kontakt zu den NachbarInnen und sitzt meist allein vor einer Tasse Kaffee und raucht. Als Kroatin, mit einem Bosnier verheiratet fürchtet sie den „Nationalismus gegen kroatische Frauen", der auch im Lager um sich greift.
Das soziale Klima ist also von Rückzug, Isolation und Auseinandersetzungen geprägt.

Ein weiterer Konfliktherd stellt das Nichterfüllen von Lagerpflichten und Elternpflichten dar, wie z. B. die „Essensverteilung", das „WC-Putzen", der Ärger über die Frechheit der Kinder und den von diesen verursachten Lärm. So stellt die Unordentlichkeit und Disziplinlosigkeit der LagerbewohnerInnen (Erwachsene und Kinder) einen weiteren Belastungsaspekt dar.
Frau M., eine 55jährige Frau, Mutter zweier jugendlicher Töchter beklagt am meisten, daß sie im Lager die Kontrolle über ihre Kinder verloren hat und nicht mehr bestimmen kann, mit wem ihre Töchter verkehren.

Es wird deutlich, daß die Belastungen unterschiedlich je nach individuellem Lebenskontext sind: Frauen mit Kindern fühlen sich am häufigsten durch „Lärm" und "Schmutz" belastet, gefolgt vom „Verhalten der anderen LagerbewohnerInnen", jedoch weniger durch „Disziplinlosigkeit der Kinder und Erwachsenen", „die infrastrukturellen Lagerbedingungen" und die „Beziehung zur Lagerleitung". Das legt die Vermutung nahe, daß das Flüchtlingslager für Mütter eine besondere Belastung darstellt, weil sie ihre traditionelle Rolle, welche primär darin besteht für „Sauberkeit" im Haushalt zu sorgen und die Kinder zu erziehen, nicht mehr ausüben können. Ausgehend von der Annahme, daß das Leben im Flüchtlingslager unterschiedlich belastet, hatte ich vermutet, daß erwerbslose Frauen zu vermehrtem Aufenthalt im Lager gezwungen sind und es negativer und belastender empfänden als erwerbstätige Frauen, welche „aus dem Lager rauskommen können". Im Gegenteil, die erwerbslosen Frauen äußern weniger direkte Kritik; höchstens indirekte (über den „Lärm"). Vermutlich nehmen die erwerbslosen Frauen ihre eigenen Bedürfnisse sehr stark zurück, während die erwerbstätigen die Kommunikation bzw. Interaktion zwischen den LagerbewohnerInnen als belastend, von Neid und Streit geprägt, empfinden. Für sie wird mit zunehmender Integration in den Arbeitsmarkt das Leben in einem Flüchtlingslager zu einer immer größeren Belastung.

Das soziale Leben im Lager ist demnach trotz des – für Außenstehende – „gemeinsamen" Schicksals der Flüchtlinge durch Streitigkeiten und durch Abgrenzung von anderen LagerbewohnerInnen gekennzeichnet. Konkurrenzdenken und Mißtrauen, die sich in Form von Gier, Aggressivität, mangelnder Solidarität und Nationalitätenkonflikte äußert, sind auch Reaktionen auf den Verlust von sozialem Status, Heimat, Besitz, welcher die Selbstachtung zerstört (vgl. Leupold-Löwenthal, 1958, S. 99). Die Beziehungslosigkeit im Flüchtlingslager verstärkt die Gerüchtebildung, die an die Stelle von Information und Kommunikation rückt. Eine Möglichkeit diese fehlende solidarische Beziehung zwischen Flüchtlingen im Lager zu erklären, besteht im Übergangscharakter von Flüchtlingslagern, weil jeder annimmt nur für kurze Zeit darin untergebracht zu sein (vgl. Hitchcox, 1988a nach Williams, 1990, S. 102).

Ein weiteres Merkmal des Lagerlebens ist der Rückzug und die Orientierung auf den engsten Familienkreis. Ein Grund für die Isolation innerhalb des Flüchtlingslagers, besteht meines Erachtens darin, daß sowohl die externen Lebensbedingungen (räumliche Enge) als auch die Traumatisierung durch den Krieg soziale Rückzugstendenzen fördern. In diesem Zusammenhang entstand der Eindruck, daß Frauen, die mit ihren Partnern im Flüchtlingslager leben, dieses weniger negativ erleben als alleinerziehende und alleinstehende Frauen. Die Kleinfamilie oder Partnerschaft ist eher ein Schutzwall gegen die Lagerbelastungen. Frauen ohne Partner und speziell Alleinerziehende fühlen sich durch diverse Lagerbedingungen besonders belastet. Nicht zu vergessen ist allerdings, daß die aufkeimenden Konflikte sehr massiv unterdrückt werden. Innerhalb der Familien oder der Paare wird bewußt aufs Streiten verzichtet, weil „es keinen Platz gibt", um Uneinigkeiten auszutragen und um sich zurückzuziehen (vgl. Klocker, 1996).

Die Ergebnisse von Bohrn (1992), welche die Familie als Reizfilter für die Kinder beschreibt, könnten aufgrund meiner Ergebnisse auch für die Frauen gelten. Bei einem direkten Vergleich scheinen die im Flüchtlingslager lebenden Frauen isolierter zu sein als die privat untergebrachten Menschen, was die Annahme stützt, daß Menschen in Lagern über ein weitaus weniger ausgeprägtes soziales Netz, über geringere Kommunikations- und Informationsmöglichkeiten verfügen als Flüchtlinge, die in Privatquartieren leben. Für eine stärkere soziale Isolation der Flüchtlingsfrauen im Lager und den Rückzug auf die Kleinfamilie sprechen auch die kaum vorhandenen Kontakte zwischen den im Lager lebenden Personen. Während fast 90 % der privat Untergebrachten über Freizeitaktivitäten mit (bosnischen) FreundInnen berichten, trifft das nur auf knapp ein Drittel der Frauen im Flüchtlingslager zu. Auch Kontakte zur österreichischen Bevölkerung sind bei den privat Untergebrachten eher vorhanden als bei den Frauen im Flüchtingslager (vgl. Corak,1995).

7. Kritik an der Lagerleitung

Mehr als ein Drittel der Frauen beklagt sich über die für die Organisation des Lagerlebens Verantwortlichen. Die befragten Frauen werfen der Lagerleitung vor, kein Interesse an guten Kontakten zu den Flüchtlingen zu haben; sie beschreiben die Lagerleitung als unfreundlich, verständnislos und nicht hilfsbereit.

Die Lagerleitung, die sich als Vermittler der österreichischen Normen versteht, wird von vielen Frauen als mächtig und feindselig erlebt. Sie fühlen sich durch „zu viele Verbote für die Kinder", „Einschränkungen" und dem „Zwang öS 1500,- pro Kopf für das Zimmer bezahlen zu müssen", belastet. Auch „Ungerechtigkeit bei der Zuweisung in Integrationswohnungen" und die „… Drohung mit Rauswurf aus dem Flüchtlingslager" u. ä. wird der Lagerleitung vorgeworfen.

Besonders die erwerbslosen Frauen fühlen sich durch die schlechte Beziehung zur Lagerleitung belastet.

Ein Grund dafür könnte die „Abhängigkeit" der erwerbslosen Frauen von der als „allmächtig" empfundenen Lagerleitung (z. B. Hilfe bei der Arbeitsbeschaffung) zusammen.

Trotz der überwiegend negativen Bewertungen des Lagerlebens gibt es auch positive Aspekte: jede vierte Frau empfindet das Lager als sicher. Diese Aussagen sind in engem Zusammenhang mit den in der nahen Vergangenheit gemachten Erfahrungen (Traumatisierungen) im Kriegsgebiet zu betrachten und widerspiegeln meiner Ansicht nach das Bedürfnis nach Sicherheit und Angstfreiheit. Leupold-Löwenthal (1958, S. 109) sieht einen positiven Aspekt des Flüchtlingslagers in der schützenden Anonymität des Lagerkollektivs, welche Flüchtlingen einen langsameren Eingliederungsprozeß gestatte als jenen Flüchtlingen, welche nach der Flucht inmitten „fremder" Einheimischer untergebracht sind. Die Ghettobildung und Isolierung könnte auch vor seelischer Gefährdung bewahren, wenn das Flüchtlingslager „Geborgenheit" vermitteln kann. Von den Kindern wird die ghettoähnliche Atmosphäre eines Flüchtlingslager in der Anfangsphase des Exils eher positiv erlebt. Kontakte zur eigenen ethnischen Gruppe können das Trauma der Entwurzelung abschwächen (vgl. Bohrn, 1992, S. 199ff.). Die in Flüchtlingslager untergebrachten Personen erleben sich weniger mit Ausländerfeindlichkeit und Diskriminierung konfrontiert als die privat untergebrachten Flüchtlinge. Das Lager bietet in dieser Hinsicht „Schutz" vor einer grausamen Realität. Mit zunehmender Aufenthaltsdauer im Flüchtlingslager kristallisieren sich jedoch die negativen Folgen der Ghettoisierung heraus, wie z. B. vermehrte Integrationsdefizite, höhere Arbeitslosigkeit, Stigmatisierung als AusländerIn, reduzierte Kontakte zur österreichischen Bevölkerung. All dies verweist auf eine ausgrenzende Wirkung von langfristigen Aufenthalten in Flüchtlingslagern.

Literatur

Bericht des Bielefelder Flüchtlingsrates (1989): „Das Leben macht uns hier kaput" – zur Situation von Flüchtlingen in Bayern In: Projekt ID ASYL e. V. (Hg.), Lager zerstören Menschen (Dokumentation Lager Nr. 1), S. 5–14.

Bohrn, A. (1992): Macondo – 15 Jahre Einsamkeit: Psychosoziale Follow-up Untersuchung an Flüchtlingsfamilien aus Lateinamerika, insbesondere der 2. Generation. Unveröff. Diss., Grund- und Integrativwissenschaftliche Fakultät. Universität Wien.

Brandl, U. (1993): Asylrecht und Asylpolitik in Österreich. Asyl, 1, S. 3–9.

CIPS (1986). (Hrsg.): Internationale Skalen für Psychiatrie. Berlin: Beltztest.

Chung, C.-Y. R.; Kagawa-Singer, M. (1993): Predictors of psychological distress among Southeast Asian Refugees. Soc. Sci. Med. Vol. 36, No. 5, pp. 631–639.

Corak, V. (1995): Erfassung der Alltagssituation und der psychischen Befindlichkeit der bosnischen weiblichen Flüchtlinge in Wien. Eine psychosoziale Vorstudie. Unveröff. Dipl.arb., Grund- und Integrativwissenschaftliche Fakultät. Universität Wien.

Gebauer, S. (1993): Soziokulturelle Konflikte von Asylbewerberinnen in der Bundesrepublik Deutschland. Zentrale Dokumentationsstelle der Freien Wohlfahrtspflege für Flüchtlinge e. V. (ZWDF)-Schriftenreihe Nr. 21. Bonn.

Gottein, M. (1993): Die rechtliche und soziale Situation von Flüchtlingsfrauen in der Bundesrepublik Deutschland vor dem Hintergrund frauenspezifischer Flucht- und Verfolgungssituationen. Zentrale Dokumentationsstelle der Freien Wohlfahrtspflege für Flüchtlinge e. V. (ZWDF)-Schriftenreihe Nr. 18. Bonn.

Grinberg, L.; Grinberg, R. (1990): Psychoanalyse der Migration und des Exils. München, Wien. Verlag Internationale Psychoanalyse.

Gulis, W. (1993): Überall war Furcht. Mitteilungen des Instituts für Wissenschaft und Kunst (IWK), 48. Jg., Nr. 3, S. 14–20.

Herzka, H. S.; Schuhmacher, A. v.; Tyrangiel, S. (1989): Die Kinder der Verfolgten: Die Nachkommen der Naziopfer und Flüchtlingskinder heute. Göttingen: Verlag für Medizinische Psychologie im Verlag Vandenhoeck & Ruprecht.

Hofsaess, J. (1986): Flüchtlingsfrauen im Erstaufnahmelager: Die Situation in der Zentralen Anlaufstelle für Asylbewerber in Karlsruhe. Internationaler Sozialdienst Deutscher Zweig e. V. (Hrsg.), Flüchtlingsfrauen in der Bundesrepublik Deutschland, (S. 105–114). Frankfurt am Main.

Jockenhövel-Schiecke, H. (1985): Die Lebenssituation von Flüchtlingsfrauen in europäischen Ländern. Zeitschrift für Ausländerrecht und Ausländerpolitik, Nr. 4, S. 181–186.

Kelley, N. (1989): Working with refugee women. A practical guide. International Consultation on Refugee Women, Nov. 1988, Geneva.

Kilpatrick, D. G.; Veronen, L. J. (1984): Treamtment of fear and anxiety in victims of rape. Rockville, MD: National Institute of Mental Health.

Klocker, B. (1995): Die Problematik bosnischer Flüchtlingskinder in Beziehung zu ihrer familiendynamischen Situation. Diplomarbeit. Universität Wien.

Leupold-Löwenthal, L. H. (1958): Psychohygiene und Flüchtlingsarbeit. In: Hoff, H.; Strotzka, H. (Hrsg.): Die psychohygienische Betreuung ungarischer Neuflüchtlinge in Österreich 1956 bis 1958 in Verbindung mit einer Anleitung zum Verständnis und zur Betreuung von Menschengruppen in Extremsituationen (S. 71–110). Wien: Hollenek.

Leyer, E. M. (1991): Migration, Kulturkonflikt und Krankheit: zur Praxis der transkulturellen Psychotherapie. Opladen: Westdeutscher Verlag.

Morokvasic, M. (1987): Jugoslawische Frauen: Die Emigration – und danach. Basel, Frankfurt am Main: Stroemfeld / Roter Stern.

Peterson, K. C.; Prout, M. F; Schwarz, R. A. (1991): Post-Traumatic Stress Disorder: A Clinician's Guide. New York: Plenum Press.

Roberson, M. K. (1992): Birth, Transformation and Death of Refugee Identity: Women and Girls of the Intifada In: Cole, E.; Espin, O. M.; Rtohblum, E. D. (eds.): Refugee Women and Their Mental Health: Shattered Societies, Shattered Lives (pp. 35–52). New York: Harrington Park Press.

Roe, M. D. (1992). Displaces Women in Settings of Continuing Armed Conflict. In: Cole, E.; Espin, O. M.; Rtohblum, E. D. (eds.): Refugee Women and Their Mental Health: Shattered Societies, Shattered Lives (pp. 89–104). New York: Harrington Park Press.

Rosenegger, H. (1994): Leben im Flüchtlingslager. Zeitverwendung und psychische Befindlichkeit. Diplomarbeit. Universität Wien.

Schuckar, M. (1988): Flüchtlingsfrauen aus dem Iran unter bundesdeutschen Asylbedingungen vor dem Hintergrund frauenspezifischer Fluchtmotive. In: Ashkenasi, A. (Hg.): Das weltweite Flüchtlingsproblem: Sozialwissenschaftliche Versuche der Annäherung (S. 286–311). Bremen: Ed. CON.

Veer, G. v. (1992): Counselling and Therapy with Refugees: Psychological Problems of Victims of War, Torture, and Repression. Chicester: John Wiley & Sons.

Vorbrodt,T. E. (1989): Lager zerstören Menschen: Physische und psychische Auswirkungen der Lagerunterbringung von Flüchtlingen. In: Projekt ID ASYL e. V. (Hg.), Lager zerstören Menschen (Dokumentation Lager Nr. 1), S. 15–29.

Williams, H. A. (1990): Families in Refugee Camps. Society for applied antropology. Human organization, vol. 49, No. 2., pp. 100–109.

Würbel, G. (1993): Aktion „Susret-Begegnung". Die andere Flüchtlingsbetreuung. Mitteilungen des Institutes für Wissenschaft und Kunst, 48. Jg, Nr. 3., S. 32–36.

Yee, B. W. K. (1992): Markers of Successful Aging: Among Vietnamese Refugee Women. In: Cole, E.; Espin, O. M.; Rothblum, E. D. (eds.): Refugee Women and Their Mental Health: Shattered Societies, Shattered Lives (pp. 221–238). New York: Harrington Park Press.

Zwingmann, C. (Hg.) (1962): Zur Psychologie der Lebenskrisen. Frankfurt am Main: Akademische Verlagsgesellschaft.

Familienplanung im Exil

Andrea Kronsteiner

Leben im Exil bedeutet für die Betroffenen nicht nur völlige Neuorganisation der äußeren Lebensumstände (Wohnung, Arbeit, etc.) unter erschwerten Bedingungen (fremde Umgebung, Sprachschwierigkeiten), sondern meist auch die Notwendigkeit, partnerschaftlich und sexuelle Gepflogenheiten neu zu hinterfragen. Vor allem dem Aspekt der Familienplanung kommt in solchen Extremsituationen besondere Relevanz zu. In diesem Zusammenhang sind die Maßnahmen zur Geburtenregelung von Interesse. Die Rahmenbedingungen, in denen Menschen leben, wirken auf die Familienplanung. Dies betrifft Fragen nach der Verhütungs- und Abtreibungspraxis, nach Sexualität und Partnerschaft. Zur Erklärung können keine allgemeingültigen Theorien oder Modelle herangezogen werden, weil dabei, wie Wimmer-Puchinger (1982, S. 83) betont, „höchst persönliche Erlebnisse sozioökonomischer, soziokultureller und intrapsychischer Art einfließen, und vor allem die innerseelischen Beweggründe empirisch nicht faßbar und belegbar sind".

Als äußere Einflußfaktoren im Zusammenhang mit Familienplanung nennt Münscher (1979) das Einkommen, den Bildungsgrad und die Bildungswünsche für die Kinder, die Erwerbstätigkeit der Frau, regionale Unterschiede zwischen Stadt und Land, die Konfession, die Wohnverhältnisse und das Emanzipationsniveau. Für Flüchtlingsfamilien kommt hinzu, daß ihre Existenz meist nicht gesichert ist. Häufig ist die Aufenthaltsdauer ungeklärt, es ist schwer Arbeit zu finden, bzw. die dafür notwendige Arbeits- und Beschäftigungsbewilligung zu erhalten. Damit verbunden sind schlechte Wohnbedingungen, hervorgerufen durch zu hohe Mieten. Dies alles trägt zu Verunsicherung bei, unter welchen Bedingungen die Kinder aufwachsen werden. Für Frauen hat das Aufgeben gewohnter Lebensumstände zur Folge, daß sie nicht mehr auf verwandtschaftliche Beziehungen zurückgreifen können, was heißt, daß sie die alleinige Verantwortung und Betreuung der Kinder übernehmen und somit ihre Erwerbstätigkeit beenden müssen. Mangelnde Sprach- und Verständigungsmöglichkeiten sowie unterschiedliche Wert- und Normvorstellungen erhöhen weiters die Unsicherheit von Frauen in ihrer Lebensplanung und demzufolge auch in der Familienplanung. Ein Geburtenrückgang kann die Folge sein (vgl. Münscher 1979, Rosen 1987).

Frauen aus ehemals kommunistischen Ländern werden häufige Schwangerschaftabbrüche nachgesagt, die anstelle von präventiven Methoden zur Geburtenregelung verwendet werden.

Verhaltensweisen, die im Heimatland als „normal" galten, werden in einem anderen Land, in dem andere Umgangsformen gepflegt werden, oft in Frage gestellt.

Wie aus verschiedenen Untersuchungen (vgl. Morokvasic, 1987) hervorgeht, war/ist die Abtreibungsrate im ehemaligen Jugoslawien sehr hoch. Die Gründe dafür liegen unter anderem in den spezifischen Rahmenbedingungen: einerseits herrschte eine breite gesellschaftliche Akzeptanz, die in ihr nichts Außergewöhnliches oder gar Verwerfliches sah, andererseits war eine Abtreibung mit keinem oder nur sehr geringem finanziellen Aufwand verbunden.

Im Gegensatz dazu ist in Österreich Abtreibung nach wie vor tabuisiert und um ein Vielfaches teurer als im ehemaligen Jugoslawien. Dies läßt befürchten, daß die Flüchtlingsfrauen mit dieser für sie unterschiedlichen Situation nur schwer werden umgehen können, besonders auch, weil sie ohnehin mit massiven existentiellen Schwierigkeiten zu kämpfen haben.

1. Zusammenhang von Politik und Abtreibung

Die Diskussion der Rahmenbedingungen für Abtreibung erscheint deshalb notwendig, weil geänderte Bedingungen – wie sie Flüchtlingsfrauen meistens vorfinden – auch geänderte Verhaltensweisen zur Folge haben werden müssen.

Auf politischer Ebene läßt ein internationaler Ländervergleich den Zusammenhang zwischen einer politischen Ordnung und den unterschiedlichen Umgangsformen mit Verhütungs- und Abtreibungsfragen erkennen. Wesentlich dabei ist, wie verbreitet die verschiedenen Verhütungsmittel und -methoden sind und zu welchem Zeitpunkt eine Liberalisierung in der Abtreibungsfrage eingetreten ist. In (ehemals) kommunistischen Ländern, sind die Abtreibungsraten vergleichsweise hoch. Als Ursache dafür wird der Mangel an Verhütungsmethoden angesehen, aber auch Versäumnisse in der Aufklärung und der sexuellen Erziehung müssen erwähnt werden. Die Legalisierung der Abtreibung erfolgte in kommunistischen Systemen im Unterschied zu den meisten westlichen Ländern um 20 bis 25 Jahre früher. Dies resultierte einerseits aus der Gleichheitsideologie des Kommunismus und hatte andererseits aber auch den ganz pragmatischen Grund, daß die Arbeitskraft der Frau benötigt wurde (vgl. Serloth, 1991).

„Abtreibungen sind weit verbreitet und waren es immer, nicht nur in Europa sondern auf der ganzen Welt", schreibt Devereux (1976, zit. nach Morokvasic, 1987, S. 178). Nach Schätzungen werden weltweit jährlich

zwischen 26 und 31 Millionen Schwangerschaftsabbrüche legal und zwischen 10 und 22 Millionen illegal vorgenommen bei einem gleichzeitigen Bevölkerungswachstum von jährlich 91 Millionen Menschen (vgl. Enigl, Perthold, 1993, S. 63).
Nachfolgende Tabelle gibt einen internationalen Überblick der Abbruchshäufigkeiten. Statistische Zahlen über die Abtreibungsfrequenz der Österreicherinnen liegen nicht vor, da hierzulande keine Meldepflicht besteht. Geschätzte Zahlen liegen aber zwischen 30000 und 40000, manche sprechen auch von 70000 bis 100000 jährlichen Schwangerschaftsabbrüchen (vgl. Enigl, Perthold, 1993).

Tab. 1: Internationaler Vergleich der legalen Abtreibungsrate per 1000 Frauen im Alter von 15–44 Jahren (Tietze, 1986, S. 29)

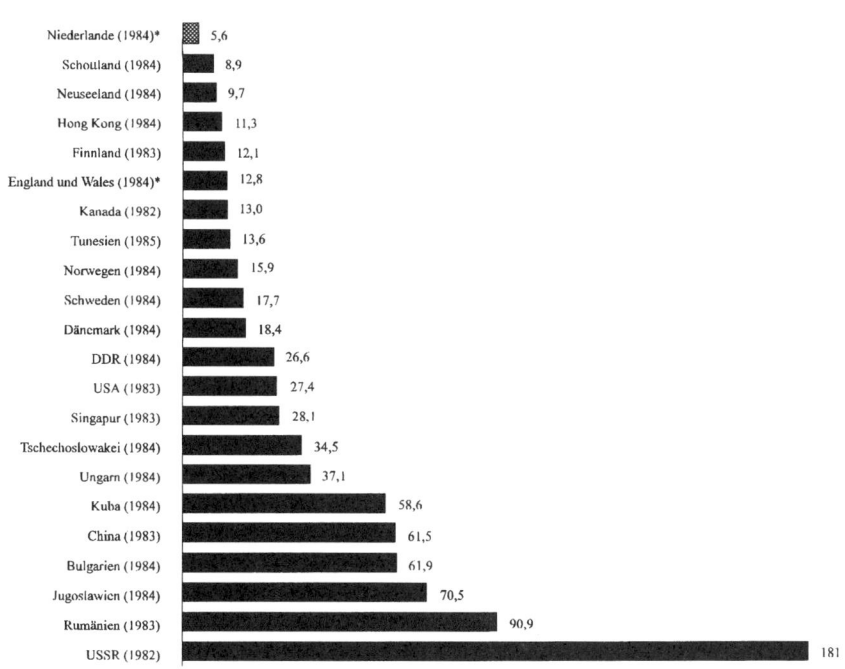

Niederlande (1984)* 5,6
Schottland (1984) 8,9
Neuseeland (1984) 9,7
Hong Kong (1984) 11,3
Finnland (1983) 12,1
England und Wales (1984)* 12,8
Kanada (1982) 13,0
Tunesien (1985) 13,6
Norwegen (1984) 15,9
Schweden (1984) 17,7
Dänemark (1984) 18,4
DDR (1984) 26,6
USA (1983) 27,4
Singapur (1983) 28,1
Tschechoslowakei (1984) 34,5
Ungarn (1984) 37,1
Kuba (1984) 58,6
China (1983) 61,5
Bulgarien (1984) 61,9
Jugoslawien (1984) 70,5
Rumänien (1983) 90,9
USSR (1982) 181

* Nur Einheimische

Wie aus der Tabelle ersichtlich ist, liegt das ehemalige Jugoslawien 1984 an dritter Stelle in der Abbruchshäufigkeit. Morokvasic meint dazu, daß Abtreibungen zum kulturellen Inventar der Frauen gehört und einen ebenso wichtigen Teil ihres Lebens ausmacht wie das Austragen von Kindern. Um dies zu verstehen ist ein historischer Rückblick notwendig.

Das kommunistische System im ehemaligen Jugoslawien hat den Frauen viele Vorteile gebracht, indem sie etwa Zugang zu Bildung und Arbeit erhielten. Allerdings blieb der private Bereich weitgehend davon ausgespart, traditionell patriarchale Verhaltensweisen wurden beibehalten. Dies äußerte sich beispielsweise in der Art und Weise, welche Verhütungsmaßnahmen angewandt wurden. Im ehemaligen Jugoslawien war die am häufigsten angewandte Methode der Koitus interruptus. Das Ergebnis aus Morokvasic's Untersuchung zeigte den Zusammenhang zwischen Abtreibung und dem Umstand, daß der Mann „bestimmt", das heißt, daß der Koitus interruptus praktiziert wurde. Der Umgang mit Verhütung und Abtreibung muß dementsprechend auch vor dem Hintergrund männlicher Dominanz gesehen werden und ist deshalb auch Ausdruck einer bestehenden patriarchalen Kultur. Eine Veränderung des kontrazeptiven Verhaltens verlangt also das Hinterfragen von traditionellen Werten und Normen.

Ein Aufenthalt im Ausland kann dazu beitragen, daß alte Verhaltensmuster aufgegeben und neue Methoden akzeptiert werden. Dies läßt sich durch die Familienplanungspolitik in den Niederlanden belegen, wo Immigrantinnen (Türkinnen, Marokannerinnen) bereits nach wenigen Jahren ihres Aufenthalts weniger abtreiben und vermehrt Kontrazeptiva verwenden.

Dabei muß festgehalten werden, daß in den Niederlanden Empfängnisverhütung zur „Alltagsroutine" geworden ist. Der gute Zugang zu Verhütungsmethoden, welche bereits Anfang der 70er Jahre in die Leistungen des Gesundheitssystems inkludiert wurden, und die landesweit betriebene Aufklärung zogen eine niedrige Geburtenquote, aber auch die niedrigste Rate an Schwangerschaftsabbrüchen bzw. an ungewollten Schwangerschaften generell, nach sich (vgl. Enigl/Perthold, 1993, S. 91). Im Rahmen dieser offensiv betriebenen Familienplanungspolitik wurde vom niederländischen Gesundheitsministerium bereits 1976 eigene Gesundheitsberatungsstellen für Immigranten eingerichtet.

2. Familienplanung bei bosnischen Flüchtlingsfrauen in Wien

Im Rahmen meiner Diplomarbeit[1] führte ich im März/April 1994 eine Untersuchung zum generativen Verhalten bosnischer Flüchtlingsfrauen[2] im

---

1 Kronsteiner A., Zum generativen Verhalten bosnischer Flüchtlingsfrauen. Eine deskriptive Annäherung. Dipl. Arbeit, Wien 1995.
2 weil vorwiegend Bosnierinnen in Österreich leben.

Lager des alten AKH durch. Der Anstoß dazu entstand infolge eines Pilot-projekts zur Kontrazeptionsberatung in einem Wiener Flüchtlingslager. Dabei wurde unter anderem versucht, im Rahmen einer Frauengruppe durch Beratung und Ausgabe von Verhütungsmitteln Abtreibungen vorzu-beugen, da diese von den Frauen nicht finanziert werden konnten. In die-sem Zusammenhang war von Interesse, wie die Frauen grundsätzlich zur Familienplanung eingestellt sind.

Befragt wurden 32 Frauen im Alter zwischen 18 und 48 Jahren mittels Fra-gebogen. Die Fragen bezogen sich vorrangig auf die Bereiche Verhütung und Abtreibung, auf die diesbezügliche Einstellung und den praktischen Umgang sowie auf die Einstellung zur Partnerschaft und zum Rollenbild der Frau. Da die Untersuchungsergebnisse aus einer sehr kleinen Stich-probe resultieren, können sie nicht als repräsentativ angesehen werden.

3. Information bezüglich Kontrazeption

Grundsätzlich ist festzuhalten, daß Information und Aufklärung über unter-schiedliche Verhütungsmethoden sowie das Wissen um den weiblichen Zyklus wesentlich zur gelungenen Familienplanung beitragen. Das Wissen um die Anwendung einzelner empfängnisverhütender Methoden allein reicht aber nicht aus. So konnte festgestellt werden, daß Schwanger-schaftsunterbrechungen im ehemaligen Jugoslawien in jenen Gebieten am häufigsten auftraten, in denen Information und Zugang zu Verhütungsme-thoden am besten und das Ausbildungsniveau der Frauen am höchsten war (vgl. Morokvasic, 1987).

Die Ergebnisse meiner Untersuchung machen ebenfalls deutlich, daß die überwiegende Mehrheit der Frauen relativ gut über die unterschiedlichen Kontrazeptiva informiert ist. Allerdings wird die Sicherheit einzelner Metho-den von manchen Frauen überschätzt.

Die Frauen haben im Durchschnitt von knapp sieben unterschiedlichen Methoden gehört – allerdings kann daraus nicht gefolgert werden, wie genau sie über deren Anwendung Bescheid wissen – und sie haben mit durchschnittlich zwei bis drei Methoden bereits Erfahrungen gemacht. Die häufigsten Erfahrungen wurden mit dem Koitus interruptus gemacht, danach folgen Pille und Präservativ.

Wenn ein Drittel der Frauen kaum Erfahrung mit Verhütungsmethoden hat, kann dies wohl nur zum Teil auf ein ungenügendes Wissen zurückgeführt werden. Viel eher dürften die Gründe dafür in der mangelnden Akzeptanz von Verhütungsmethoden zu suchen sein. Immerhin sprachen sich acht Frau-en gegen die Anwendung von Kontrazeptiva aus, davon meinten fünf Frauen, daß auch ihre Männer gegen die Verwendung von Verhütungsmittel sind.

Als Begründung werden gesundheitliche Bedenken sowohl von seiten der Frauen als auch der Männer geäußert. Weiters wird die individuelle Brauchbarkeit in Frage gestellt.
Die Art der gesundheitlichen Bedenken wurden im Rahmen des Fragebogens nicht näher ausgeführt, allerdings läßt sich vermuten, daß diese Argumentation als Vorwand dient, da zu dieser Kategorie im engeren Sinn nur Pille und Spirale zählen.

4. Abtreibung als Verhütungsmethode

Obwohl die Frauen ausreichend über Kontrazeptiva informiert sind, wird von knapp der Hälfte der Frauen Abtreibung als Verhütungsmethode angesehen und von einem Viertel der Frauen auch als gesunde Form der Verhütung bezeichnet. Man kann aber gleichzeitig nicht davon ausgehen, daß Abtreibung Priorität gegenüber der Empfängnisverhütung besitzt, also der Schwangerschaftsverhütung vorgezogen wird. Immerhin verhüten zwei Drittel aller momentan sexuell aktiven Paare. Es scheint, als sei Abtreibung nur eine von vielen Alternativen der Fruchtbarkeitskontrolle.
Der Umgang der Frauen mit Abtreibung ist einerseits dadurch gekennzeichnet, daß knapp die Hälfte der Frauen bereits eine oder mehrere Schwangerschaften abgebrochen haben und zwei Drittel der Frauen darin weitgehend etwas Normales sehen. Die Entscheidung zum Schwangerschaftsabbruch wird jedoch nicht leichtfertig gefällt, die Abtreibung selbst wird von den meisten Frauen als schmerzhaft erlebt.
Ein Großteil der Frauen ist einem Schwangerschaftsabbruch im Falle einer ungewollten Schwangerschaft positiv gegenüber eingestellt. Die Finanzierung ist allerdings problematisch, weil die Frauen häufig nicht über die notwendigen finanziellen Mittel verfügen.

4.1 Die Rolle des Mannes

Der Partner scheint in der Thematik Verhütung-Abtreibung eine zentrale Rolle einzunehmen. Jede dritte Frau wendet sich mit Fragen zur Verhütung, und etwas mehr als ein Drittel der Frauen mit Fragen zur Abtreibung an ihren Partner. Schließlich wenden sich die Frauen auch in erster Linie an ihre Partner, um das Geld für eine Abtreibung aufzubringen, was in vielen Fällen aber nur schwer bis gar nicht möglich ist. Dies zeigt die finanziellen Schwierigkeiten, die Frauen im Falle einer Abtreibung zu erwarten haben, wiederum sehr deutlich auf.

Der Umgang mit Verhütung ist dadurch gekennzeichnet, daß 60 % der Frauen zwar angeben, ihr Mann überläßt ihnen die Wahl der Verhütungsmethode, gleichzeitig meinen aber auch mehr als die Hälfte der Frauen, ihr Mann „paßt auf" (Koitus interruptus). Cirka 15 % der Männer äußern nach Angaben ihrer Frauen gesundheitliche Bedenken gegen Verhütungsmittel, 10 % davon sind explizit dagegen. Die Kommunikation über Verhütung funktioniert gut. Immerhin geben 90 % der Frauen an, mit ihrem Partner darüber zu sprechen. Gleichzeitig sind fast alle Frauen der Ansicht, Verhütung sei eine Angelegenheit beider Partner.

4.2 Traditionelle Wertvorstellung und Rollenverhalten

Das Verständnis der Frau in ihrer Rolle als Mutter ist eng mit kontrazeptivem Verhalten verbunden. So zeigen Untersuchungen einen deutlichen Zusammenhang zwischen der Einstellung der Frau zur traditionellen Rolle als Mutter und Hausfrau und dem Verhütungsverhalten. Demnach sind bei Frauen mit traditionellem Rollenverständnis eine geringere Motivation zur Empfängnisverhütung, das Versagen sicherer Verhütungsmittel und Nebenwirkungen, speziell bei der Pille, häufig anzutreffen. Mutterschaft gilt im traditionellen Rollenverständnis als positiver Wert. Schwangerschaftsverhütung wäre demnach nicht einstellungskonform (vgl. Wimmer-Puchinger, 1982).
Mehr als die Hälfte der von mir befragten Frauen entsprechen nicht dem traditionellen Rollenbild der Frau als Mutter und Hausfrau. Zwischen dem Rollenbild der Frauen und ihrem Abtreibungsverhalten konnte kein Zusammenhang nachgewiesen werden. Wohl wirkt sich aber das traditionelle Rollenverhalten auf die Kontrazeption aus, indem Frauen mit „traditionellem" Rollenbild eher „unsichere"[3] Verhütungsmethoden benutzen und außerdem eher Kinder haben. Ferner definieren Frauen mit traditionellem Rollenbild eher ihre Weiblichkeit über die Mutterschaft.
Zu den strukturellen Faktoren, die das generative Verhalten[4] beeinflussen, zählt auch der Stellenwert, den sie der Religion beimessen.
Trotz religiöser bzw. sehr religiöser Haltung der Frauen wird Abtreibung nicht nur akzeptiert, sondern auch praktiziert bzw. auch künftig in Betracht gezogen. Da keine Frau angab, aus religiösen Gründen gegen Verhütungsmittel zu sein, dürfte die Religion bei den befragten Frauen keinen wesentlichen Einfluß auf deren generatives Verhalten haben.

---

3 Als unsichere Verhütungsmethoden gelten: chemische Mittel, Koitus interruptus, Kalendermethode, Schleimuntersuchung.
4 Unter dem Begriff „generatives Verhalten" sind alle Verhaltensweisen, die die menschliche Fortpflanzung betreffen, zu verstehen (vgl. Cromm, 1988).

5. Möglichkeiten der Prävention und Ausblick

Der Arzt bzw. die Ärztin sind für die Frauen bevorzugte Anlaufstelle für alle Fragen im Zusammenhang mit Verhütung und Abtreibung. Zwei Drittel der Frauen bekundeten darüberhinaus ihr Interesse an einer Frauengruppe in Zusammenarbeit mit eine Ärztin, welche die Möglichkeit zur Thematisierung von Fragen zur Verhütung bieten soll.

Generell ist eine gewisse Tendenz zur Veränderung im Verhütungsverhalten feststellbar, als mehr Frauen bereit sind, Kontrazeptiva anzuwenden. Das läßt darauf schließen, daß die veränderten Lebensumstände, mit denen die Frauen bzw. Paare aufgrund ihrer Flüchtlingssituation konfrontiert sind, Auswirkungen auf das reproduktive Verhalten zeigen. Obwohl grundsätzlich für mehr als 60 % der Frauen in Zukunft noch ein Kind vorstellbar ist, will ein Großteil aller Frauen derzeit keine Kinder bekommen, was wohl auf die schwierigen Lebensbedingungen und die mangelnden Zukunftsperspektiven der Flüchtlingsfrauen zurückzuführen ist. Diese Tatsache scheint bei einigen Frauen zu einer erhöhten Kontrazeptionsbereitschaft beizutragen. Sollte es dennoch zu einer Schwangerschaft kommen, würde diese, abgesehen von jenen Frauen mit explizitem Kinderwunsch, mit höherer Wahrscheinlichkeit abgebrochen werden.

Schlußfolgernd kann also festgehalten werden: Eine verstärkte Verhütungsberatung scheint nicht notwendig zu sein, da vordergründig ein ausreichendes Wissen über die unterschiedlichen Kontrazeptiva vorhanden ist. Allerdings sollten Informationen über österreichische Institutionen und Rahmenbedingungen bezüglich Abtreibungsmöglichkeiten vermittelt werden, denn mehr als die Hälfte aller Frauen sind diesbezüglich völlig uninformiert. Auch jenen 10 % der Frauen, denen der Zugang zu Verhütungsmitteln fehlt, sollte ein entsprechendes Angebot zur Verfügung gestellt werden. Weitere Berücksichtigung sollte die Tatsache finden, daß sich bosnische Frauen häufig in Verhütungs- und Abtreibungsfragen an ihre Männer wenden. Daraus folgt, daß etwaige Informationen auch an sie bzw. an die Paare gemeinsam zu richten sind. Spezielle Frauengruppen (unter Leitung einer Ärztin) stellen eine weitere sehr gute Möglichkeit dar, die Frauen über österreichische Institutionen hinsichtlich Familienplanung zu informieren. Bei all diesen Informationsangeboten muß besonders auch auf die ungleich höhere finanzielle Belastung einer Abtreibung in Österreich hingewiesen werden. Weiters erfordert eine wirksame Beratungstätigkeit die Berücksichtigung des jeweiligen kulturellen Hintergrunds der betroffenen Frauen sowie deren außergewöhnliche Lebenssituationen, die sehr häufig geprägt ist von Existenzangst und Perspektivenlosigkeit.

Ziel dieser Untersuchung war, die grundsätzliche Einstellung bosnischer Frauen zu den Themen Verhütung, Abtreibung und Sexualität zu erheben. In weiterer Folge wäre es sinnvoll, die Sichtweise der Männer diesbezüglich zu erforschen, bzw. auf die gesundheitlichen Bedenken gegen die Anwendung von Verhütungsmittel näher einzugehen, da durch die Akzeptanz von Kontrazeptiva wohl auch künftige Veränderungsmöglichkeiten zu erwarten sind.

Literatur

Cromm, J. (1988): Bevölkerung, Individuum, Gesellschaft. Theorien und soziale Dimension der Fortpflanzung. Opladen, Westdeutscher Verlag.

Enigl, M.; Perthold, S. (1993) (Hrsg.): Der weibliche Körper als Schlachtfeld. Neue Beiträge zur Abtreibungsdiskussion. Wien, Pro Media.

Kronsteiner, A. (1995): Zum generativen Verhalten bosnischer Flüchtlingsfrauen. Eine deskriptive Annäherung. Universität Wien, Diplomarbeit.

Morokvasič, M. (1987): Jugoslawische Frauen. Die Emigration – und danach. Basel; Frankfurt/Main, Stroemfeld/Roter Stern.

Münscher, A. (1979): Ausländische Familien in der BRD. Familiennachzug und generatives Verhalten. München, DIJ (Verlag Deutsches Jugendinstitut).

Rosen, R. (1987): Migrantinnen und ihre Sexualität, In: Simmel, M., (Hrsg.) Weibliche Sexualität. Von den Grenzen der Aufklärung und der Suche nach weiblicher Identität. Braunschweig, G. J. Holtzmeyer Verlag.

Serloth, B. (1991): Die Frage des Schwangerschaftsabbruches im ehemaligen „Ostblock". In: Dokumentation der Enquete „Geburtenregelung – eine alte und immer wieder neue Frauenfrage: ein Ost-West-Vergleich". Hg. von Dr. Karl Renner Institut. Wien (Dokumentation der Enquete vom 18.-20. Sept. 1991 in Wien, veranstaltet von SPÖ-Frauen, Frauenpolitische Abteilung des Rennerinstituts).

Tietze, Ch.; Henshaw, St. K.(1986): Induced Abortion. A world Review. 6th Edition, 1986. The Alan Guttmacher Institute. New York.

Wimmer-Puchinger, B. (1982): Motive zum Schwangerschaftsabbruch. Empirische Untersuchung zur sozialen Situation der Frau. Wien.

Wenn die Kinder für die Eltern sprechen – Rollenumkehr

Beate Klocker

Da trippelten Kinder hungernd
In Trüpplein hinab die Chaussen
Und nahmen mit sich andere, die
In zerschossenen Dörfern stehen.

Sie wollten entrinnen den Schlachten
Dem ganzen Nachtmahr
Und eines Tages kommen
In ein Land, wo Frieden war.

Bertold Brecht

1. Kinder im Krieg und auf der Flucht

Für Kinder und Jugendliche, die aus ihren Heimatländern flüchten müssen, hat sich die vertraute heimatliche Umwelt in eine sie verfolgende und vernichtende verwandelt. Von einem Tag auf den anderen haben sie alles verloren: ihre Verwandten, ihre Freunde und Schulkameraden, ihr Heim, ihre Spielsachen, ihre vertraute kindliche Umgebung etc. Die Gründe und Ursachen für all diese Veränderungen bleiben für die Kinder unverständlich.

Daraus ergibt sich aber nur ein Teil der Konflikte und Probleme, die diese jungen Menschen zu bewältigen haben. Die zweite Ursache für Schwierigkeiten liegt in der Art ihrer Erfahrungen im Aufnahmeland: die Kinder müssen also nicht nur mit den Schatten ihrer unmittelbaren Vergangenheit umgehen lernen, sondern sehen sich zusätzlich einer völlig neuen, unerwarteten Lebensrealität gegenüber.

1.1 Die Familie im Exil[1]

Exil bedeutet also nicht nur den Verlust von Heimat, Freunden und Bekannten, sondern ebenso eine Verpflanzung in eine völlig fremde Umwelt. Die Familie wird aus seinem sozialen Milieu gerissen und in eine ihr fremde Kultur verpflanzt, mit der sie nun zurechtkommen muß. Das bedeutet wiederum, daß es jedem einzelnem Familienmitglied gelingen muß, einen Bezug zur Außenwelt, zur neuen gesellschaftlichen Realität, herzustellen und aufrechtzuerhalten.

Gleichzeitig muß die Familie ihre Organisation und ihr Funktionieren an die neuen Lebensrealitäten anpassen.

Aufbauend auf Erfahrungen mit der Behandlung von Betroffenen des Kriegs- und Naziterrors der „ersten" sowie der „zweiten Generation" haben Mitglieder der JAGGZ (Jüdische Ambulante Psychiatrische und Psychosoziale Fürsorge – in den Niederlanden, 1991) verschiedene Muster familiären Verhaltens in Familien beschrieben, in denen ein oder beide Elternteile durch Verfolgung, Lagerhaft und Exil stark traumatisiert worden sind.

1. Die Atmosphäre in der Familie ist gekennzeichnet durch **Bedrückung, Kummer und Trübsal**, sowie Angst und Mißtrauen gegenüber der Außenwelt. Diese Situation bedingt, daß sich die Familienmitglieder aneinander klammern, sich übermäßig stark aufeinander beziehen und somit ein natürliches Ablösen der Kinder von den Eltern unmöglich wird. Das Kind hat häufig das Gefühl, erfolgreich und glücklich sein zu müssen, um so seinen Eltern Lebenssinn zu verleihen. Dennoch kann es trotz aller Anstrengungen die Leiden der Eltern niemals wettmachen, was zu massiven Schuld- und Ohnmachtsgefühlen führt.

2. Die Atmosphäre in der Familie zeichnet sich durch **Schweigen über die Vergangenheit** aus. Gefühle werden kaum gezeigt. Die Kinder spüren zwar, daß etwas mit den Eltern nicht in Ordnung ist, trauen sich aber nicht, nachzufragen. Diese Situation kann im Kind Unsicherheit, Ängstlichkeit und Mangel an Spontaneität sowie ein Gefühl der Einsamkeit und Ausgeschlossenheit aufgrund der wahrgenommenen Distanziertheit der Eltern bewirken.

3. **Die eigene Vergangenheit wird verdrängt**, wenn überhaupt, erfahren die Kinder davon erst, wenn sie erwachsen sind. Einen hohen Status zu erlangen und Reichtum zu erwerben, steht bei diesen Familien an erster Stelle, Schwäche und Niedergeschlagenheit sind nicht gestattet. Kinder aus solchen Familien neigen oft dazu, um alles zu kämpfen. Abhängigkeit von anderen Menschen wird nur schwer ertragen. Daraus

---

1 Die in diesem Artikel dargestellten Aussagen und Ergebnisse über bosnische Flüchtlinge basieren auf einer im Rahmen meiner Diplomarbeit durchgeführten Untersuchung von insgesamt 30 bosnischen Flüchtlingsfamilien im Jahre 1994.

kann folgen, daß die Kinder häufig unter enormen Leistungsdruck stehen und dementsprechend leiden.

4. Die Atmosphäre in der Familie kann ganz **im Zeichen des Erlittenen** stehen. Das heißt, es wird viel über die Zeit der Verfolgung, die Flucht, die Lager und das Verstecken gesprochen. Schon wenn sie klein sind, hören die Kinder mit, was den Eltern geschehen ist. Manchmal geschieht das auch mit der Absicht, die Kinder auf die immer noch feindlich erlebte Umwelt vorzubereiten. Viele der Geschehnisse innerhalb und außerhalb der Familie werden mit der Verfolgung in Verbindung gebracht. Die Kinder können so das Gefühl bekommen, als ob sie selbst alles miterlebt hätten (JAGGZ, 1991, S. 5).

Kriegs-, Flucht- und Foltererlebnisse beeinflussen in jedem Fall die innerfamiliäre Atmosphäre, wodurch es unweigerlich zu einer Krise kommt.

Wie stark dieser Einfluß auf das Familienklima ist, hängt von vielen verschiedenen Faktoren ab, wie zum Beispiel von der Intensität des traumatischen Erlebnisses bzw. dessen Interpretation durch Eltern und Kinder, von den unterschiedlichen Altersstufen der Kinder, vom jeweiligen familiären Hintergrund und der kulturellen Prägung der Familienmitglieder; und natürlich vor allem auch von der Art ihrer Erfahrungen im Aufnahmeland.

In dieser ersten Zeit prägen Angst, Unsicherheit und Isolation das Familienleben, die katastrophale Lebens- und Wohnsituation in den Flüchtlingslagern, bildet einen zusätzlichen Nährboden für innerfamiliäre Spannungen. All diese Belastungsfaktoren führen unweigerlich zu einer Krise welche mit einem Zusammenbruch der bisher bestandenen Familienstruktur einhergeht.

Die Ergebnisse verschiedener Studien weisen darauf hin, daß traumatische Erfahrungen nicht nur für die Betroffenen selbst Folgen haben, sondern auch die Art und Weise des Umgangs mit Partnern und Kindern stark beeinflussen. Wenn also im Leben der Eltern ein traumatisches Ereignis stattgefunden hat, kann dies mehr oder weniger Einfluß auf die Atmosphäre innerhalb der Familie sowie auf die Erziehung der Kinder haben.

2. Rollenumkehr als Folge der neuen Familienstruktur

Nauck B. (1985, S. 41) betont, daß die Ursachen für die familiären Strukturveränderungen und Rollenveränderungen nicht durch den Kulturkonflikt, sondern vielmehr durch Veränderungen im Zugang zu den Ressourcen bedingt sind. Er meint damit, daß die Frauen eher Arbeit finden als die Männer, daher eigenes Geld verdienen und somit selbstständiger werden als sie es zu hause waren. Die Kinder gehen in die Schule, schließen dort

Freundschaften und werden vom Elternhaus unabhängiger und somit – auch durch den schnelleren Spracherwerb – ihren Eltern gegenüber autonomer, aber auch mächtiger.

2.1 Auswirkungen auf Ehe und Partnerschaft

Bezogen auf die Situation der bosnischen Flüchtlinge in Österreich hat das folgende Auswirkungen: Einerseits kommt es durch das De-facto-Arbeitsverbot[2] zur Rollendiffusion zwischen Mann und Frau, da die Frauen noch eher Arbeitsmöglichkeiten, zum Beispiel als Hausgehilfin oder Babysitterin, finden als die Männer. Für eine vom Patriarchat geprägte Familienstruktur gehört es allerdings zur Rolle des männlichen Familienoberhauptes, für den Unterhalt der Familie zu sorgen, was ihm nun jedoch durch das Arbeitsverbot verwehrt ist (vgl. ZEBRA, 1990, S. 19). Dieser Bruch mit angestammten Traditionen und Rollenerwartungen stellt eine zusätzliche Belastung des sozialen Beziehungsgefüges von Flüchtlingsfamilien dar, was häufig Ehe- und Generationskonflikte zur Folge hat.

Für die Flüchtlingsfrauen bedeutet diese Situation eine doppelte Belastung: Einerseits haben die Frauen weiterhin ihre Rolle als Mutter und Hausfrau beizubehalten, andererseits müssen sie auch die Rolle der Geldverdienerin übernehmen. Gebauer S. (1993, S. 87) spricht in diesem Zusammenhang davon, daß die Flüchtlingsfrauen im Zentrum verschiedener Konflikte stehen. Ihnen kommt die Aufgabe zu, die Persönlichkeitskonflikte der Familienmitglieder aufzufangen, wie zum Beispiel die Arbeitslosigkeit und den damit verbundenen Identitätsverlust des Mannes, bzw. seinen Autoritätsverlust bei den Kindern. Zusätzlich zu ihren privaten und häuslichen Aufgaben kommt nun bei den Frauen die Aufgabe, für den Familienunterhalt zu sorgen, hinzu. All diese Faktoren wirken sich massiv belastend auf die Partnerbeziehungen aus.

2.2 Auswirkungen auf die Eltern-Kind-Beziehung

Als weitere Folge dieser neuen Familienstrukturen kommt es bei Flüchtlingen sehr häufig zu einer Rollenumkehr zwischen Eltern und Kindern.

Ursachen dieser Rollenumkehrung sind einerseits die Folgen der im Exil neu entstandenen Familienstrukturen und der damit verbundene Verlust der traditionellen Rollen der einzelnen Familienmitglieder.

---

2 Dieses De-facto-Arbeitsverbot wurde am 1. Juli 1993 aufgehoben, seither können bosnische Flüchtlinge in Österreich eine Beschäftigungsbewilligung beantragen. Die Realität zeigte allerdings, daß es nach wie vor für Frauen einfacher ist, Arbeit zu finden, als für Männer.

a) Autoritätsverlust der Eltern

Nach Velozo R. (1988, S. 62) führt die Arbeitslosigkeit des Familienvaters (der traditionsgemäß für den Unterhalt der Familie aufkam) zu einer Instabilität der familiären Gruppe; der Vater fühlt sich abgewertet und sieht sich z. B. vom Arbeitsamt abhängig und manchmal sogar wirtschaftlich auf seine Frau angewiesen.

Zusätzlich zu den durch Flucht und Exil bedingten Struktur- und Rollenveränderungen innerhalb der Flüchtlingsfamilien bewirkt die autoritäre Lagerorganisation einen weiteren Verlust der innerfamiliären Selbstbestimmungsmöglichkeiten (vgl. Williams H. A., 1990).

Verschiedene Entscheidungen wie zum Beispiel die Strukturierung des Lageralltags (Zeitpunkt der Essensausgabe, Reinigungsdienst), das Einschulen der Kinder, das Aufstellen verschiedener Ver- und Gebote durch die Lagerordnung oder das Verhängen von Ausgangssperren entmündigt Flüchtlingseltern ganz massiv in ihren Erziehungsaufgaben und bringt ihnen einen zusätzlichen Verlust an Autorität. Als Folge kommt es vermehrt zu innerfamiliären Spannungen. Die Eltern fühlen sich machtlos und schuldig dafür, daß sie ihre fürsorglichen Aufgaben nicht erfüllen können. Die Kinder werden noch stärker in „Erwachsenen – Rollen" gedrängt, da sie sich aufgrund ihrer besseren Sprachkenntnisse in verschiedenen Angelegenheiten (z. B. Wünsche und Bedürfnisse ihrer Familienmitglieder) an die Lagerleitung wenden müssen.

b) Integrationsunterschiede

Vor allem durch das unterschiedliche Integrations- und Assimilationstempo von Eltern und Kindern kommt es zu einer Rollendiffusion innerhalb der Familie.

Durch den Schulbesuch[3] lernen die Kinder die Sprache wesentlich schneller als ihre Eltern und haben dadurch gleichzeitig mehr Kontakt zur Aufnahmegesellschaft. Zudem bietet der Schulbesuch nach Auffassung von Neumann U. (1995, S. 109) Stabilisierungs- und Orientierungsmöglichkeiten für die Flüchtlingskinder. Die Autorin spricht davon, daß durch die Schule, vor allem durch die zeitliche Strukturierung des Tages, eine neue Kontinuität in der momentanen Lebenssituation der Kinder geschaffen wird. So wird es den Kindern ermöglicht, zumindest für einen Teil des Tages, aus der Enge und Bedrückung der großen Flüchtlingslager zu „entkommen".

---

3 Von 1992 bis 1993 erhielten die Kinder Deutschunterricht in reinen Flüchtlingsklassen. Seit dem Herbst 1993 werden die bosnischen Flüchtlingskinder, soweit es ihre Deutschkenntnisse zulassen, in österreichische Schulklassen integriert.

Die Teilnahme am Unterricht, die Möglichkeit, wieder regelmäßig und etwas Neues zu lernen (zunächst die deutsche Sprache), kann ebenfalls eine stabilisierende Funktion haben. Denn die Kinder werden vor eine Aufgabe gestellt, deren Sinn und Nutzen sie unmittelbar erfahren, da das Beherrschen der deutschen Sprache die Lebensumstände in vielen Situationen erleichtert. Weiters sind mit dem Schulbesuch auch Hoffnungen verknüpft, da mit der schulischen und beruflichen Bildung ein Weg geboten wird, sich eine Zukunft aufzubauen, unabhängig davon, ob sie zukünftig im Gastland bleiben werden, oder ob eine Rückkehr in ihr Herkunftsland möglich ist (vgl. Neumann U., 1995, S. 110).

Durch die Schule und die daraus resultierenden besseren Sprachkenntnisse sind die Kinder wesentlich mehr und vor allem zu einem früheren Zeitpunkt integriert als ihre Eltern.

So konnte ich in meiner Untersuchung sehr große Unterschiede bezüglich der Deutschkenntnisse zwischen Eltern und Kindern feststellen. Über drei Viertel der Kinder, aber nur ein Drittel der Eltern beherrschten zum Zeitpunkt der Untersuchung die deutsche Sprache relativ gut. Die restlichen Eltern hatten zu diesem Zeitpunkt keinerlei beziehungsweise, nur sehr mangelhafte Deutschkenntnisse.

c) Aufgaben der Kinder – Überforderung?

Die oben beschriebene Situation führt häufig dazu, daß die Kinder Aufgaben ihrer Eltern bzw. Erwachsenenfunktionen übernehmen. Am Beispiel bosnischer Flüchtlingsfamilien konnte ich feststellen, daß ein Großteil der Eltern auf die Sprachvermittlung bzw. Übersetzungshilfen durch ihre Kinder angewiesen waren.

Dies führte dazu, daß fast alle Kinder für ihre Familienmitglieder in sehr vielen und unterschiedlichen Situationen die Tätigkeit eines Dolmetschers übernehmen. Denn auch bei jenen Kindern, die nur über sehr mangelhafte (schlechte) Deutschkenntnisse verfügten, waren diese meist wesentlich besser als die ihrer Eltern.

So begleiten die Kinder ihre Eltern auf die verschiedenen Ämter; übernehmen oft die Funktion der „Arbeits – Vermittlung"; begleiten ihre jüngeren Geschwister in die Schule, den Kindergarten und zum Arzt; gehen mit Eltern und Großeltern einkaufen; oder sie werden gerufen, um Telefonate für die Familie entgegen zu nehmen.

Als Ergebnis meiner Untersuchung konnte ich feststellen, daß drei Viertel dieser Kinder die Dolmetscherfunktion oft beziehungsweise zumindest manchmal als unangenehm empfinden.

Diese Aussagen sind deutliche Hinweise auf eine massive Überforderung der Kinder durch diese Tätigkeit.

Akpinar et al. berichtet bei Kindern ausländischer ArbeitnehmerInnen in der BRD von einer Umkehrung des Erziehungsverhältnisses, wenn zum Beispiel die Kinder versuchen, ihren Eltern die Normen der neuen Gesellschaft zu vermitteln. Nach Ansicht des Autors tritt dies vor allem dann auf, wenn die Kinder als Dolmetscher für die ganze Familie tätig sind. Durch diese Tätigkeit erfahren die Kinder die Unmündigkeit ihrer Eltern (vgl. Akpinar, 1980, S. 29).

Als Folge dieser Dolmetscherfunktion übernehmen die Kinder immer mehr Aufgaben und Pflichten für die gesamte Familie, bzw. sie werden ihnen zugeteilt. Viele der Eltern sind sich aufgrund ihrer eigenen traumatischen Erfahrungen und der daraus entstehenden schwer zu bewältigenden Lebenssituation oft nicht bewußt, daß sie ihre Kinder mit diesen Aufgaben massiv überfordern. So glauben auch nur ca. ein Drittel der Eltern, daß ihre Kinder die Dolmetschertätigkeit als unangenehm empfinden.

Vor allem in der ersten Zeit des Exillebens dient das Kind als Vermittler zur Außenwelt und somit als Vermittler zwischen zwei unterschiedlichen Sozialisationsfeldern. Das Kind übernimmt Aufgaben und Pflichten, mit denen es alters- und entwicklungsmäßig überfordert ist, indem es als Übersetzer von den Eltern eingesetzt wird, um zum Beispiel bürokratische Probleme zu lösen (vgl. Velozo R., 1988, S. 70). Als Folge davon entwickeln die Kinder oft ein gesteigertes Verantwortungsgefühl gegenüber ihren Familien. Sie fühlen sich für das Wohl ihrer Eltern und Geschwister verantwortlich und übernehmen die sorgende Rolle.

Besonders deutlich wird dies dadurch, daß jene Kinder, welche oft für ihre Familien die Tätigkeit eines Dolmetschers übernehmen, sich von Kindern, die dies nie beziehungsweise nur manchmal tun, insofern unterscheiden, als sie diese Tätigkeit als besonders unangenehm empfinden, sie ein höheres Verantwortungsbewußtsein für ihre Geschwister beziehungsweise die meiste Angst um ihre Geschwister haben und sich die größten Sorgen um ihre Familien machen.

Diese Aussagen könnten auch ein Hinweis dafür sein, daß die Kinder durch ihre Dolmetschertätigkeit die Unsicherheit, Ängstlichkeit beziehungsweise auch die Unmündigkeit ihrer Eltern erfahren, was wiederum dazu führt, daß sie in vielen Bereichen deren Rolle übernehmen. Diese Annahme wird dadurch verstärkt, daß die Kinder, je länger sie in Österreich leben desto häufiger auf ihre Geschwister aufpassen müssen.

Dazu folgende Situation: Am 2. 9. 1994 befand ich mich mit einer Gruppe bosnischer Kinder auf einem Ausflug.

Almira 9 Jahre: „Ich muß telefonieren. Ich muß die Frau anrufen, bei der meine Mama putzen geht. Meine Mama ist nämlich krank, und ich muß bei dieser Frau anrufen und ihr sagen, daß meine Mama heute nicht kommen kann."

Auf meine Frage, wieso ihre Mutter nicht selbst anruft, antwortete Almira:
*„Nein, nein das kann meine Mama nicht, das ist zu schwer, das mit dem
deutsch Sprechen."*
Während des ganzen Tages versuchte Almira vergeblich, die Arbeitgeberin
ihrer Mutter telefonisch zu erreichen. Das Mädchen war sehr nervös und
beunruhigt, da es die an sie gestellten Anforderungen nicht erfüllen konnte.
Mit diesem Beispiel soll verdeutlicht werden, unter welchem psychischen
Druck sich Kinder in solchen Situationen befinden können. Einerseits fühlt
sich Almira für ihre Eltern und deren Anliegen verantwortlich, andererseits
leidet sie unter der Tatsache, den Ausflug mit den anderen Kindern nicht
unbeschwert genießen zu können.
Barudy G. (1993, S. 30) spricht in diesem Zusammenhang von einem Prozeß, den er „vorzeitiges Altern" nannte. Die Kinder mußten Rollen und Aufgaben von Erwachsenen übernehmen, den alleingebliebenen Elternteil
unterstützen und sich der kleineren Geschwister annehmen (Eltern von
Geschwistern werden). Andererseits besuchen Kinder im entsprechenden
Alter weiter die Schule. Dies führt zu Konflikten zwischen den Wertvorstellungen und Lebensrealitäten der Familie und dem jeweiligen gesellschaftlichen Umfeld des Aufnahmelandes (vgl. Barudy, 1993, S. 31).
Die Übernahme der Elternrolle führt aus den bereits genannten Gründen
häufig dazu, daß die Kinder das bleibende Gefühl haben, ihre Eltern (bzw.
einen Elternteil) schützen zu müssen, sie vor Enttäuschungen und Verletzungen zu bewahren. Beim Anblick von Trauer, Kummer und Schuldgefühlen der Eltern fühlen sich die Kinder oft machtlos und gleichzeitig auch
schuldig: was immer sie auch für ihre Eltern tun, es ist nie genug, um die
Leiden wettzumachen (vgl. JAGGZ, 1991, S. 5).
*„Ich habe meine Mutter so sehr leiden sehen, daß ich nicht mehr weiß,
was tun, damit sie nicht so sehr leidet, und so mach ich mir noch mehr
Sorgen"* (zit. nach Becker D., 1992, S. 115).

In bezug auf diese Äußerung spricht Becker (s. o.) von einer verzweifelten
Abwehr gegen eine furchtbare äußere Wirklichkeit. Die Wut und Verzweiflung kann sich nicht nach außen richten, sondern muß, wenn es ein Wei-
terleben geben soll, innerpsychisch ausgetragen werden. Als Folge kommt
es häufig auch zu einer lang anhaltenden Depression, zu Verwirrungen und
zu Überlegungen, welche die Situation oft verschlimmern.
Akpinar et al. (1980) sprechen bei ausländischen Kindern von einer psychischen Dauerüberforderung: „Die Migration mit ihrer Veränderung der
kulturellen, ökologischen und sozialen Umwelt einerseits, und die Diskre-
panz zwischen familiärer und gesellschaftlicher Erfahrung sowie die Konfrontation mit den recht divergierenden Normen und Erwartungen der verschiedenen Lernfelder andererseits wirken sich bei ausländischen Kindern

und Jugendlichen negativ auf den Erwerb der notwendigen Handlungs-fähigkeit aus" (zit. s. o., S. 67).

Auch Herzka (1989, S. 31)[4] spricht davon, daß die Verfolgung für jedes Kind und jeden Jugendlichen eine totale psychophysische Überanstren-gung und Überforderung darstellt. Vor allem von Seiten der Eltern werden sehr viele Erwartungen in das Kind gesetzt, da dieses das Leben vor der Verfolgung mit der Gegenwart und der Zukunft verbindet.

Die Eltern wollen nun für ihre Kinder das Beste schaffen:

– Sie sollten es besser haben, weil sie es schlecht hatten;
– Sie sollten fröhlich sein, weil sie deprimiert waren;
– Sie sollten durch ihre Freude das geben, was sie selbst verloren hatten: Lebensfreude, Sinn und Halt.

Nach Herzka (1989, S. 48) stellen die elterlichen Botschaften, welche mit verschiedenen Aufträgen und Erwartungen einhergehen, gleichsam einen Versuch der Eltern dar, sich selbst zu heilen, wobei sie die Kinder unbe-wußt als Mittel zu ihrer psychischen Genesung einsetzen. Diese Aufträge und Erwartungen waren in erster Linie: Die Kinder sollten für die Eltern die Brücke zum Leben sein; sie sollten als Symbol des Sieges über die Verfol-gung fungieren; die traumatischen Erlebnisse annulieren; sie sollten die Ermordeten ersetzen; sie sollten das Leben der Eltern mit Sinn erfüllen und es einer neuen Dimension aufschließen. Die Kinder haben oft keine andere Wahl, als dieses symbiotische Bündnis mit ihren Eltern einzugehen. Sie fühlen sich verpflichtet, deren Wünsche und Erwartungen zu erfüllen, was vor allem auch durch die eigenen Schuldgefühle verstärkt wird.

Den meisten Eltern ist aber nicht bewußt, daß die Wünsche, die sie für ihre Kinder hegen, gleichzeitig mit Forderungen (s. o.) verbunden sind (vgl. Herzka, 1989, S. 38). Denn die oft an Perfektionismus grenzenden Erwar-tungen der Eltern überfordern die Kinder und versetzen sie in unmittelbare Situationen mit „double-bind Charakter" – was immer sie auch tun, sie werden den Anforderungen und Erwartungen ihrer Eltern nie gerecht wer-den.

Die Tatsache, daß viele Eltern auf die Übersetzungshilfen ihrer Kinder angewiesen sind, führt oft zu Situationen, in denen die Eltern ein Gefühl der Unterlegenheit gegenüber den Kindern haben. Konflikte innerhalb der Familie sind vorprogrammiert. Die Eltern fühlen sich in der Erziehung bzw. auch in der Beziehung zu ihren Kindern verunsichert und ängstlich, inkon-sequente Erziehungsmaßnahmen sind häufig die Folge (vgl. Bohrn K., 1982).

All diese Faktoren wirken zusätzlich belastend auf die psychische Befind-lichkeit von Flüchtlings- und Migrantenkinder, so daß das Kind häufig nicht

---

4 Diese Aussagen basieren auf Untersuchungen von KZ-Überlebenden.

in der Lage ist, die Situation mit problemorientierten Lösungen zu bewältigen. Laut Akpinar et al. (1980) führen die bereits genannten widersprüchlichen Anforderungen und die gesellschaftliche Benachteiligung bei ausländischen Kindern zu einer Überforderung bei der Bewältigung von Problemen:

„Einerseits versuchen ausländische Kinder und Jugendliche, die Widersprüchlichkeit der differierenden Verhaltenserwartungen und Dauerüberforderung durch aggressives Verhalten, psychomotorische Überaktivität oder durch oppositionelles Verhalten gegenüber dem Elternhaus bis zur Verleugnung der nationalen Identität zu kompensieren. Andererseits richten sich die Frustrationen vor allem als resignierte Schuldgefühle gegen die eigene Person und führen zu einem ängstlichen Verhalten: Aggressivität in diffuser und versteckter Form wendet sich gegen sie selbst und weniger gegen die soziale Umwelt" (Akpinar et al., 1980, S. 68).

Der unter einem dauerndem Provisorium verlaufende Sozialisationsprozeß beeinflußt somit die gesamte Persönlichkeitsentwicklung der Kinder (vgl. Hoffmann-Nowotny, 1973, S. 176). Aufgrund der umfassenden, intensiven und permanenten psychischen Belastungen ist dieser Prozeß häufig mit einer Überforderung der individuellen Anpassungskapazität verbunden. Als Folge ergeben sich die bereits oben erwähnten Probleme im psychosozialen-, emotionalen- und Persönlichkeitsbereich.

In der folgenden Tabelle gebe ich eine Übersicht über mögliche Einflußfaktoren und Konfliktfelder, von denen Flüchtlingsfamilien betroffen sind. Dadurch sollen die spezifischen Schwierigkeiten, die sich für die einzelnen Familienmitglieder und vor allem für die Flüchtlingskinder unter dem Einfluß von Krieg, Flucht und Exil ergeben, besser ersichtlich werden (s. Seite 102):

Bei all diesen innerfamiliären Belastungen wird häufig auch vergessen bzw. verdrängt, daß die Kinder auch eigene traumatische Flucht- und Kriegsereignisse erlebt haben. Aus Gesprächen und Erzählungen Betroffener ist bekannt, daß auch viele der bosnischen Flüchtlingskinder, welche sich zur Zeit in Österreich befinden, Zeugen von Folter, Mord, Vergewaltigung und Zerstörung wurden.

Adnan (12 Jahre) befindet sich seit neun Monaten im Lager und besucht dort regelmäßig die Kindergruppe[5]. Nachdem A. in den Stunden davor unkoordinierte Aggressionen gegen Spielmaterial und Kinder gezeigt hatte, berichtet er erstmals über seine Fluchterlebnisse. Von Weinkrämpfen unterbrochen erzählt er, daß er gemeinsam mit seinen Eltern in einem Autobus die Flucht angetreten hat. Der Bus wurde von Granaten getroffen, A. mußte mitansehen, wie Mitflüchtende verbluteten.

---

5 Diese Ausführungen basieren auf den praktischen Erfahrungen des Projektes „Psychologische Betreuung bosnischer Flüchtlingskinder in einer Spielgruppe" vom Jahre 1992–1994.

Konfliktbereiche:	Innerfamiliäre Situation:	Intrapersonelle Situation:
Lebenssituation	Spannungen durch: katastrophale Wohnsituation im Flüchtlingslager, fehlende Intimität und Privatsphäre, räumliche Situation führt häufig zu innerfamiliären Kommunikationsstörungen, Fehlen wichtiger außerfamiliärer Bezugsgruppen – absolute Isolation	Verlust von Selbstverantwortung und Handlungsfähigkeit der Eltern durch die Lagerorganisation, allgemeine Unzufriedenheit und Überbelastung, Leben im ständigen Provisorium
Beruf/Schule	Arbeitslosigkeit bzw. unterqualifizierte Beschäftigungsmöglichkeiten führen zu starken innerfamiliären Konflikten. Für die einzelnen Familienmitglieder gibt es unterschiedliche Zugänge zu außerfamiliären Institutionen, Kommunikationsschwierigkeiten führen zu Diskriminierung	Autoritätsverlust der Eltern durch innerfamiliäre Rollenveränderungen, Überforderung der Kinder durch mehr Verantwortung und durch die Übernahme verschiedener Tätigkeiten, allgemeine Unzufriedenheit, Gefühl der Eltern, versagt zu haben.
Flüchtlingsfamilie/ Aufnahmegesellschaft (Bikulturalität)	Innerfamiliäre Konflikte wie z. B. Generations- und Autoritätskonflikte als Folge der Konfrontation von familiärer Kultur (des Herkunftslandes) und der Kultur des Aufnahmelandes), unsichere Zukunftsperspektiven und Bleibestatus (rechtlich) behindern die Integrationsbereitschaft der Flüchtlinge.	Krisen des gesamten Identitäts- und Beziehungsgefüges der Betroffenen, massive Konflikte der Kinder

Auf dem Weg in den schützenden Wald mußte er an Leichen vorbei (Zitat: „... es lag ein Mann auf der Straße, der hatte keinen Kopf, der lag 10 m weiter. Die Kinder hier wissen nicht, was Krieg ist, aber ich weiß es, wie das aussieht, ein Mann ohne Hände und Kopf"). Im Wald versteckte sich A. hinter einem Baum. Durch einen Knall aufgeschreckt sah er, daß die Frau neben ihm von einer Granate in den Rücken getroffen worden war. A. setzte dann seine Flucht mit den Eltern auf einem Lastwagen fort. Rufad war gerade 7 Jahre alt, als er unter Gewaltanwendung gezwungen wurde, gemeinsam mit seinen beiden Brüdern, 9 und 10 Jahre, die Vergewaltigung seiner Mutter mitanzusehen.
Almira war ein sehr blasses, schüchternes 12jähriges Mädchen, welches immer von den anderen Kindern „gehänselt" wurde, da sie panische Angst davor hatte, alleine über Treppen zu gehen. Erst nach Monaten war es Almira möglich, uns zu erzählen, warum sie solche Angst vor Treppen hatte: Bei ihrer Flucht mußte sie gemeinsam mit ihrer Familie aus dem zweiten Stock des Hauses über eine sehr hohe und steile Leiter in die Tiefe steigen. Soldaten standen vor dem Haus, und drohten die Familie zu erschießen.

Mit diesen Beispielen will ich verdeutlichen, wie wichtig es ist, daß andere Personen (Lehrer, Erzieher oder Betreuer) die Aufgabe übernehmen müssen, den Kindern wieder Sicherheit, Vertrauen und Orientierung zu geben, wenn die Eltern aufgrund ihrer eigenen Erlebnisse nicht die Kraft haben, dem Kind eine stabilisierende „Rettungsinsel" zu sein.

Denn auch die Kinder, müssen ebenso wie die Erwachsenen die Möglichkeit bekommen sich mit den traumatischen Erlebnissen auseinandersetzen zu können, um in der Folge einen jeweils individuellen Weg zu finden, mit dem Erlebten leben zu können.

Die besonderen Schwierigkeiten der Kinder im Umgang mit traumatischen Erlebnissen beschreibt Becker D. (1992) folgendermaßen:

„Kinder, vor allem kleinere Kinder, können sich traumatisches Geschehen nicht mit sozialpolitischen Kategorien erklären: denn entweder werden die traumatischen Vorgänge dem Kind unter Verzicht auf sozialpolitische Kategorien erklärt, d. h. sie werden nicht wirklich aufgeklärt, was zu bereits erwähnten pathologischen Konsequenzen führt; oder aber die sozialpolitischen Kategorien werden eingeführt, sind aber dem Alter des Kindes wenig angemessen und machen es zu einem kleinen Erwachsenen, und das hat seinen hohen, meist pathogenen Preis. Kinder sollten sich, – ihrem Alter und Entwicklungsstand angemessen – der Realität annähern können, ohne sie verleugnen zu müssen. Das ist allerdings in den seltensten Fällen möglich" (zit. nach Becker D., 1992, S. 159).

Laut UNICEF-Informationen sind 500000 Kinder aus Bosnien – Herzegovina auf der Flucht bzw. 2 von 3 bosnischen Kindern haben ihr Elternhaus verloren.

Eine Umfrage der UNICEF[6] unter bosnischen Flüchtlingskindern in Kroatien vom Winter 1992/93 brachte folgende Ergebnisse:
- fast jedes Kind hatte Kriegshandlungen erlebt
- jedes zweite Kind befand sich in lebensbedrohlichen Situationen
- jedes zweite Kind berichtete, sein Elternhaus sei im Krieg zerstört worden
- 15 % sahen im Krieg Menschen sterben
- 12 % waren Augenzeugen von Folterungen, Schlägen oder Morden
- als Folge dieser Erlebnisse zeigte jedes dritte bosnische Kind starke Streßsymptome.

„Überall, wo Kriege wüten und Verfolgung und Unterdrückung herrschen, sind Kinder die beklagenswertesten, weil wehrlosesten, verletzlichsten und empfindsamsten Opfer. Ergebnisse des Schreckens pflanzen für das

---

6 Quelle: UNICEF – Bericht (1993). Informationsbroschüre: Traumatisierte Kinder. Deutsches Komitee für UNICEF: Köln.

ganze Leben Angst und Verzweiflung in ihre Seelen" (zit. Lüthje J., 1993, S. 2).

Da Kriegserlebnisse das Weltbild der betroffenen Kinder nachhaltig prägen, beeinflussen sie im weiteren die Lebenseinstellung und das Selbstbild sowie die Vorstellungen von Kindern über zwischenmenschliche Beziehungen. Langzeitfolgen prägen das ganze weitere Leben der betroffenen Kinder.

Adnan, Rufad, Almira und alle anderen Kinder werden ihre schrecklichen Erlebnisse wahrscheinlich nie ganz „vergessen" können, aber ich hoffe, daß sie lernen, mit dem Erlebten zu leben und daß sie auf Menschen treffen, die ihnen dabei helfen, die ihnen zeitweise Ruhe, Sicherheit und Geborgenheit bieten können und ihnen die Mehrfachbelastung: Ansprüche der Eltern und eigene Kriegserlebnisse etwas abnehmen können, zusammengefaßt: die ihnen zeitweise einen Ort bieten, wo sie einfach „Kind" sein können.

Literatur

Akpinar, Ü. et al. (1980): Pädagogische Arbeit mit ausländischen Kindern und Jugendlichen: Bestandsaufnahme und Praxishilfen. München: Juventa-Verlag.

Barudy, G. (1993): Organisierte Gewalt und therapeutische Modelle: der therapeutische Wert von Solidarität, Gerechtigkeit. In Peltzer; Diallo (Hrsg.): Die Betreuung und Behandlung von Opfern organisierter Gewalt im europäisch-deutschen Kontext (S. 15–45). Frankfurt/Main: IKO-Verlag für interkulturelle Kommunikation.

Becker, D. (1992): Ohne Hass keine Versöhnung: Das Trauma der Verfolgten. Freiburg (Breisgau): Kore Verlag GmbH.

Bohrn, K. (1982): Folter, Flucht und Exil. Zur Problematik lateinamerikanischer Flüchtlinge und ihrer Kinder in Österreich. Eine psychosoziale Untersuchung. Univ. Wien: Dissertation an der Grund- und Integrativwissenschaftlichen Fakultät.

Gebauer, S. (1993): Soziokulturelle Konflikte von Asylbewerberinnen in der Bundesrepublik Deutschland. Zentrale Dokumentationsstelle der Freien Wohlfahrtspflege für Flüchtlinge e. V. (ZWDF) – Schriftenreihe Nr. 21. Bonn.

Herzka, H. S.; Schuhmacher, A. V.; Tyrangiel, S. (1989): Die Kinder der Verfolgten: Die Nachkommen der Naziopfer und Flüchtlingskinder heute. Göttingen: Verlag für Medizinische Psychologie im Verlag Vandenhoeck & Ruprecht.

Hoffmann-Nowotny, H. J. (1973): Soziologie des Fremdarbeiterproblems. Stuttgart: Enke-Verlag.

JAGGZ (1991): Kinder der Opfer von Verfolgung, Gewalt und Kriegsterror: Über die psychischen Probleme, mit denen Kinder der Opfer von Verfolgung und Kriegsterror zu tun haben können. Eine Ausgabe der Jüdischen ambulanten psychiatrischen und psychosozialen Fürsorge in den Niederlanden.

Lüthje, J. (1992): Kinder in Krieg und Verfolgung. Hamburg, unveröff. Manuskript am Kongreß „Children, war and persecution" vom 26.-29. 09. 1992 in Hamburg.

Nauck, B. (1985): Arbeitsmigration und Familienstruktur: Eine Analyse der mikrosozialen Folgen von Migrationsprozessen. Frankfurt/Main, New York: Campus Verlag.

Neumann, U. (1995): Die Bedeutung von schulischer Bildung für Flüchtlingskinder. In Cropley, A. J. et al. (Hrsg): Probleme der Zuwanderung. Band 2: Theorien, Modelle und Befunde der Weiterbildung (S. 104–113). Göttingen: Verlag für Psychologie.

UNHCR-Bericht (1993): Flüchtlinge: Kinder. Oktober 1993. UNHCR ACTION: Genf.

UNICEF-Bericht (1993): Informations – Broschüre: Traumatisierte Kinder. Deutsches Komitee für UNICEF: Köln.

Velozo, R. (1988): Psychosoziale Situation der spanischen (ausländischen) Arbeiter in der BRD. In Morten, A. (Hrsg.): Vom heimatlosen Seelenleben; Entwurzelung – Entfremdung – Identität; der psychische Seilakt in der Fremde (S. 59–72). Bonn: Psychiatrie-Verlag.

Williams, H. A. (1990): Families in Refugee Camps. In Human Organization. University of Oxford: Refugee Studies Programme (RSP) Documentation.

ZEBRA-Bericht (1990). Zentrum zur sozialmedizinischen, rechtlichen und kulturellen Betreuung von Ausländern und Ausländerinnen in Österreich (Hrsg.) Ene, mene, mu, drauß bleibst du: Die österreichische Asylpolitik seit 1985. Graz.

Psychotherapeutische Arbeit mit Folter- und Kriegsüberlebenden

Barbara Preitler

„Wer der Folter erlag, kann nicht mehr heimisch werden in der Welt. Die Schmach der Vernichtung läßt sich nicht austilgen. Darüber blickt keiner hinaus in eine Welt, in der das Prinzip Hoffnung herrscht. Der gemartert wurde, ist waffenlos der Angst ausgeliefert." Mit dieser Beschreibung von Folter charakterisiert Jean Amery seine persönlichen Erfahrungen. 1943 war er von der Gestapo verhaftet und gefoltert worden. 1977 – also über 30 Jahre nach dem erlittenen Trauma durch Folter und Konzentrationslager beging er Selbstmord. Er konnte nicht mehr heimisch werden in dieser Welt.

In Österreich sind wir, 50 Jahre nach dem Ende der nationalsozialistischen Diktatur, mit dem Phänomen der Folter vor allem durch Flüchtlinge, die hier um Asyl ansuchen, konfrontiert; also durch Menschen, die – wenn wir uns an Jean Amerys Definition halten –, doppelt heimatlos sind.

Verfolgung durch den Staat, weil die politische Anschauung, die Religion, die Volkszugehörigkeit nicht gepaßt hat, wurde für sie in der schlimmsten Form zur Realität: Folter hat die Vernichtung des Menschen zum Ziel, ohne ihn deswegen unbedingt zu töten.

Wer dies überlebt hat, und wem danach die Flucht gelungen ist, braucht eine neue Heimat, braucht Menschen, die fördern und nicht vernichten. Die Belastung, die nach der Folter auf dem Leben der Betroffenen liegt, ist oft schon nicht mehr zu tragen – eine Mehrbelastung schier unerträglich.

Dennoch: In Österreich erleben sie als Flüchtlinge zuerst einmal überbelegte Lager, Ungewißheit, langwierige Bürokratie, lange Wartezeiten, Formulare in einer fremden Sprache, Mißtrauen und oft wieder Gefängnis in Form von Schubhaft. Die traumatischen Erfahrungen, die sie zur Flucht gezwungen haben, können in dieser unsicheren Lebenssituation nicht bewältigt werden – im Gegenteil, sie müssen die zusätzliche – sekundäre – Traumatisierung, heimatlos und unerwünscht in einem fremden Land zu sein, bewältigen.

Die unsichere Situation der Asylsuchenden bedeutet für alle Betroffenen eine große psychische Belastung. Normale Formen der Bewältigung, wie sie in der Zeit vor der Traumatisierung und Flucht erlernt und erprobt wurden, reichen oft nicht mehr aus – dies gilt im besonderen Maß für Menschen, die Folter überlebt haben.

1. Die psychologische Wirkung von Folter

Obwohl die Menschen, die diesem Schicksal ausgeliefert waren, aus verschiedenen Ländern und Kontinenten stammen, die Gründe für die Folter vielfältig waren und die Formen der Mißhandlungen sehr unterschiedlich gewesen sind, können gemeinsame Kriterien, wie Folter auf physischer und psychischer Ebene wirkt, definiert werden.

Eine Arbeitsgruppe um den amerikanischen Psychiater Lawrence Hartmann (1993) hat sechs spezifische Kriterien zusammengefaßt. Ausgehend von diesen Kriterien kann die Foltersituation und die Folgen, die darüber hinaus für den Gefolterten entstehen, verstanden werden.

1.1 Asymmetrische Beziehung

Die absolute Asymmetrie der Beziehung zwischen Folterer und Gefolterten ist durch die absolute Macht des Folterers gegenüber der absoluten Hilf- und Wehrlosigkeit geprägt.

„Ich habe auch nicht vergessen, daß es Momente gab, wo ich der folternden Souveränität, die sie über mich ausübten, eine Art von schmählicher Verehrung entgegenbrachte. Denn ist nicht wer einem Menschen so ganz zum Körper und wimmernder Todesbeute machen darf, ein Gott oder zumindest Halbgott? ... Staunend hat der Gefolterte erlebt, daß es in dieser Welt den anderen als absoluten Herrscher geben kann, wobei Herrschaft sich enthüllt als die Macht, Leid zuzufügen und zu vernichten" (Amery, 1977).

1.2 Anonymität

Die Anonymität besteht auf beiden Seiten. Der Gefolterte weiß nicht, wer sein Folterer ist, und der Folterer kennt sein Opfer nicht. Er weiß nur, daß es sich um einen `Feind´ handelt, der zerstört werden muß.

Verstärkt wird dies oft damit, daß dem Gefolterten die Augen verbunden werden und eine so einfache Kommunikationsmöglichkeit, wie sie Blickkontakt darstellt, nicht möglich ist. Der Gefolterte sieht seinen Peiniger nicht, dieser hingegen sieht einen Menschen, dessen Gesichtszüge teilweise oder ganz verdeckt sind.

1.3 Double bind Situation

Diese Situation kann sich in zwei Formen zeigen:
Der Gefolterte wird vor unmögliche Alternativen gestellt, wie z. B. zu Tode zu leiden oder seine Freunde zu verraten; Informationen preiszugeben oder der Vergewaltigung der Frau oder Tochter zusehen zu müssen.
Er erleidet bei jeder der gestellten Alternativen den Tod: Stirbt er nicht physisch, so trifft er eine Entscheidung, die auf jeden Fall falsch ist und tötet damit einen Teil seiner eigenen Identität – in diesem Beispiel als Familienvater oder als Kamerad – und damit einen Teil seines Selbstwertes.
Eine andere Form der Double bind Situation besteht darin, daß sich die Folterer die Rollen des 'Guten' und des 'Bösen' darstellen. Während ein Folterer mißhandelt, ist ein anderer fürsorglich, rügt den anderen wegen seiner Brutalität etc. – der Gefolterte der aufgrund seines Hasses und seiner Wut dem Peiniger widerstanden hat, kann dem 'guten' Menschen im Verhör nicht mehr widerstehen. Ein Geständnis, das in einer solchen Situation abgelegt worden ist, bedeutet später meist große Schuldgefühle und ebenfalls den Verlust des Selbstwertgefühls.

1.4 Falschheit und Lüge

Falschheit und Lüge sind fast immer wesentliche Bestandteile der Folter.
Diese reichen von der Verfälschung der äußeren Bedingungen wie ständige Dunkelheit oder ständiges helles Licht bis hin zu Scheinexikutionen.
Sogar das Ende der Folter kann davon gekennzeichnet sein, wenn Gefolterte bei der Entlassung unterschreiben müssen, daß sie in der Haft gut behandelt worden sind.
Ein Neubeginn nach dieser Zeit ist wesentlich erschwert, selbst einfache Formen der Orientierung (wie z. B. Bewegung in Räumen, die nicht durch Gitter oder Mauern begrenzt sind; Wahrnehmung zeitlicher Abläufe ...) sind behindert und die Reflexion des Foltergeschehens und die Folgen für die eigene Persönlichkeit dadurch schier unmöglich.

1.5 Änderung von Bedeutung

Dieser Punkt knüpft unmittelbar am oben gesagten an: Raum und Gegenstände erhalten eine andere Bedeutung: Wasser ist nicht mehr lebensspendendes Getränk, sondern ein Foltermittel durch Beinahe-Ertrinken; das Bett ist nicht mehr ein Ort der Ruhe und Liebe, sondern ein Instrument für Elektrofolter und Vergewaltigung; und auch der Körper anderer Menschen, der Folterer, wird zur tödlichen Bedrohung.

Die Intimität zwischen zwei Personen ist bei der Folter vergleichbar mit der Intimität der Liebe, aber während diese ein Ausdruck des Lebens und der Nähe zwischen Menschen ist ist Folter eine Form des Todes und der Zerstörung.

1.6 Zeit

Der normale Zeitbegriff wird in der Folter außer Kraft gesetzt. Ein Ende der Folter ist für den Gefolterten nie absehbar, er fühlt sich der Tortur endlos ausgeliefert. Auch wenn er in seiner Zelle ist, kann er sich nie sicher fühlen – er ist für die Folterer immer verfügbar (vgl. Hartmann, 1993).
Bruno Bettelheim, der selbst ein Jahr in den Konzentrationslagern Dachau und Buchenwald inhaftiert war, fand den Begriff `Traumatisierung´ als nicht hinreichend genug, um die psychische Belastung der Menschen in den Konzentrationslagern zu beschreiben und prägte daher die Begriffe `Extremsituation´ und `extreme Traumatisierung´.
„Am bezeichnensten an dieser Situation war ihre Unausweichlichkeit, ihre ungewisse Dauer (mit der Aussicht, ein ganzes Leben lang zu dauern), die Tatsache, daß nichts an ihr vorhersagbar war und daß dieser nichts dagegen unternehmen konnte. Diese Erfahrung war so ungewöhnlich, daß ich einen neuen Begriff brauchte, um sie zu beschreiben. Ich wählte den Begriff ‚Extremsituation‘" (Bettelheim, 1980).
Folter ist ein Angriff auf das normale Denken und auf den entscheidungstragenden Teil des Bewußtseins. Durch die – von Menschen zugefügte – Qual, die jenseits der schlimmsten Erfahrungen und Erwartungen in mitmenschlichen Beziehungen liegt, wird das Bewußtsein verwirrt, die Identität des erwachsenen, selbständigen Menschen ist kaum mehr aufrechtzuerhalten (vgl. Amati, 1993).
Um diese Situation psychisch überleben zu können, bedarf es massiver Abwehrmechanismen. David Becker, der als Psychoanalytiker in Chile arbeitet, spricht in diesem Zusammenhang nicht mehr von ‚psychischer Abwehr‘ sondern von ‚Überlebensmechanismen‘ (vgl. Becker, 1992).
Die zu beobachtende Reaktion der Folterüberlebenden gleicht den Phänomenen von Psychopathologien, aber:
„Pathologische Reaktionen sind nicht nur krankhafte Reaktionen, sondern immer auch Versuche, um einer kränkenden Situation zu entkommen bzw. um sie zu überleben. Es ist die krankmachende Situation, ihre Charakteristika und die Art und Weise, wie sie vom Individuum erfahren wird, die den Modus der Abwehr bestimmen … Extrem ist die Wirklichkeit der Diktatur, und entsprechend extrem sind auch die Abwehrmechanismen" (Becker, 1992).

Typische Formen der Abwehr- oder Überlebensmechanismen, die während der Unterdrückung und danach wirksam sind, können sein:
– Verleugnung und Verdrängung des Geschehenen
– Abspaltung der damit verbundenen Gefühle, wie Angst und Scham (vgl. Becker, 1992)
– Auslöschung der Gefühle
– Identifizierung mit dem Angreifer (vgl. Bettelheim, 1980).

Die Form der Verarbeitung und Abwehr und deren pathologische Dimension sind individuell verschieden. Bettelheim (1980) sieht aber drei entscheidende Faktoren:
1. Es besteht ein enger Zusammenhang zwischen der prätraumatischen Situation (dem Leben vor der Extremtraumatisierung) und dem Verhalten in und nach der Folter- oder/und Lagersituation;
2. Wenn der Betroffene eine gewisse Logik in dem, was ihm geschieht erkennt (z. B. aufgrund der Parteizugehörigkeit war Verhaftung und Folter zu erwarten), so kann in einer extremen Situation wie Folter psychische Orientierung erhalten bleiben;
3. Das politische oder religiöse Bewußtsein stellt eine große Hilfe bei der Bewältigung der Trauma dar (vgl. Bettelheim,1980).

2. Psychotherapie mit Gefolterten im Exilland

Die Folgen der Gewalt wirken, wenn der Gefolterte überlebt, oft weit über die eigentliche Zeit der Folter nach und können das gesamte weitere Leben langfristig schwer beeinträchtigen.
Wenn jemand nach einer solchen extremtraumatischen Erfahrung um Hilfe bittet, braucht er diese so bald und so umfassend wie möglich.
Psychologische und psychotherapeutische Betreuung sollte dementsprechend im Kontext mit sozial-rechtlicher und medizinischer Beratung angeboten werden.

2.1 Psychotherapie im Kontext sozialer und rechtlicher Beratung

In Westeuropa sind Personen, die in jüngerer Zeit eine extremtraumatische Erfahrung aufgrund von struktureller Gewalt erleben mußten, meist Flüchtlinge. Ihr Alltag im Asylland ist geprägt von einer fremden Sprache und einer fremden Kultur, in der sie sich erst zurechtfinden müssen und oft auch von dem Gefühl, hier unerwünscht zu sein. Sie leben in ständiger Angst vor Abschiebung und rassistischen Übergriffen, müssen die

Schwierigkeiten in beengten Lagern meistern, haben keine Arbeitsbewilligung etc.

Die soziale Situation, in der die KlientInnen leben, hat großen Einfluß auf die Themen der psychotherapeutischen Sitzungen und in vielen Fällen wird eine psychische Aufarbeitung der traumatischen Erlebnisse im Heimatland dadurch unmöglich. Im Vordergrund stehen die Probleme, die den Alltag beherrschen und Ziel der psychologischen oder psychotherapeutischen Betreuung ist es, Strategien zu entwickeln, diese Situation zu bewältigen. Der wöchentliche Therapietermin ist für unsere KlientInnen oft die einzige Möglichkeit eine Stunde lang im Mittelpunkt zu stehen, über Probleme reden zu können, schimpfen und weinen zu dürfen, einen Menschen für sich zur Verfügung zu haben. Grundvoraussetzung dafür ist der Vertrauensaufbau zwischen KlientIn und TherapeutIn. Solange die Existenz im Asylland nicht gesichert ist, besteht die Aufgabe von PsychologInnen und PsychotherapeutInnen, die mit diesen KlientInnen arbeiten, darin, zu unterstützen, zu stärken und in Krisensituationen zu intervenieren. Die Arbeit muß mit sozialer und rechtlicher Hilfestellung koordiniert werden. Diese kann direkt von MitarbeiterInnen eines größeren Behandlungszentrums geleistet werden, oder auch in Zusammenarbeit mit anderen Organisationen erfolgen.

„Es muß gesagt werden, daß Therapie zwar eine Hilfe darstellt, aber kein Ersatz für sozialpolitsche Entscheidungen hinsichtlich einer Humanisierung des Asylverfahrensgesetzes für die davon Betroffenen ist. Grundvoraussetzung für eine erfolgreiche Psychotherapie bei dieser Gruppe von Klienten ist die rechtliche Absicherung eines mittel/langfristigen Aufenthalts" (Aycha, 1993).

2.2 Psychotherapie im Kontext medizinischer Betreuung

Folter ist in den meisten Fällen physisch und psychisch angewandt worden. Daher ist es notwendig, auch die direkten körperlichen Folgen (wie Verstümmelungen, schlecht verheilte Wunden, Probleme aufgrund von abgetrennten Körperteilen etc.) und die indirekten Auswirkungen (wie z. B. Folgeschäden aufgrund mangelnder medizinischer Versorgung) ärztlich abzuklären und bei Bedarf zu behandeln.

Viele Folterüberlebende klagen über Schmerzen. Hier setzt in allen Fällen medizinische Abklärung an, auch dort, wo von vorherigen Untersuchungsergebnissen aus zu erwarten ist, daß keine physiologische Ursache vorliegt. Die KlientInnen fühlen sich mit ihren Problemen ernstgenommen und können den Beginn einer psychotherapeutischen Behandlung in Absprache mit einem/r Arzt/Ärztin besser akzeptieren und zugleich gibt es dem Betreuungsteam die Sicherheit, die richtige Form der Betreuung anzuwenden.

2.3 Zieldefinition

Die klare Definition des Ziels in den ersten Sitzungen der Psychotherapie ermöglicht dem Folterüberlebenden, sich eine Vorstellung vom Sinn der psychotherapeutischen Behandlung zu machen und läßt ihm die Entscheidung, ob er diese Behandlung möchte oder nicht. Er kann sich so als gleichwertiger Partner im Setting fühlen. Die Angst vor der Abhängigkeit von einer anderen Person und den damit verbundenen Kontrollverlust, wie sie in der Folter in der größtmöglichen Destruktion erlebt worden ist, wird reduziert (vgl. Van der Veer, 1992).

Das oder die Ziele der Psychotherapie oder Beratung sind mit jeder/m KlientIn neu zu definieren. Neben den Symptomen, an denen der/die KlientIn leidet, sind diese auch abhängig vom derzeitigem Status im Asylland und daher mit der voraussichtlichen Dauer der Behandlung eng gekoppelt.

Das Ziel, die extreme Traumatisierung `zu heilen´, im Sinne von Wiedergutmachung, wäre unrealistisch und damit falsch. Heilung im eigentlichen Sinn ist nicht möglich, was geschehen ist, kann nicht rückgängig gemacht werden.

Ziele, die eine Therapie sinnvoll machen, können aber sein:
– eine Reduktion und bessere Bewältigung der Symptome (wie Panikattacken, Alpträume, Schlaflosigkeit, Konzentrationsstörungen, Angst vor
  sozialem Kontakt) ;
– der Abschied von Verlorenem durch die ausgeübte Gewalt (Verlust von
  Angehörigen, Verlust der Heimat, Verlust von körperlicher Integrität ...);
– die Integration des erlittenen Traumas und der daraus entstandenen Folgen in das Selbstbild (die Identität `Opfer sein´ soll durch ein aktivere
  und lebendigere ersetzt werden können);
– die Bewältigung des Lebens im Exilland durch Wiedererlangung der
  Lernfähigkeit und des Lebenswillens;
– die Entwicklung von Zukunfts- und Lebensperspektiven.

2.4 Zuhören können – Stellung beziehen

Das Furchtbare, das unseren KlientInnen passiert ist, kann ausgesprochen werden. Es ist jemand da, der zuhört und das Gehörte ertragen und mittragen kann. Dies stellt eine Anforderung an den/die TherapeutIn, die sich von anderen Psychotherapien mit Personen des eigenen Landes oft unterscheidet.

„Das Problem besteht darin, die Wahrheit zu ertragen und dem Patienten das Beispiel des Ertragenkönnens zu geben." schreibt Silvia Amati (1993). Das schweigende Verhalten von TherapeutInnen, wie sie im Rahmen der Abstinenzregel z. B. in der Psychoanalyse angewandt wird, ist bei der therapeutischen Arbeit mit Folterüberlebenden in diesem Zusammenhang besonders heikel: Ein schweigende/r TherapeutIn kann die psychische Verwundung verstärken, da dieses Verhalten den/die KlientInnen an das schmerzhafte Erleben der Verhörsituation bei der Folter erinnern kann. Der/die TherapeutIn soll Stellung beziehen: Dem Klienten wird geglaubt und bestätigt, daß er Ungeheuerlichkeiten erlitten hat und damit seine Würde und seine fundamentalen Menschenrechte verletzt worden sind. Stellung soll auch in bezug auf die Situation des Gefolterten als Flüchtling genommen werden: In einer Zeit, in der Asylsuchende in Europa so schlechte Bedingungen vorfinden, ist es besonders wichtig den KlientInnen von Anfang an zu vermitteln, daß sie willkommen und akzeptiert sind (vgl. Van der Veer, 1992).

3. Methoden der Psychotherapie

Für die Therapie von Folterüberlebenden werden verschiedene Psychotherapietechniken in verschiedenen Rahmenbedingungen angewandt. Dies ist abhängig von der Berufs- und Psychotherapieausbildung und -erfahrung des Therapeuten und von der Form seiner Praxis (Institution, private Praxis ...) und von der Form des angebotenen Settings (Einzel-, Gruppen- oder Familientherapie; Krisenintervention, Langzeittherapien, etc.) Dabei kommt es immer wieder zu Modifikationen und zu technikübergreifenden Settings.

3.1 Abschied nehmen – wieder Kontakt zur Welt aufnehmen

Extremtraumtisierung wird als eine Todeserfahrung, ohne daß der Betroffene daran physisch gestorben wäre, verstanden. Die Katastrophe für den Betroffenen ist, daß er diese Situation überlebt hat. Wer diese Erfahrung gemacht hat, muß erst wieder lernen, Kontakt zu seinem eigenen Körper, zur Welt und zu anderen Menschen aufzunehmen.
Dafür ist zuerst der Abschied – und damit der Prozeß der Trauer – notwendig: Trauer über die verlorene Heimat, über verlorene Familienmitglieder und Freunde, und Trauer über das verlorene Vertrauen in die Welt soll ermöglichen, daß ein emotionaler Abschied von der Vergangenheit gelingt, und ein Blick in die Zukunft wieder möglich wird.
In der Therapie bedeutet das, wieder an das Leben anzuknüpfen und den Kontakt zur Umwelt wieder herzustellen (vgl. Becker, 1992). Der Folterüberlebende hat immer auch eine Lebensgeschichte vor der Extremtraumatisierung, in der es ihm möglich war, sein Leben zu strukturieren und seine Persönlichkeit zu bilden. Wenn es gelingt an positiven Erfahrungen

der prätraumatischen Zeit des Klienten anzuknüpfen, kann sich ein Zugang zu einer erneuten lebensbejahenden Einstellung eröffnen. Der Unterschied zum Krankheitsbild der Psychosen, bei denen sich die psychische Struktur durch mangelnde oder fehlende Beziehungen in den ersten Lebensjahren nicht entwickeln konnten, liegt darin, daß der Folterüberlebende seine psychischen Strukturen in früheren Beziehungen aufbauen konnte, sie aber durch die Folter beschädigt oder zerstört worden sind. Durch das Zurückerinnern an diese früheren Erfahrungen wird es möglich, die traumatische Situation im Nachhinein als solche zu erkennen und den erlittenen Selbst- und Weltverlust zu betrauern (vgl. Becker, 1992).

3.2 KlientInnen aus anderen Kulturen

Während so gut wie alle KlientInnen mit Besuchen bei Ärzten vertraut sind, begeben sie sich zum ersten Mal in psychologische Betreuung. `Ich bin nicht verrückt´ ist ein oftgehörter Satz, der skeptisch in der ersten Sitzung geäußert wird. Dafür halten wir unsere KlientInnen ja auch nicht: Vielmehr sehen wir ihre Symptome – Traurigkeit, Schlafstörungen, Nervosität, Konzentrationsstörungen etc. – als Reaktionen auf die `verrückte´ unmenschliche Situation, der sie ausgesetzt waren und diese Reaktionen sind in allen Kulturen ähnlich (vgl. Van der Veer, 1992).

In der Arbeit mit den Folterüberlebenden erfordert die kulturelle Verschiedenheit der KlientInnen den flexiblen Einsatz von therapeutischen Techniken: Was in einer Kultur als logisch und sinnvoll angesehen wird, kann für Angehörige eines anderen Kulturkreises möglicherweise sinnlos und sogar unmoralisch sein. Zum Beispiel ist die Frage des Blickkontaktes, wie ich ihn generell in einem psychologischen Gespräch für wichtig halte, zwischen mir als europäischer Frau und einem kurdischen männlichen Klienten schwierig und manchmal nicht angebracht.

Bei KlientInnen aus asiatischen Kulturen stehen oft die körperlichen Beschwerden im Mittelpunkt und daher stellt auch die körperliche Symptombeseitigung das Hauptmotiv für die Suche nach professioneller Hilfe dar (vgl. Aycha, 1993 und Kroll, 1989).

Um so mehr Information über die Kultur, aus der der/die KlientIn kommt, dem/r TherapeutIn zur Verfügung steht, um so leichter wird es sein, kulturelle Empathie zu entwickeln, ohne dabei in kulturelle Stereotypien zu verfallen. S. Dhawan warnt davor, die Andersartigkeit der Kulturen überzubewerten: „So wichtig und notwendig die Kenntnisse über andere Kulturen in diesem Arbeitsbereich sind, besteht derzeit meiner Meinung nach die Gefahr, auftretende Probleme in der Arbeit zu schnell mit dem Etikett kultureller Unterschiede zu versehen und möglicherweise andere Ursachen, die kulturunabhängig sind außer Acht zu lassen" (Dhawan, 1992).

Die Andersartigkeit und Fremdheit der KlientInnen können verschiedene Gegenübertragungen auslösen (z. B. Abwehr des Fremden; Idealisierung des Fremden, übermässige Verbundenheit mit dem Klienten; Schuldgefühle gegenüber dem Klienten wegen den Problemen, die er im Heimatland des Therapeuten erlebt …) die auch die Identität des/der TherapeutIn in Frage stellen und in Supervision aufgearbeitet werden müssen. Der kulturelle Unterschied in der Therapie kann als Chance wahrgenommen werden. Neugier am Leben des Anderen und zugleich genügend Distanz eröffnet auch Möglichkeiten für eine `heilende´ Beziehung.

3.3 KlientInnen aus anderen Sprachräumen

Mit der Frage der Kulturabhängigkeit unmittelbar verbunden ist in der Arbeit mit Folterüberlebenden die Frage der Sprache. Nur wenige der Flüchtlinge, die nach Europa kommen, sprechen Deutsch oder Englisch und nur in wenigen Fällen ist die (oder eine) Sprache des/der TherapeutIn die Muttersprache des/der KlientIn.
Wenn in einer anderen Sprache als der Muttersprache des/der KlientIn gearbeitet wird, ist das Vokabular, in dem Gefühle ausgedrückt werden können, begrenzt. Wichtig ist es daher, sich Zeit für Umschreibungen zu nehmen und Zeit, daß der/die TherapeutIn wiederholt, was er/sie verstanden hat, um Mißverständnissen möglichst vorzubeugen. Die Therapieeinheit mit 50 Minuten reicht in solchen Fällen meist nicht aus.
In der Arbeit mit Flüchtlingen ist es durchaus auch üblich, mit Dolmetschern zu arbeiten. Mit diesem veränderten Setting haben bereits viele TherapeutInnen Erfahrungen gesammelt. Es handelt sich dabei um eine einschneidende Veränderung des üblichen Settings in Psychotherapien (Dhawan, 1992; Van der Veer 1992; Vesti 1992). In der Einzeltherapie wird die Zweierbeziehung um eine weitere Person erweitert, der/die KlientIn steht mit zwei Personen in Beziehung.
Probleme, die sich daraus ergeben, können die Aussagen von KlientIn und TherapeutIn betreffen (wie die Kürzung und die Veränderung des Gesagten durch den Übersetzenden), und die Beziehungen – zwischen KlientIn und TherapeutIn aber auch zwischen KlientIn und ÜbersetzerIn.
Am Anfang einer Therapie in diesem Setting müssen die Rollen gegenüber dem/r ÜbersetzerIn und dem/r KlientIn klar definiert werden. Wenn der/die KlientIn oder der/die TherapeutIn in der ersten Person spricht, soll dies auch in der ersten Person übersetzt werden. Alles, was der/die KlientIn im Rahmen der Sitzung sagt, wird übersetzt.
„Der Dolmetscher muß eine klare Rolle haben, sonst könnten die Klienten die Funktion des Dolmetschers und des Therapeuten verwechseln … Mini-

male Anforderungen an den Dolmetscher könnten sein ... möglichst großes Entferntsein von der Flüchtlingssituation, d. h. möglichst wenig eigene Betroffenheit durch den Krieg" (Pljevaljcic, 1992).

Der/die ÜbersetzerIn soll mit dem/r KlientIn weder verwandt noch bekannt sein und der Kontakt sollte sich während der Zeit der Behandlung ausschließlich auf die Therapiesitzungen beschränken, um die notwendige Neutralität, die vom Übersetzenden erforderlich ist, zu gewährleisten (vgl. Vesti, 1992). Der/die KlientIn ist damit nicht durch die Anwesenheit einer Bezugsperson gehemmt, über die erlittene Traumatisierung zu sprechen. Zugleich ist auch der/die ÜbersetzerIn, der/die oft selbst Flüchtling aus dem gleichen Land ist, geschützt, persönlich in die Lebensgeschichte des/der KlientIn involviert zu werden.

Trotz der Problematik, die sich aus der Arbeit mit ÜbersetzerInnen in der psychotherapeutischen Arbeit ergeben, steht die positive Erfahrung mit diesem Setting im Vordergrund (vgl. Vesti, 1992; Dhawan 1992). Vielfach ermöglicht diese Form der Kommunikation erst die Möglichkeit der Beziehungsaufnahme zwischen KlientIn und TherapeutIn und damit einen Weg zur Verbesserung der Lebenssituation des Menschen, der an den Folgen der Folter leidet.

4. „... trotzdem Ja zum Leben sagen"

Diesen Abriß über psychotherapeutische Behandlungsmöglichkeiten von Folterüberlebenden möchte ich mit einem Zitat von Viktor Frankl beschließen. In seinem Buch „... trotzdem Ja zum Leben sagen. Ein Psychologe erlebt das Konzentrationslager" schreibt er am Ende:

„So oder so – einmal kommt der Tag, für jeden der Befreiten, an dem er, rückschauend auf das gesamte Erlebnis des Konzentrationslagers, eine merkwürdige Empfindung hat: er kann es nun selber nicht verstehen, wie er imstande war, all das durchzustehen, was das Lagerleben von ihm verlangt hat. Und wenn es in seinem Leben einen Tag gab – den Tag der Freiheit –, an dem ihm alles wie ein schöner Traum erschien, dann kommt einmal der Tag, an dem ihm alles, was er im Lager erlebt, nur mehr wie ein böser Traum vorkommt."

Das Erleben von Verfolgung, Lagerhaft und Folter soll Teil der Vergangenheit werden und nicht mehr die Gegenwart der Überlebenden vergiften und blockieren. Psychotherapeutische Arbeit in diesem Sinn kann ein Stück helfen, dieses Ziel zu erreichen.

Literatur

Amati, S. (1977): Reflexionen über die Folter. Zur Einleitung einer psychoanalytischen Diskussion. Psyche, 3.

Amati, S. (1990): Die Rückgewinnung des Schamgefühls. Psyche, 8.

Amati, S. (1993): Psychoanalytische Therapie. In: Peltzer, K., Diallo J. C.: Die Betreuung und Behandlung von Opfern organisierter Gewalt im europäisch-deutschen Kontext; Frankfurt/M.

Amery, J. (1977): Jenseits von Schuld und Sühne. Bewältigungsversuche eines Überwältigten. Stuttgart.

Becker, D. (1989): Psychoanalytische Sozialarbeit mit Gefolterten in Chile. Psychosozial, 12, Jg. 37.

Becker, D. (1992): Ohne Haß keine Versöhnung. Das Trauma der Folter. Kore, Freiburg.

Bettelheim, B. (1980): Erziehung zum Überleben. Zur Psychologie von Extremsituationen. Deutscher Taschenbuchverlag, Stuttgart.

Dhawan, S. (1992): Psychodrama in der therapeutischen Arbeit mit politisch Verfolgten. Systema, 2.

Frankl, E. V. (1977): ... trotzdem Ja zum Leben sagen. Ein Psychologe erlebt das Konzentrationslager. Kösel, München.

Hartmann, L. et al. (1993): Psychopathology of torture victims. Torture, 2.

Pljevaljcic, S. (1992): Über Probleme von Dolmetschern in der Psychotherapie. IWK: Hinter den Grenzen. Aspekte der Psychischen Betreuung von Flüchtlingen. Wien.

Schmieding, C. (1993): Behandlung von Überlebenden der Folter. Dissertation Universität Freiburg i. Br.

Van der Veer, G. (1992): Counselling and Therapy with Refugees. Psychological Problems of Victims of War, Torture and Repression. Wiley & Sons Ltd., West Sussex.

Vesti, P. et al. (1992): Psychotherapy with Torture Survivors. Eigenverlag IRCT, Kopenhagen.

Intensivbetreuung von Kriegsflüchtlingen in Lagern[1]

Sanja Zlatkovic

Ich bin Psychologin. Meine Muttersprache ist Serbokroatisch. Vielmehr: meine Muttersprache ist serbisch und meine Vatersprache ist bosnisch. Meine eigene Sprache könnte ich serbobosnisch nennen, was praktisch bedeutet: bosnisch, mit serbischem Akzent oder serbisch mit bosnischem Akzent.

Als mir die Frage gestellt wurde, ob ich bosnische Kriegsflüchtlinge in einem Wiener Flüchtlingslager betreuen möchte, habe ich gleich „ja" gesagt. Die Erklärung dafür, warum jemand glaubt, daß ich für diese Aufgabe eine geeignete Person sei,war: ich spreche dieselbe Sprache, ich kenne die Kultur und die Mentalität.

Ich wußte, daß man an meiner Sprache erkennen kann, daß ich lange in Serbien gelebt habe. Ich komme aus Jugoslawien. Ich wurde in Belgrad geboren. Meine Mutter kommt aus Serbien und ist Serbin, mein Vater kommt aus Bosnien und ist ebenfalls Serbe. Als ich ein paar Wochen alt war, sind wir nach Bosnien übersiedelt und haben dort 17 Jahre gelebt, dann übersiedelten wir nach Serbien, wo ich die nächsten elf Jahre lebte. Danach kam ich mit der eigenen Familie nach Österreich, in der Hoffnung auf ein besseres Leben. Die Gründe für meine „Flucht" waren wirtschaftliche und politische. Die gespannte politische Situation in Serbien, die schlechte Wirtschaftslage, meine Arbeitslosigkeit ohne Aussicht auf einen Job in den nächsten Jahren und die polizeiliche Registrierung als Dissidentin waren ausschlaggebend. Ich hatte damals ein Kind und Angst vor der Zukunft.

Meine Eltern waren überzeugte Kommunisten. Ich bin – wie viele andere meiner Generation – ohne religiöse und nationale Zugehörigkeit erzogen worden. Ich habe mich als Jugoslawin gefühlt. Die Idee, einer Nationalitätsgruppe zuzugehören, war mir fremd. Und dann mußte ich mich doch mit der Tatsache auseinandersetzen, daß ich serbische Eltern habe, daß man an meiner Sprache sehr wohl erkennen kann, daß ich lange in Serbien gelebt habe und deshalb einer Nation zugehören muß. Als ich mit der Flüchtlingsbetreuung angefangen habe, wurde ich von denjenigen, die mich anstellten, logischerweise gefragt, welcher Nationalität ich angehöre. Ich habe mich als Jugoslawin gefühlt, aber das gab es nicht mehr: ich, als

---

1 Überarbeitet von Brigitte Lueger-Schuster.

Jugoslawin habe offiziell nicht mehr existiert. Ich mußte also für alle – sowohl für die Österreicher als auch für die Kriegsflüchtlinge eine Serbin aus Bosnien und Serbien sein. So habe ich gelernt was ich sein sollte und womit ich seitdem leben muß.

Vielleicht fragen Sie sich, warum ich Ihnen diese Geschichte erzähle, wo sie doch nur mich persönlich betrifft. Nun, ich glaube, daß gerade diese Gewissheit, anders als die Leute zu sein, die ich betreuen sollte und der daraus resultierende Angst vergleichbar ist, jenem Gefühl, das Sie vielleicht haben werden oder bereits erlebt haben, wenn Sie Kriegsflüchtlingen begegnet sind. Die Flüchtlinge sprechen eine fremde Sprache, sie kommen aus einer anderen Kultur. Vor allem ihre Erfahrungen im Krieg, während der Flucht und im Exil sind Ihnen völlig fremd. Die Tragödie, der Sie begegnen, sollten Sie mit Flüchtlingen in Kontakt kommen, ist für Sie möglicherweise vorstellbar. Alles andere ist Ihnen vollkommen fremd. Ich war sehr ängstlich und unsicher, ob mich die Leute akzeptieren würden und mit mir Kontakt haben wollten, wenn sie erfahren, daß ich Serbin bin. Ich hatte vor, dies zu verbergen. Meine Hoffnung war die Tatsache, daß wir in Bosnien viele Jahre friedlich miteinander gelebt haben, und daß ich doch mehr helfen kann als ein Nicht-Serbe, der die Sprache nicht spricht.

1. Haben wir die richtigen „Werkzeuge", um helfen zu können?

Nun, das war nicht meine einzige Angst. Ich bin für alle möglichen psychischen Krisen und psychischen Störungen ausgebildet, aber nicht für normale Menschen, die eine Katastrophe überlebt haben. Was kann eine Psychologin im Flüchtlingslager tun? Wie soll ich mich überhaupt bekannt machen? Was darf ich tun? Was darf ich nicht tun? Alles was ich über psychotherapeutisches und psychologisches Verhalten gelernt habe, war für diese Situation nicht geeignet: Neutralität, Abgrenzung, Motivation, Einsicht in das Leiden, Freiwilligkeit ... Wie soll ich neutral bleiben, wie soll ich erwarten, daß die Leute motiviert sind, die zu mir kommen, um mit mir zu reden? Warum soll ich überhaupt glauben, daß ich helfen kann? Brauchen die Flüchtlinge überhaupt eine psychologische Hilfe? Falls ja, in welcher Form? Wie kann ich mit der Tatsache umgehen, daß ich keinen Verlust – egal ob Menschen oder Güter oder Geborgenheitsgefühle – ersetzen kann? Was soll ich mit meinem eigenem Gefühl von Sinnlosigkeit und Zweifel an der Tätigkeit tun? Wie soll ich mich nicht schämen, meine Hilfe jemanden anzubieten, der alles verloren hat? Wie soll ich mich abgrenzen? Darf ich Gefühle zeigen? Soll ich nach dem Erlebtem im Krieg, während der Flucht nachfragen oder lasse ich die Traumata besser unangetastet, um nicht erneut den Schmerz aufzuwühlen?

Ich wußte nichts mehr und fühlte mich sehr verunsichert. Mein Studium erschien mir eher als Vorbereitung auf die Arbeit in einem Schönheitssalon, wo es nur Scheinprobleme gibt. Noch nie im Leben war ich mit einer derartigen menschlichen Tragödie konfrontiert worden. Ich wollte helfen und wußte nicht wie.

Darüberhinaus war unklar, wie lange die Menschen in Österreich bleiben können und wie lange sie im Lager bleiben werden, d. h. ich wußte nicht, wieviel Zeit ich für die Arbeit mit den Einzelnen haben würde.

Mein Gefühl „anders" als meine Klienten zu sein (ich bin kein Flüchtling, ich habe ein normales Familienleben geführt, ich habe keine Familienangehörigen im Krieg verloren und auch sonst keinen Verlust erlitten), ist charakteristisch für die Beziehung zwischen Helfer und Kriegsflüchtlingen. Allein die Tatsache nie einen Krieg erlebt zu haben, macht einen großen Unterschied zwischen Ihnen und Ihren Klienten. Ist bei Ihnen nie ein Gefühl von Schuld und Scham darüber alles zu haben, aufgetaucht, wenn Sie Kriegsopfer z. B. in den Nachrichten gesehen haben? Oder, falls Sie mit Flüchtlingen zu tun haben, haben Sie nie versucht zu verbergen, wie gut es Ihnen geht? Haben Sie sich nach einer großzügigen Spende besser gefühlt? Haben Sie sich weniger gut angezogen, wenn Sie mit Flüchtlingen zu tun hatten? Oder war Sie froh, daß Sie den Flüchtlingen erzählen konnten, daß Sie ebenfalls schlechte Erlebnisse hatten?

Ich glaube, daß es niemanden in der Kriegsflüchtlingsbetreuung gibt, der diese Gefühle nicht kennt, weil die Tragödie, mit der wir konfrontiert sind, so gravierend und grausam ist, daß wir keine normalen Reaktionsweisen zur Bewältigung haben.

Heute, mehr als drei Jahre später, habe ich sehr viel dazu gelernt.

Der Eindruck, nicht genug Wissen zu haben, hat gestimmt, aber das war und ist nicht so schwierig zu ertragen. Oft wußte ich nicht, was ich tun sollte. Doch viele regelmäßige Supervisionsstunden haben es etwas leichter gemacht. Meine Kollegin hatte 1992 genausowenig Informationen über die Kriegsopferpsychologie wie ich, doch das war uns beiden nicht klar zu jener Zeit. Sie war aber sehr offen, kritisch und konnte mit ihrer menschlichen Wärme, Geduld, Mitgefühl und Wissen eine enorme Unterstützung geben. Ohne diese Unterstützung hätte ich nicht alles, was ich im Laufe dieser drei Jahre miterlebt habe, ohne Schaden für mich und für die anderen – die Betroffenen oder die eigene Familie – ertragen können. Meine Supervisorin hat meine Dilemmas, Widerstände, Trauer, Freude und Enttäuschungen angehört und die Gefühle von Ungerechtigkeit, Hilflosigkeit und Wut verstanden. Sie hat mir dabei geholfen, mir selbst zu erlauben, daß es mir gut geht, daß ich lachen darf und soll, trotz aller Tragödien, die die anderen erlebt haben, weil ich den anderen dann nützlich bin, wenn ich gesund bin und Freude am Leben habe. Mir ist auch nach zwei Jahren Betreuungstätigkeit die Distanz verloren gegangen, ich identifizierte mich mit den Opfern zu stark, ich wurde krank und bekam starke Ausschläge im Gesicht. Sie hat mir geholfen wieder auf die „Schiene" zurückzukommen. Oft habe ich mich gefragt, was sie mit den „heißen" Kartoffeln macht, die sie jede Woche freiwillig von mir übernommen hat? Hat sie sie auch jemanden weitergegeben?

Wir haben beide viel voneinander gelernt, vor allem von den Menschen, die ich betreue, habe ich viel gelernt. Das wichtigste ist, so denke ich heute, das wir gelernt haben, ohne feste Theorien und Bücherwissen zu arbeiten und sich einfach auf die vorgefundene Situation einzulassen und arbeiten zu beginnen. Wir haben uns erlaubt unserer Intuition, Vertrauen zu schenken und die erlernte Psychologie und Psychotherapie flexibel zu handhaben.

2. Was ist in der Flüchtlingsbetreuung anders als in den sonstigen Betreuungsfeldern?

Während des Studiums lernten wir, wie wichtig das freiwillige Kommen und die Motivation der Klienten für die Beratung und die Psychotherapie sei. Kurz gesagt: wenn es jemanden schlecht genug geht, um von sich aus zu einem Psychologen zu kommen, dann können wir methodisch „sauber" arbeiten und uns erwarten, daß der Klient Fortschritte machen wird. Als Fortschritt oder Erfolg definieren wir unterschiedliches, meist aber denken wir an eine Veränderung, die unserer Klient errreichen wird oder soll, wie manche Psychiater glauben. Der Erfolg unserer Klienten ist für uns wichtig, weil auch wir uns dann erfolgreich fühlen können. Unsere Ausbildung hat uns in erster Linie darauf vorbereitet mit kranken Menschen zu arbeiten, selten haben wir es mit gesunden Menschen zu tun gehabt, weil die nicht zu Psychologen kommen.

Im Sommer 1992 war die Situation folgendermaßen: Ca. 150 Personen lebten in einem alten Wiener Krankenhaus, das zum Flüchtlingslager umfunktioniert wurde. Im Erdgeschoß befanden sich die Büroräume der drei Angestellten. Der Hauptverantwortliche war Österreicher, die anderen zwei waren junge Bosnier, die in zweiter Generation in Wien lebten. Im ersten und im zweiten Stock lebten die Flüchtlinge in beengten Verhältnissen. Sie bekamen im Lager Wohnen und Essen, sie hatten aber kein Bargeld zur Verfügung.

Wir wußten ein paar Tatsachen über sie: einige wurden vertrieben, einige sind geflüchtet. Einige waren mit der ganzen Familie gekommen, einige alleine. Einige hatten im Krieg Familienmitglieder verloren, andere wurden

von ihnen getrennt. Wir vermuteten, daß wir viele Personen wegen Kriegs-
traumata zu behandeln hätten und gleichzeitig, daß wir es mit vielen normalen Personen in einer außerordentlichen Situation zu tun haben, wo wir
umdenken müssen und sie nicht als Klienten oder Patienten sehen dürfen.
Das heißt, wir hatten es mit einer großen Population von Menschen zu tun,
die sehr viel durchgemacht hatten, aber keine psychischen Störungen
oder einen innerpsychischen Leidensdruck aufwiesen.

Unsere Vermutung war: *In dieser abnormen Situation, die außerhalb der
alltäglichen, vorhersehbaren, gelernten und kontrollierbaren menschlichen
Erfahrung liegt, müssen die „normalen" psychologisch erklärbaren, d. h.
gesunden Reaktionen als pathologisch zu klassifizieren sein, d. h. wie
Reaktionen von Menschen mit psychischen Störungen ausschauen.* Wir
mußten also zuerst erfahren, was die Flüchtlinge erlebt hatten und wie sie
darauf reagiert hatten, bevor wir ein Betreuungskonzept entwickeln konnten.

Mein erstes Problem war: wie fange ich im Lager überhaupt an? Wie soll
ich mich vorstellen und meine Hilfe anbieten? Noch bevor ich mich für eine
Vorgangsweise entscheiden konnte, hat mich ein Lagerangestellter einer
Familie vorgestellt. Er trat ins Zimmer ein, sagte meinen Namen, erzählte,
daß ich Psychologin sei und das sie mit mir reden könnten, wenn sie psychische Probleme hätten. Das hat einen sofortigen Wutausbruch verur-
sacht: *„Wir sind nicht verrückt! Sie braucht nicht zu kommen! Sie kann
gleich verschwinden!"*

Wieso habe ich einem Menschen erlaubt mich vorzustellen, den ich nicht
kenne, von dem ich nicht weiß, ob er von den Flüchtlingen akzeptiert wird,
ob im Lager beliebt oder unbeliebt ist? Wohl deshalb, weil ich mich total
unsicher gefühlt habe und wahrscheinlich eine Reaktion wie die beschriebene brauchte, um zu verstehen, daß ich mich doch besser selbstständig
vorstellen sollte. Mir war die Situation sehr peinlich, ich habe mich bei der
Familie entschuldigt und ihnen gesagt, daß es unwichtig ist, was ich von
Beruf sei, sondern daß ich einfach gekommen bin, weil ich beide Sprachen
spreche. Ich erzählte ihnen, daß ich schon lange in Österreich lebe und
daher einige Sachen vielleicht erleichtern könnte, mit denen sie nicht
zurechtkommen. Danach war alles viel leichter. Ich bin von Zimmer zu Zimmer gegangen, habe gefragt, ob ich kurz reinkommen könnte, habe mich
bekannt gemacht und dann gesagt, daß ich bereit sei, ihnen zu helfen, falls
sie etwa brauchen oder Beschwerden hätten. Dieses Wort „Beschwerden", war der Türöffner. Ein magisches Wort: Beschwerden! Es gab niemanden, der mit diesem oder jenem nicht zufrieden war. Das war mein
Anfang: ich war bereit zuzuhören und etwas zu tun. Welche Erleichterung
für mich! Ich hatte meine Aufgabe gefunden. Ich hatte eine Fülle von
Beschwerden gesammelt, gegen die ich etwas unternehmen konnte. Die
erste und größte Beschwerde war über das Essen. Es sei katastrophal, ist

immer das gleiche und schmeckt grauenhaft. Ich habe mir vorgenommen, dieses Problem zu lösen. Die Menschen hatten recht, das Essen war zwar gesund, aber fad. Wir mußten etwas tun! Wir verbesserten das Essen. Das war immerhin etwas. Dennoch ist bei mir immer wieder der Verdacht aufgetaucht, nicht wirklich zu verstehen, was im Lager alles vor sich geht. Es hat mich einige Zeit gekostet, dahinter zu kommen, was sich hinter der Unzufriedenheit und den andauernden Beschwerden verbirgt. Obwohl wir anderes Essen organisiert hatten, blieben die Beschwerden. Auch tauchten neue Beschwerden auf: dieses Mal über das Putzen. Der Putzplan wurde als ungerecht empfunden. Täglich erhielt ich Beschwerden über diesen unfairen Putzplan und versuchte ihn ständig zu verändern, dann beschwerte sich jemand anders über die Putzerei. Was steckte dahinter? Die Menschen brauchten offensichtlich ein Ventil für ihre Wut und ihre Aggressionen, sie wollten sie irgendwo los werden, wo es für sie nicht gefährlich war. Das war auch viel gesünder als in eine Depression zu geraten. Daher gab es laufend eine Fülle von Konflikten über Kleinigkeiten, Anlässe, die im normalen Leben mit einem Lächeln bedacht werden, führten zu enormen Streitereien. Die räumliche Beengtheit verschärfte die Dynamik zusätzlich. Manches Mal dachte ich, daß das Streiten die Lieblingsbeschäftigung von vielen war. Auffällig war die Banalität der Anlässe, die Radikalität der Emotionen und der Konfliktaustragung. Längere Zeit habe ich nicht verstanden, daß *es nicht wichtig war einen Konflikt zu lösen, sondern daß es wichtig war einen Konflikt zu haben*, daß der Konflikt eine ganz andere Funktion hatte als im „normalen" Leben. Diese Konflikte schützten vor dem Fall in die Depression, sie deuteten auf eine Regression hin und übernahmen auch die Funktion der Zeitstrukturierung. Wenn man schon sonst nichts zu tun hat, streiten kann man immer. Die Mahlzeiten wurden fertig geliefert, Arbeiten war verboten, die Zeit verging nicht und dehnte sich ins Endlose aus, die Zukunft war ungewiß, die Möglichkeiten, sein Leben zu planen und zu bestimmen waren sehr gering, also stritt man. Die Kontakte zwischen den einzelnen Lagerbewohnern waren hauptsächlich auf das Streiten beschränkt, zwischen Lagerleitung und den Lagerbewohnern war der Kontakt eingeschränkt und formell. Auch hatte sich die Lagerleitung etwas mehr Dankbarkeit für ihre Mühen erwartet, statt der vielen Streitereien, über die sie enttäuscht waren. Es herrschte eine Art Kalter Krieg zwischen der Lagerleitung und den Bewohnern und unter den Bewohnern untereinander. Subgruppen bildeten sich, die sich gegenseitig „bekämpften". Das Klima im Lager war ständig angespannt. Wenn man akzeptiert, daß diese Konflikte helfen können, die Aggressionen abzulassen, ohne in gefährliche Situationen zu kommen und daß die Konflikte helfen, die Zeit zu strukturieren, verstehen wir dieses für jedes Lager charakteristische Verhalten besser. So gesehen sind Konflikte ein Zeichen psychischer Gesundheit, solange sie nicht zu negativen Konsequenzen führen, wie z. B. der Ausschluß aus dem Lager oder körperliche Verletzungen. Insofern war die Beschwerden über das Essen und über die Putzlisten harmlose und gesunde Reaktionen.

Doch deutlich wurde, daß die Beseitigung von Quellen für Beschwerden und Unzufriedenheit für ein friedliches Zusammenleben nicht ausreicht, weil der Ausdruck dieser Unzufriedenheit ein Ventil für die Aggression und Regression ist, in der sich die Flüchtlinge befinden. Erst als die Lagerbewohner selber kochen durften, hat sich die Situation etwas entspannt, weil die Menschen für einige Zeit des Tages beschäftigt waren.

Das Problem der fehlenden Zeitstruktur hat sich mit der Aufnahme von Arbeit noch verringert. Doch wurden durch die Arbeitsaufnahme neue Probleme virulent. Da die Arbeitsmöglichkeiten auf wenige Berufe beschränkt waren – es konnten fast nur Putztätigkeiten ausgeübt werden – hat das neben der finanziellen Sicherheit vor allem Statusverlust und Rollenumkehr bedeutet. Die Frauen brachten das Geld ins Haus, die Männer blieben zu Hause oder gut ausgebildete Frauen wurden zu Putzfrauen, Ingenieure zu Straßenkehrern. Oft hatte ich es mit aggressiven oder sehr depressiven Männern zu tun und zwar hauptsächlich mit Familien vom Land, wo die Frau normalerweise die traditionelle Rolle der Hausfrau über hat. Jetzt plötzlich war sie ständig unterwegs und verdiente das Geld. Nur selten waren die Männer bereit, die Hausmannrolle zu übernehmen. *„Ich bringe sie um, bevor sie arbeiten geht"*, hat mir ein verzweifelter Mann gesagt. Mißhandlungen von Frauen und Kindern durch Ehemänner bzw. Väter ist durch diese Exilsituation verstärkt worden. Viele der Männer konnten keine Toleranz und Geduld und keine Flexibilität zur Bewältigung dieser Situation ohne Gewalt aufbringen. Es war zuviel für sie, sie konnten nicht mehr.

3. Richtlinien zur Betreuung von Flüchtlingen

Was Flüchtlingsbetreuung bedeutet, ist mir mit der Zeit klarer geworden. Auch jener Teil der Arbeit, der psychologische Betreuung bedeutet, hat eigene Richtlinien bekommen. Zum Beispiel:
– Solange ungewiß ist, wie lange jemand im Lager bleiben kann (konkret: die Visumsverlängerung abwarten), soll man nicht zu intensiv „bohren", d. h. keine psychodynamische Prozesse beginnen, bei denen ungewiß ist, ob sie abgeschlossen werden können.
– Obwohl man nur für gewissen Zeiten im Lager anwesend ist, muß man ständig erreichbar sein. Die Telephonnummer muß bei der Lagerleitung sein. D. h. man muß sich um Akzeptanz bei der Lagerleitung bemühen.
– Die existentiellen Bedürfnisse der Flüchtlinge (Arbeit, Wohnung, Geld) können durch die psychologische Betreuung nicht befriedigt werden.

Dafür ist jemand anderer zuständig. Es geht darum, durch Reden und Zuhören, eine schwierige Zeit im Leben leichter durch zu stehen. Allein, die Gewißheit, daß es jemanden gibt, der Interesse daran hat, wie es jemanden geht, ist oft schon Hilfe.

- Wichtig ist das Wissen über die eigenen Grenzen. Man soll sie nicht überschreiten. Man kann nicht alle Menschen mögen, nur weil sie Fürchterliches durchgemacht haben. Man kann nicht mit allen mitfühlen, daher ist es günstig sich auf jene zu beschränken, deren Problematik nachvollziehbar und nachfühlbar ist. Denen kann man wirklich helfen. Für die anderen ist eine Weiterverweisung an Kollegen hilfreicher.
- Man sollte nicht auf die eigenen Bedürfnisse vergessen. Nur wer als Mensch zufrieden ist, kann ein Herz für andere haben.
- Niemals ohne Supervision arbeiten, immer nach einem Supervisor suchen, zu dem man Vertrauen hat.
- Sehr gut informiert sein: das psychologische Wissen allein reicht nicht, man muß die politische Situation im Herkunftsland und im Gastland kennen.
- Bereitschaft die Tätigkeit sehr breit zu sehen: Man sollte sich immer die Frage stellen, was einen Menschen unruhig und unstabil macht. Was braucht er oder sie? Was kann ich tun? Oft sind falsche oder fehlende Informationen ein Grund für Instabilität. Mit richtigen Informationen kann sehr viel geholfen werden.
- Unselbstständigkeit niemals unterstützen: Geduld und ein Gefühl für den Zeitpunkt, zu dem jemand bereit ist sich selbstständig zu machen, sind notwendig. Druck ist zwecklos. Man kann einen Weg zeigen, eine Zeit lang auf diesem Weg begleiten und sich dann verabschieden und das Vertrauen schenken, daß es der- oder diejenige allein schaffen kann.

4. Umgang mit Schuldgefühlen

Fast alle Bewohner konnten im Laufe der Zeit Arbeit finden, die Männer genauso wie die Frauen. Die Kinder haben Deutsch gelernt, auch einige Erwachsene. Wir haben gelernt, daß es sinnlos ist, jemandem zum Deutschkurs zu zwingen, solange er oder sie es nicht selber sinnvoll und wichtig findet. Nicht alle wollten sich integrieren. Der Wunsch nach Rückkehr war bei fast allen präsent, genauso wie die Angst und Ungewißheit über das Leben nach der Rückkehr. Die inneren Konflikte waren sehr stark, ebenfalls die Schuldgefühle, den Daheimgebliebenen gegenüber. Die Männer waren von diesen Schuldgefühlen stärker betroffen, genauso wie die freiwillig Geflüchteten. Frauen und Vertriebene hatten damit weniger Probleme. Ich versuchte diesen Menschen zu helfen, sich zu verzeihen, daß sie geflüchtet waren. Viele quälten sich lange Zeit damit, und taten vieles, um sich das Leben noch schwerer zu machen, z. B. wochenlanges Fasten oder der Verzicht auf jeder Vergünstigung. Einigen ist es gelungen, sich von ihren Schuldgefühlen zu befreien, einige konnten diese Krise als Chance ergreifen, und ihr Leben neu anfangen.

Ein Beispiel: Einige Frauen lebten in sehr starker Abhängigkeit zu ihren Ehemännern. Sie hatten nie die Chance eigenständig zu leben. Für einige, die ich kennenlernte, war das Exil, die erste Möglichkeit für sich und ihre Kinder selbstständig Entscheidungen zu treffen. Sie hatten hier die erste Möglichkeit, ihre Stärken und ihre Selbstständigkeit zu erkennen und dadurch einen Reifungsprozeß zu durchleben. Das hat auch manchmal zum Ende ihrer Ehe geführt. Ähnliches gilt auch für starke Abhängigkeiten zu den eigenen Eltern oder anderen Familienmitglieder, die sich aufgrund der Situation veränderten und den Frauen mehr Freiheit gewährte. Für die Frauen war es schwierig, die neugewonnene Freiheit wieder aufgeben und wieder in jenen Status zurückzugehen, den sie verlassen hat, d. h. wieder in die Abhängigkeit des Ehemannes zurück. Für diese Frauen war es fast immer sehr schwer, die Entscheidung zu treffen, dem Partner zu sagen, daß sich die Beziehung entweder verändert oder es zur Scheidung kommt. Die daraus resultierenden Konflikte und Schuldgefühle waren vielfältig und schmerzhaft und brauchten viel Unterstützung, um bewältigt werden zu können. Einige Frauen ließen sich scheiden und leben heute ein „zweites Leben", wie eine junge Frau nach der Scheidung gesagt hat.

Insgesamt haben sich die Probleme der Lagerbewohner immer wieder in Abhängigkeit zur politischen Situation verändert. Die arbeitsmarktpolitische Situation in Österreich, das aktuelle Aufenthaltsgesetz, das Ausländerbeschäftigungsgesetz, die Entscheidungen des Innenministeriums bezüglich des Aufenthaltsrechts der Bosnier haben die Befindlichkeit der Bosnier genauso beeinflußt wie die Kriegssituation in Bosnien und das Schicksal der Angehörigen. Bei der Betreuungsarbeit mit Einzelpersonen war es immer wichtig, diese Faktoren im Auge zu behalten.

5. Integration

Besonders in letzter Zeit spricht man von Ausländerintegration. Was heißt das konkret? Es geht mir an dieser Stelle nicht um eine wissenschaftliche Definition und Erläuterungen, was dieser Begriff alles bedeutet. Ich möchte „Integration" aus Betreuersicht zur Diskussion stellen.

Zur Zeit arbeite ich in einer Institution, die sich bemüht den Ausländern eine Integration in die österreichische Gesellschaft zu erleichtern. Der Integration gegenüber habe ich sehr zwiespältige Gefühle. Ich sehe ein

Chamäleon vor meinen Augen. Es läuft und seine Farbe verändert sich ständig: auf der Wiese ist es grün, auf Sand wird es gelb, dann versteckt es sich zwischen den Steinen und man kann es nicht mehr von den Steinen unterscheiden, es ist grau geworden, man merkt nicht mehr, daß es ein Tier ist. Warum tut es das? Damit es nicht Futter für ein anderes Tier wird. Seine Wandlungsfähigkeit hilft ihm, in einer gefährlichen Welt zu überleben. Sonst wäre sein Leben sehr kurz. Das Leben wird zum Überleben. Das ist Tierschicksal. In der Tierwelt herrschen Tierregeln.

Wie schaut es in der Welt der Flüchtlinge aus? Er ist überall ein Fremder, er ist überall anders als die anderen, die hier zu Hause sind, wo er Flüchtling ist. Und wenn er sich entscheidet, nicht mehr in sein Herkunftsland zurückzugehen, egal aus welchen Gründen, dann soll er sich „integrieren". Wie und was soll er werden? Für viele Inländer bedeutet das: *„Er wird so wie wir, noch einiger Zeit trinkt er nicht mehr diesen komischen Kaffee, den man am Schluß immer ausspucken muß. Ja, ich kenne einen, der ist noch immer so komisch, Jugo, ein armer Flüchtling. Er und seine Frau, weiß du, aber die Kinder, die sind total integriert, die kannst du nicht von unseren Kindern unterscheiden. Ja sie schämen sich vielleicht, das ihre Alten nicht so gut Deutsch reden wie sie, sie müssen überall für ihre Eltern übersetzen, aber wenn du sie siehst, kannst du keinen Unterschied zu unseren Kindern feststellen. Wie Österreicher sind die Jungen, echt!*

„Aber, warum muß ich zum Chamäleon werden", fragen mich die Menschen manchmal, die mir einen Blick in ihre Gefühlswelt erlauben. *„Warum darf ich nicht so sein wie ich bin? Warum müssen meine Kinder immer flüstern, wenn wir in der Straßenbahn sind, weil wenn wir laut sind, findet sich sicher irgendjemand der Pfui Jugos, sagt. Ihre Kinder sind genauso laut, noch lauter! Aber wir müssen uns verstecken! Wir sollen unsichtbar sein, wir dürfen den Einheimischen nicht zeigen, daß wir Ausländer sind, und zwar Flüchtlinge, die ihnen das Geld täglich aus der Tasche ziehen, weil sie uns ernähren müssen! Wir sollen uns verstecken, schweigend warten bis der Krieg vorbei ist und dann schnell zurückgehen! Und natürlich, nie dürfen wir vergessen, immer müssen wir dankbar sein, danke schön, daß sie uns helfen, danke, daß wir zu Essen kriegen, dank daß wir eure Straßen putzen dürfen, danke daß unsere Kinder in eure Schulen gehen dürfen, danke daß … Darf ich einmal aufhören dankbar zu sein und euch alle zum Teufel schicken?"* fragen sich viele.

Mir ist klar geworden, daß es nur einen einzigen sinnvollen Integrationsprozeß gibt, den man sich freiwillig unterziehen kann, wenn man in einem anderen, fremden Land leben will.

– Es muß eine Wahlmöglichkeit geben, d. h. Alternativen müssen vorhanden sein. Man kann nicht von einer freiwilligen Entscheidung reden, wenn jemand gezwungen ist, hier zu sein, weil er oder sie aus politischen Gründen, nicht in sein oder ihr Herkunftsland zurück darf.

– Hier zu bleiben, muß für die Person positive Konsequenzen haben. Es muß sinnvoll und nützlich sein. Nur die negativen Seiten zu vermeiden, z. B. Hunger oder Gefährdung, reicht oft nicht. Die Perspektiven und Pläne sind dann zu kurzfristig. Die Ungewißheit bleibt und das Dasein ist nur ein momentaniger Zustand ohne klare Zukunft. Die Situation hat den Charakter von Abwarten, Beobachten und Hoffen. Es stellt sich die Frage, wie lange und worauf man warten kann. Was passiert, wenn nie etwas kommt? Die Menschen, die sich entschieden haben hierzubleiben, haben in der Regel ihre Schuldgefühle überwunden und sind mit sich im reinen. Sie erlauben sich ihr Leben zu genießen, wenn es möglich ist, anstatt bloß zu überleben und sich zu verstecken. Das sind Personen, die sich ihrer Herkunft nicht schämen, die nicht versuchen anders zu sein, aber die Bereitschaft haben, das neue System, seine Regeln, seine Machtstrukturen, etc. kennenzulernen und zu verstehen. Sie müssen sich nicht „integrieren" oder „assimilieren", um in diesem System funktionieren zu können. Als Betreuer können wir ihnen in erster Linie Informationen über die Funktionsweise der neuen Gesellschaft geben. Ebenso wichtig ist die Unterstützung, nicht die eigenen Wurzeln zu verstecken oder zu verlieren, sondern die eigene Vergangenheit, Herkunft, Erfahrungen und das Wissen als einen persönlichen Reichtum zu betrachten und darauf aufbauend, das Leben hier als Chance für die eigene Weiterentwicklung zu betrachten. „Anders sein ist gut, ist interessant, ich bin glücklich, daß ich bin wie ich bin, weil ich so bin und nicht trotzdem!", ist die Botschaft, die ich versuche den Menschen mitzugeben. Das bedeutet gleichzeitig, daß alle anders sein dürfen, Ausländer und Inländer und das ist als Faktum zu betrachten und bedeutet keine Wertung. Wenn es jemanden gelingt, sich als anders zu akzeptieren, mit den eigenen Unterschieden (z. B. Kultur-, Bildungs- oder Sprachunterschiede) zufrieden zu sein, dann nimmt die Toleranz gegenüber denen, die anders sind ebenfalls zu. Echte Integration kann also niemals ein Prozeß in nur eine Richtung sein. Sie kann nur in zwei Richtungen gehen, weil das Wort „integrieren" bedeutet, zwei oder mehrere Teile zusammenfügen und etwas neues daraus zu komponieren. Das heißt, alle Teile bestehen weiter fort, aber in einer neuen Gestalt. Dafür ist es allerdings notwendig, dem Fremdsein gegenüber Toleranz zu entwickeln, d. h. die Angst vor dem Fremden aufzugeben oder abzubauen und in einem Gastland Neugier und Offenheit für Fremdes zu entwickeln. Wenn ein Inländer bereit ist von den Fremden zu erfahren und zu lernen, seine Kultur, seine Geschichte, die gesellschaftlichen Regeln kennenzulernen, wenn er diese Nähe von fremden Menschen und fremden Kulturen nützt, um das eigenen Wissen und die eigene Erfahrung zu bereichern, und wenn man bereit ist Neues ohne Bewertung fürs erste einmal nur aufzunehmen, dann kann man sagen, daß dieser Inländer integrationsfähig und -bereit ist. Integration kann nur dann positiv sein, wenn sie ein Aufbau- und Austauschprozeß ist, der zur Weiterentwicklung einer Person führt, wo kein Teil des Ganzes verloren geht. Das heißt, daß jemand lernt, in einer Situation zufrieden zu sein und seine Funktionen zu erfüllen, ohne sich verleugnen zu müssen, sondern daß er oder sie sich in der neuen Situation flexibel bewegen kann. Das macht eine Person bisweilen sehr anziehend und interessant.

Dieser Prozeß ist vielleicht jener, der die Betreuer am meisten befriedigt, obwohl er nicht leicht zu handhaben ist. Der Integrationsprozeß fordert vor allem den Erwachsenen sehr viel Kraft ab. *„Ich kann nicht mehr, ich gebe auf, es ist so schwer"*, hören wir täglich. Die neue Gesellschaft ist auch nicht immer freundlich und zeigt häufig ein ablehnendes Gesicht. Die Gesetze sind hart. Die Chancen muß man suchen. Es ist ein schwerer Kampf, den die meisten nicht ohne Unterstützung bestehen können. Für mich als Betreuerin ist es schön mitzuerleben, wenn jemand – trotz vieler Krisen – diesen Kampf gewinnt.

Zwischen Rückkehr und Integration: Exilchilenen in Österreich[1]

Karl Heinz Fronek

Wenn in der Öffentlichkeit von Flüchtlingen gesprochen wird, handelt es sich fast ausschließlich um Personen oder Gruppen von Menschen, die gerade erst gezwungen waren ihr Heimatland zu verlassen. In den Folgejahren gerät deren Schicksal rasch in Vergessenheit. In meiner Diplomarbeit „Psychische Belastung und Bewältigung des Langzeitexils" versuche ich diesem kollektiven Vergessen entgegenzuwirken. Dieser Artikel berücksichtigt dabei nur jene Aspekte, die sich im Spannungsfeld zwischen Rückkehr und Integration bewegen.

Zunächst umreiße ich meinen persönlichen Zugang zum Thema, um danach einige wesentliche Gedanken zur Problemlage darzustellen. Im nächsten Schritt sollen jene – aus der Arbeit gewonnenen – Erkenntnisse besprochen werden, die den Rückkehrgedanken und seine Auswirkungen auf das Leben im Exil zum Gegenstand haben.

1. Persönlicher Zugang zum Thema

Im Wintersemester 1991/92 organisierte eine Gruppe von Psychologiestudentlnnen gemeinsam mit dem Lektor Karl Fallend – im Rahmen des Seminars „Zur Psychologie der Folter" – die Vortragsreihe „Seelenmord". Ich war Mitorganisator dieser Veranstaltungsreihe, die sich die Menschenrechtslage in Südamerika als einen Schwerpunkt gesetzt hatte. Einer der Vortragenden war David Becker, ein deutscher Psychologe und Psychotherapeut, der schon seit Jahren in Chile lebt und sich der therapeutischen Betreuung von unter der Pinochet-Diktatur verfolgten Menschen widmet. Durch die intensiven und fesselnden Gespräche mit ihm reifte in mir der Wunsch, mich mit dieser Thematik umfassender und an Ort und Stelle auseinanderzusetzen.

Im Herbst und Winter 1992 bot sich dann für mich die Gelegenheit, ein psychologisches Praktikum im ILAS[2], einer Institution in Santiago de Chile, die mit politisch verfolgten Menschen psychotherapeutisch arbeitet, zu

---

1 Dieser Beitrag erschien in ähnlicher Form in Störfaktor 3/1994.
2 Instituto Latinamericano de Salud Mental y Derechos Humanos.

absolvieren. In den Monaten meines Aufenthalts in Chile war es mir auch möglich, andere, in diesem Bereich tätige Organisationen aufzusuchen, um mit einigen der dort beschäftigten PsychologInnen, SozialarbeiterInnen oder PsychiaterInnen Gespräche über deren Arbeit zu führen.

Als eine – in fast allen Gesprächen besonders schwerwiegend einge-schätzte – Problemlage stellte sich dabei das Schicksal der Reemigranten dar. Neben den ökonomischen und sozialen Schwierigkeiten, die bei der Wiedereingliederung zu erwarten sind (fehlende Wohnung, Arbeit, soziale Absicherung), muß auch die psychische Komponente beachtet werden. Die Wahl, sich für Chile und dadurch vielleicht gegen die eigene Familie zu entscheiden, stellt einen extremen Konflikt dar[3]. Zurückkommende, beson-ders jene aus dem europäischen Exil, fühlen sich von einstigen politischen Mitstreitern oft als Verräter behandelt und werden von Schuldgefühlen, die Heimat im Stich gelassen zu haben, gequält.

Das psychische Dilemma der chilenischen Reemigranten bewog mich zu dem Entschluß, mich der psychischen Befindlichkeit von (noch) im öster-reichischen Exil verbliebenen Chilenen zu widmen. Über bereits vorhande-ne persönliche Kontakte zu in Wien lebenden Exilchilenen war es mir mög-lich, am Gespräch interessierte Menschen ausfindig zu machen.

2. Heranführung an die Problemlage

1973 fand in Chile der gewaltsame Sturz der demokratisch gewählten Regierung von Salvador Allende durch das Militär statt. Nach der Macht-übernahme einer Militärjunta, unter der Führung Augusto Pinochets, kam es landesweit zu brutalen Verfolgungen politischer Gegner. In den ersten Monaten wurden tausende Menschen Opfer von Massenverhaftungen und -erschießungen. Danach ließ die Massivität der Verhaftungen nach, dafür wurden die Methoden der Repression immer raffinierter. Folter, Scheinhin-richtungen und das „Verschwindenlassen" von Personen standen an der Tagesordnung.

Unter diesen Bedingungen setzte in Chile eine massive Fluchtbewegung ein. Schätzungen sprechen von 200000 bis 1,5 Mio. Flüchtlingen (vgl. Bohrn & Bohrn, 1992). Der Großteil dieser Personen fand zumindest vor-übergehend in anderen lateinamerikanischen Ländern Zuflucht. Ein verhält-nismäßig kleiner Teil, ca. 18500 Personen, wurde nach Schätzungen des UNHCR von europäischen Regierungen aufgenommen. In Österreich leb-

---

3 Manche Familienmitglieder wurden bereits im Exil geboren, viele haben fast ihre ganze Kindheit und Jugend in Österreich verbracht, einige sind mit Österreicherinnen Partner-schaften und Ehen eingegangen.

ten 1986, laut einer Erhebung von John Pattillo-Hess, 1500 bis 2000 Exilchilenen und ihre Familien (vgl. Pattillo-Hess, 1986).

Veränderte politische Verhältnisse in Chile[4], die Beendigung der Pinochet-
diktatur und der Übergang zu einer demokratischen Regierung haben seitdem einige Familien oder einzelne Familienmitglieder dazu bewogen, wieder in ihre alte Heimat zurückzukehren.

3. Ergebnisse[5]

Gegenstand der Diplomarbeit war die Beschreibung und Analyse der
Lebenswelt von in Österreich lebenden Exilchilenen mit extremtraumati-
schem Erfahrungshintergrund. Insgesamt wurden die Interviews von 8
Männern ausgewertet. Die einzelnen Gespräche fanden Ende 1993 und
Anfang 1994 statt und dauerten zwischen 1,5 und 2,5 Stunden.

Um den Personen auf der einen Seite und der komplexen Problemstellung
auf der anderen Seite gerecht zu werden, wurden ausschließlich qualitative Methoden verwendet. Diese waren: Das problemzentrierte Interview als
Erhebungsmethode, die wörtliche Transkription als Aufbereitungsverfah-
ren, die Globalauswertung und die qualitative Inhaltsanalyse als Auswer-
tungs- und Interpretationshilfen.

Der Rückkehrgedanke konnte als zentrales, wenngleich sehr widersprüchlich erlebtes Element der Exilsituation ausfindig gemacht werden. Aussagen zu dieser Thematik fanden sich in jedem einzelnen Gespräch und
beziehen sich auf den gesamten Zeitraum des Aufenthalts im österreichischen Exil. Außerdem sind sie für viele Lebensbereiche von entscheiden-
der Relevanz.

Gleichwohl muß diese Darstellung eine unvollständige bleiben. Ihr Haupt-
manko liegt darin, daß sie vor allem einen internen, also psychologischen
Konflikt beschreibt, die äußeren Einflüsse hingegen nur am Rande mitre-
flektiert. Die komplexen dialektischen Verschränkungen zwischen prätraumatischen Erfahrungen (Kindheitsentwicklung), traumatischen Erlebnissen
in Chile (Folter, Konzentrationslager) und dem Geschehen in Österreich
(Diskriminierung, Isolierung ... [6]) müssen somit unberücksichtigt bleiben.[7]

---

4 1988 wurde ein Plebiszit abgehalten, in dem sich die Bevölkerungsmehrheit gegen die
   Diktatur aussprach. Die im Dezember 1989 durchgeführten Wahlen brachten eine demo-
   kratische Regierung unter der Führung des christdemokratischen Präsidenten Aylwin.
5 Es finden nur jene Ergebnisse aus der Studie berücksichtigung, die sich explizit mit der
   Thematik der Rückkehr beschäftigen.
6 Diese beiden Aspekte werden in diesem Buch im Artikel "Diskriminierung und Isolation"
   genauer ausgeführt.
7 In meiner Diplomarbeit "Psychische Belastung und Bewältigung des Langzeitexils" wurde
   diesem Aspekt besondere Aufmerksamkeit gewidmet.

Die dargestellten Ergebnisse gliedern die Aussagen in eine zeitliche Struktur, indem sie zunächst der Bedeutung und Funktion des Rückkehrwunsches in den ersten Tagen und Wochen nach der Ankunft im Exilland nachspüren. In der Folge wird der Rückkehrgedanke in Bezug zu den verschiedenen Lebensbereichen (Partnerschaft, Familie, Arbeit, Spracherwerb) gesetzt werden, um zum Abschluß die heutige Situation und die Zukunftsperspektiven im Zusammenhang mit der Rückkehr zu beleuchten.

3.1 Bedeutung des Rückkehrgedankens in den ersten Wochen im Exil

Die individuelle Einstellung zum Exil stellt einen wesentlichen Faktor für die Art der jeweiligen Bewältigung dar. Der Großteil der Chilenen traf in Österreich mit der Vorstellung ein, in wenigen Wochen wieder nach Chile zurückfahren zu können. Dies ist für die Motivation, eine aktive Partizipation am Leben in Österreich anzustreben, natürlich eine denkbar schlechte Voraussetzung.

Patricio[8]: Wir waren so verwirrt, also die Zeit war stehengeblieben. Wir haben in der Nacht überhaupt nicht geschlafen; (...) wochenlang überhaupt nicht geschlafen, gar nicht. Ja, und wir haben immer gedacht, naja, in vierzehn Tagen geht es wieder zurück. Das war unser Gedanke. Es kann der Pinochet nicht lange in Chile überleben. Das war der einzige Gedanke.

Der Gedanke an die unmittelbar bevorstehende Rückreise stellt in der Krisensituation des Exils einen durchaus angebrachten Überlebensmechanismus dar. Er hat seine Berechtigung darin, ein Überfluten des Individuums mit katastrophischen Ängsten zurückzuhalten (vgl. Kast, 1991). Oft kann sich die Idee der Rückkehr im Leben der Exilchilenen allerdings derart verfestigen, daß ein Leben im Exilland praktisch nicht mehr stattfindet. Die Zeit erscheint eingefroren, das Leben in Österreich wird als Leben im Wartesaal, als Leben im Transit verstanden.

Patricio: Der Gedanke war immer da, also der Pinochet wird es nicht schaffen. Und das war natürlich ein Irrtum, und wir sind draufgekommen, nach Jahren. Und wir haben immer nur geträumt; also wir waren Tagträumer.

Der Wunsch nach der baldigen Rückkehr konnte soweit führen, daß manche Exilchilenen über Jahre mit ständig gepackten Koffern lebten. In einem mir bekannten Fall währte der Übergangszustand, des „Leben aus dem Koffer", mehr als sechs Jahre.

Daß der illusorische Gedanke, der unmittelbar bevorstehenden Rückkehr nach Chile sich bei vielen über Jahre am Leben erhalten konnte, wird durch

---

8 Die Namen wurden zur Wahrung der Anonymität verändert.

ein Statement von Carlos sichtbar, der immerhin drei Jahre nach dem Militärputsch in Österreich ankam. Gleichzeitig kann erkannt werden, welchen Tabubruch es darstellt, sich nicht dieser kollektiven Hoffnung zu verschreiben.

Carlos: Ich bin gekommen, und die anderen Chilenen haben gesagt: „compañero, in drei Monaten – nach unserer Information – sind wir wieder in Chile." Und ich habe gesagt: „ihr spinnt!" ... Die haben mich eingeladen und waren total euphorisch. Haben mir nur schöne Geschichten erzählt. Und ich habe die Leute wirklich vom Himmel auf den Boden gebracht. Und die haben gesagt: „Aber das darfst du nicht sagen, darüber darfst du nicht reden".

Andere erkannten jedoch sehr bald die fatale Wirkung dieses Wunschtraumes, der zwar geeignet ist Ängste in Grenzen zu halten und das Gruppengefühl zu stärken, gleichzeitig aber keinerlei Möglichkeit zur persönlichen Weiterentwicklung offen läßt.

Antonio: Ich wußte, daß viele Menschen diesen ständigen Gedanken hatten. Wieder zurückkehren, immer den Koffer hinter die Tür zu stellen, bringt nichts. Wenn es die Möglichkeit gibt, steht die Möglichkeit, dann fährst du weg, Ok. willst du das? bist du sicher? Aber, wenn du nur an das denkst, dann kannst du gar nichts machen. Das habe ich gewußt. Viele Menschen hat das kaputt gemacht, die sind ins Grab gegangen (...) deshalb. Haben sich umgebracht ...

Die aktive Auseinandersetzung mit der Realität in Österreich setzt voraus, daß dem Rückkehrgedanken in wirklichkeitsnaher Weise begegnet wird – was nicht unbedingt die Aufgabe desselben bedeuten muß.

4. Auswirkungen des Rückkehrgedankens auf das Leben im Exil

4.1 Rückkehrwunsch und Partnerschaft

Für die Partnerschaften bedeutet der Rückkehrwunsch ein großes Konfliktpotential, welches dann zum Tragen kommt, wenn die Partner in diesem Punkt unterschiedliche Ansichten vertreten.

Jorge: Und das war der Grund, ... wo meine Exfrau immer gejammert hat. „Nach Chile müssen wir". Sie ist auch ein paarmal dorthin geflogen. Also, meine Ehe ist dann schief gegangen .

Bei German kommt es ab dem Zeitpunkt der Rückreisemöglichkeit nach Chile zu einer langfristigen Beeinträchtigung der Partnerschaft. Seine Frau stellte Bedingungen für eine gemeinsame Rückreise, nachdem er diese erfüllt hat, stellte sie weitere Bedingungen.

German: Ich habe meiner Frau gesagt: Ich fühle mich genau wie der Mann mit der Stange und mit der Karotte vor dem Esel. Der Esel versucht immer die Karotte; aber die Karotte ist immer zu weit.“ Und ich sagte: „Du machst dasselbe mit mir. Immer wenn ich einer deiner Forderungen nachkomme und eine Lösung finde, kommt eine neue“.

German sieht den zeitlichen Zusammenhang zwischen Ehekrise und den beiden Besuchen in Chile (beim ersten wollte er die Rückkehr der Familie vorbereiten), ohne sie jedoch in ursächlichen Zusammenhang zu bringen.

German: Ja, zufälligerweise war nach meiner Reise nach Chile im 85er Jahr eine stärkere Konfrontation in der Familie und auch nach unserer Rückkehr aus Chile 1989, wo wir alle drei drüben waren.

Ebenso wie der unterschiedliche Rückkehrwunsch zu Krisen in der Partnerschaft führen kann, kann dieser auch Belastungen in der Beziehung zwischen den Generationen auslösen. Nur in den wenigsten von mir betrachteten Fällen hat sich die gesamte Familie ohne größere Konflikte für eine der Möglichkeiten (Rückkehr nach Chile oder in Österreich bleiben) entschieden. Der häufigere Fall ist es, daß die Eltern oder ein Elternteil einer Rückreise positiv gegenüber stehen, während die Kinder oder eines der Kinder in Österreich bleiben wollen. Meist haben sich die Kinder aus der Sicht der Väter stärker in Österreich integriert, oft bleibt nur eine vage Hoffnung, daß sich die Jugendlichen später doch noch zur Rückkehr nach Chile entschließen. Bei mindestens zwei meiner Interviewpartner führte diese Problematik zum einstweiligen Aufschieben der Rückkehr nach Chile.

Bei einem Gesprächspartner führte die tatsächlich vollzogene Rückkehr zum Zerreißen der Familie. Die Frau und der Sohn von Francisco fuhren bereits zwei Monate vor dem Interviewtermin nach Chile zurück. Sein Sohn, der seit seinem zweiten Lebensmonat in Österreich lebt, stand dieser „Rückkehr“ von Anfang an skeptisch gegenüber. In der Folge entwickelte er für das Exil typische Krankheitssymptome, daher kehrte er wieder nach Österreich zurück.

Francisco: Er war krank. Er ist fast die ganze Zeit im Zimmer geblieben.

I: Welche Krankheit hatte er in Chile?

Francisco: Nervosität, Durchfall, Magenschmerzen, Allergien und große Depression.

Besonders auffällig ist in diesem Zusammenhang, daß der Vater bei seiner Ankunft in Österreich über ähnliche psychische und psychosomatische Beschwerden berichtete. Trotzdem bringt er die Krankheitssymptome seines Sohnes nicht mit der Rückkehr nach Chile, sondern mit der früheren Drogenabhängigkeit seines Sohnes in Verbindung.

Um seine Unsicherheit und Schuldgefühle einigermaßen unter Kontrolle zu bringen, ersucht er mich, mit seinem Sohn ein Gespräch zu führen. Damit verbindet er einerseits die Hoffnung, daß er doch noch mit nach Chile fahren würde, andererseits möchte er seinen Sohn wenigstens „gut versorgt wissen", wenn er seine Rückreise antritt.

4.2 Rückkehrwunsch und Arbeit[9]

Im Gegensatz zur dominierenden Bedeutung des Rückkehrgedankens in der Familie und Partnerschaft findet er im Zusammenhang mit der Arbeit kaum Erwähnung. Trotzdem dürfte er auch hier durchaus von großer Bedeutung sein. Auf der psychischen Ebene bedeutet auch die berufliche Integration einen Verrat an der Heimat und den Daheimgebliebenen, der berufliche Erfolg in der Fremde ist oft mit ambivalenten Gefühlen verbunden. Die Vorstellung, nicht lange in Österreich verbleiben zu müssen, erschwert es ebenso längerfristige Berufsziele zu verfolgen und verführt dazu, sich mit niederqualifizierten Arbeiten abzufinden. Durch die österreichischen Behörden wurden meine Gesprächspartner in der Regel dazu gedrängt, möglichst rasch in den verwertbaren Arbeitsprozeß einzusteigen. Für Studenten war das Fortsetzen ihrer Karriere besonders erschwert.

Mario: Das Arbeitsamt hat mich gedrängt. Obwohl ich Student war, wollten sie, daß ich arbeite. Wieso? und warum? verstehe ich nicht. Weil normalerweise als Student hätte man die Chance oder Möglichkeit zum Studieren haben sollen. ... Nun habe ich sehr viel gekämpft für ein Stipendium. Das habe ich nicht bekommen. Das Studium hat mich dann sehr viel Geld gekostet, mit Wohnen, Essen. (...) Dann habe ich selber Arbeit gesucht.

Anstatt die in dieser Situation benötigte Unterstützung zu gewähren, wurden sowohl vom Innenministerium als auch von den Arbeitsämtern zahlreiche bürokratische Hindernisse in den Weg gelegt.

4.3 Rückkehrwunsch und Sprache

Der Ankommende ist, durch die Unmöglichkeit sich verständlich zu machen, extrem wehrlos den Bedingungen seiner Umwelt ausgeliefert. Die Sprachlosigkeit verhindert fast zur Gänze eine Partizipation am öffentlichen Leben. Ungenügende Sprachkenntnisse verhindern eine Auseinandersetzung mit der Umwelt und tragen so zur Bildung von Vorurteilen, zu Mißverständnissen und Frustration bei (vgl. Friedmann, 1993).

---

9 Bei den Chilenen handelt es sich großteils um Kontingentflüchtlinge, denen im Gegensatz zu Flüchtlingen aus Bosnien, innerhalb relativ kurzer Zeit ein freier Zugang zum Arbeitsmarkt ermöglicht wurde.

Die Unfreiwilligkeit des Auslandaufenthaltes, verbunden mit der Überzeugung längerfristig nicht in Österreich bleiben zu müssen, die fixe Idee, daß in wenigen Wochen eine Rückkehr nach Chile wieder möglich ist, stellt einen entscheidenden Grund für das Nichterlernen der deutschen Sprache dar. Noch dazu kommen manche in einen schwer auflösbaren Loyalitätskonflikt, da das Erlernen der Sprache auf unbewußter Ebene einen Verrat an der Heimat bedeuten würde. Solange der persönliche Wunsch, sich mit den Gegebenheiten im Exilland zu konfrontieren, durch einen dominanten Rückkehrgedanken blockiert wird, sind Unterfangen, die deutsche Sprache zu erlernen, erfolglos.

Patricio: Im Deutschkurs, da war ich zweimal. Also sagen wir zwei Stunden.

Sehr viele brechen die ersten Versuche, die fremde Sprache zu erlernen, ab.

Carlos: Am Anfang haben ihn (den Deutschkurs) zirka dreißig Chilenen besucht, Männer und Frauen miteinander. Und am Ende sind wir sechs oder sieben gewesen.

Erst wenn das persönliche Bedürfnis besteht, sich mit der Aufnahmegesellschaft zu konfrontieren, sind Sprachkurse von Erfolg gekrönt. Der Zeitpunkt des Beginns der aktiven Auseinandersetzung mit der deutschen Sprache ist individuell unterschiedlich. Manche sehen dies schon von Beginn ihres Exilaufenthaltes als Notwendigkeit an.

Antonio: Die erste Sache, die ich verlangt habe war, ein Wörterbuch. Weil damals hat jeder Flüchtling ein Wörterbuch erhalten. „Das kannst du schon morgen oder übermorgen haben, aber wenn du willst auch sofort." Ich habe es sofort bekommen. Und dann, ich habe schon jedes Ding einfach damit gelöst.

4.4 Gegenwärtige Situation und Zukunftsperspektiven

Die gegenwärtige Situation der in Wien lebenden Exilchilenen verdichtet sich seit der Beendigung der Pinochet-Diktatur im Zwiespalt zwischen einer nunmehr wieder möglichen Rückkehr und einem weiteren Verbleib in Österreich. Eduardo bezeichnet die Gegenwart als die für ihn schwierigste Zeit im österreichischen Exil. Die theoretische Möglichkeit der Rückkehr nach Chile stürzt ihn dabei in Ambivalenzen.

Eduardo: (...) Das heißt, solange ich nicht nach Chile zurückkehren konnte, war keine Möglichkeit. Ich mußte hier bleiben. Ich habe gemacht was ich machen sollte. Und jetzt (bin ich) ... hin- und hergerissen.

Die Rückkehr oder das endgültige Hierbleiben steht am Ende eines langwierigen Prozesses. Unternimmt man den Versuch, die derzeitige Einstellung der Exilchilenen bezüglich Rückkehr und Integration zu erheben, fällt zunächst die Variabilität der diesbezüglichen Vorstellungen ins Auge. Auf der Handlungsebene kann man von der Gruppe der Rückkehrer und von den in Österreich Verbleibenden sprechen. Innerhalb dieser beiden Gruppen kann jedoch eine unglaubliche Vielfalt von Motiven und entscheidungsrelevanten Aspekten ausgemacht werden. Ein kleinerer Teil meiner Gesprächspartner hat sich zur Rückkehr entschlossen. So kehrte Francisco wenige Wochen nach dem Gespräch nach Chile zurück. Aus diesem Grund kreiste die zentrale Thematik des Gesprächs um die angestrebte Rückkehr und die Hoffnungen und Befürchtungen in diesem Zusammenhang.

Für Francisco stellte das gesamte Exil in Österreich ein Leben im Transit dar. So war er der einzige meiner Gesprächsparnter, der die österreichische Staatsbürgerschaft nicht beantragte. Seine Frau, die in Chile als Lehrerin gearbeitet hatte, besorgt sich in all den Jahren nicht einmal einen Befreiungsschein. Somit konnte sie nur in untergeordneten Positionen und illegal Beschäftigungen annehmen.

Das eigene Leben im österreichischen Exil wird als sinnentleert betrachtet. Dies ist allerdings nicht nur als psychologisch bedingte Abwertung des Aufnahmelandes zu verstehen, (vgl. Grinberg & Grinberg, 1990) sondern gründet sich ebenso auf real erlebte Belastungen und Zukunftsängste in Österreich. Seine persönlichen Erfahrungen und Frustrationen weitet er auf alle in Österreich lebenden Exilchilenen aus.

Francisco: Jeder Chilene im Exil ist demoralisiert.

Francisco reagiert erschrocken, als ich ihm die Frage stelle, was er glaubt, was ihm nach seiner Rückkehr nach Chile vom Leben in Österreich abgehen wird. Es wird ihm bewußt, wie wenig ihn mit dem Leben im Exil verbindet.

Francisco: Gravierend? Ein paar Freunde (...) und die Architektur von hier, die ist sehr sehr schön. Wien ist schön. (...) Mein Gott, ich habe so wenig von Wien in meinem Kopf. (...).

Auffällig ist vor allem sein über die Jahre unverändert gebliebenes, positives Bild von Chile und den Chilenen.

Francisco: Ich muß respektieren, was die Leute dort gemacht haben. Viele haben; mein Volk hat die Diktatur weggemacht, ich nicht. Da muß man einen großen Respekt haben vor meinem Volk.

Das idealisierte Bild Chiles kann vor allem dadurch aufrecht erhalten werden, da Francisco seiner Heimat bis jetzt noch keinen Besuch abgestattet hat. Seine Vorstellungen von der Zukunft sind eher diffus. Er weiß nicht, was ihn in Chile erwarten wird, geht jedoch davon aus, daß es besser werden wird als hier.

Francisco: Ich war blockiert (...) blockiert (...) blockiert. Ich hoffe, ich glaube, wenn ich wieder nach Chile zurückkomme, glaube ich, werde ich wieder aufwachen.

Während Francisco seine Rückreise ohne große Vorbereitungen und Absicherungen antritt, plant Carlos seine Rückkehr mit Bedacht. So stellt er klar, daß es für ihn wichtig ist, seinen derzeitigen Lebensstandard zumindest annähernd erhalten zu können.

Carlos: Für mich ist wichtig, wenn ich in meinem Alter nach Chile zurückgehe, (daß) mein Lebensstandard ungefähr gleich bleibt.

Carlos ist einerseits bemüht das Leben in Österreich geordnet zu beenden, andererseits überläßt er auch seine Zukunft in Chile nicht dem Zufall. Er weiß, daß er nach seiner Rückkehr in der Autoreparaturwerkstatt seines Bruders als Teilhaber einsteigen könnte, daneben sieht er auch gute Chancen, daß seine Frau einen Arbeitsplatz bekommt. Kontakte zu potentiellen Arbeitgebern wurden bereits geknüpft.

Im Gegensatz zu den meisten anderen Exilchilenen hat er eine klar definierte nationale Identität. Hauptgrund dafür ist, daß der Kontakt zu seiner Familie in Chile über die Jahre im Exil aufrecht erhalten werden konnte. So weiß er auch, daß ihn seine Familie bei der Rückkehr unterstützen wird. Er hat seine Rückkehr nach Chile beschlossen und nie wirklich in Frage gestellt.

Carlos: Und für mich ist es immer so, daß ich nach Chile zurückkehren will. Das ist für mich klar, daß ich irgendwann zurückkehre.

Nicht nur die endgültige Rückkehr oder das Hierbleiben scheinen als Handlungsalternativen auf. Auch ein Pendeln zwischen den Kontinenten kann eine mögliche Zukunftsperspektive darstellen. Auf seine persönliche Zukunft angesprochen, sieht sich Eduardo als Pendler zwischen den Kontinenten.

Eduardo: Ich werde … versuchen, daß ich (in) ein paar Jahren ein paar Monate nach Chile gehe und dann ein paar Monate in Österreich verbringen kann. Weil ich kann mir nicht vorstellen, daß ich Wien für immer verlasse, aber ich kann mir (auch) nicht vorstellen, daß ich nicht ständig nach Chile fahre.

Die Idee des Lebens als Pendler entsteht nach Eduardos erstem Besuch in Chile. Er kann die Idealisierung seiner Heimat nicht mehr länger aufrecht erhalten und verwirft seine Rückkehrpläne.

Eduardo: Meine erste Reise nach Chile war ein Schock. Man idealisiert ein bißchen. … Die Hauptstadt, meine Stadt, ist nicht die Stadt die ich kannte. … Das war zuerst ein Schock, ein Land, das ich nicht kenne. Weil die ehemaligen Freunde sind sehr wenig.

In Österreich fühlt er sich nicht integriert, wobei er dem Begriff der Integration sehr skeptisch gegenübersteht und für sich persönlich Integration als nicht erstrebenswertes Ziel ansieht. Eduardo gibt sich nie der Erwartung hin, Österreicher zu sein oder zu werden. Der Besitz der österreichischen Staatsbürgerschaft findet keinen Niederschlag in seiner nationalen Identität.

Eduardo: Mir war vom Anfang an bewußt, ich bin Ausländer, ich bleibe

Ausländer. Ich habe die österreichische Staatsbürgerschaft, aber das ändert nichts.

Aber auch sein Zugehörigkeitsgefühl zum heutigen Chile hat er verloren, und weiß, daß er es nie mehr zurückgewinnen wird.

Eduardo: Wer sein Land oder seine Tradition verlassen muß, der gewinnt keine neue. Er kann sich eine neue anschauen, aber er kann nie mehr zurück.

Durch die Radikalisierung der politischen Lage in Österreich fühlt sich Eduardo in seiner Existenz bedroht. Selbst Gedanken an eine neuerliche Flucht werden in diesem Zusammenhang angesprochen.

Eduardo: Ich muß zehn Jahre warten und dann habe ich eine Pension. Und, ich glaube nicht, daß ich noch zehn Jahre warten kann. Ich glaube nicht, daß die politischen Zustände so bleiben wie sie sind. Ob ich weg-rennen muß? Das glaube ich nicht. Weil noch einmal flüchten, dreimal flüchten ist ein bißchen zuviel.

Der größere Teil meiner Gesprächspartner tendiert dazu, sein weiteres Leben in Österreich zu verbringen. Angesichts der Ambivalenzen die dabei thematisiert werden, gleicht die Entscheidung der Akzeptanz des kleineren Übels. Besonders offensichtlich wird dies bei Mario. Von Anfang an emp-findet er es als schwierig sich in Österreich zu integrieren. Aber auch in Chile sieht Mario für sich keine Zukunftsperspektive. Nach seinem ersten Besuch in Chile mußte er erkennen, daß für ihn eine Rückkehr nicht mehr in Frage kommt.

Mario: Früher war die Möglichkeit zum Zurückkehren nicht. Und dann war die Möglichkeit da und dann bin ich eingereist und da habe ich beschlos-sen, daß ich (in Österreich) bleiben werde. Weil hier bist du niemand; na, und in Chile bist du auch niemand. Aber trauriger ist es im eigenen Land niemand zu sein.

Ebenso wie Mario fühlt sich Patricio heute weder als Chilene noch als Österreicher. Einmal bezeichnet er sich selbst als „Austrotschusch". Er beschreibt sein Dilemma folgendermaßen.

Patricio: Also ich fühle mich als Ausländer, das ist die große Schwierig-keit bei uns. Daß du nicht weißt wo du hingehörst. Also ich weiß ganz genau, ich gehöre nicht hierher. Aber wenn ich dort bin in meiner Heimat, gehöre ich auch nicht dorthin. Also ich werde für immer und ewig eine heimatlose Person sein. Bis zu meinem Tod.

Die eingetretene Entfremdung von den Menschen seiner Heimat wird ihm durch seinen ersten Besuch in Chile nach der Beendigung der Diktatur bewußt. Dort entschließt er sich in Österreich zu bleiben.

Patricio: Ich denke ich bleibe hier. Es hat keinen Sinn. Ich bin jetzt dreiund-vierzig Jahre alt. Ich war vor fünf oder sechs Jahren in Chile. Und ich war, ich war dort ein Fremder. ... Ich habe schon meine Familie getroffen, aber das sind jetzt andere Menschen. Also für mich war es komplett, total fremd.

Eine weitere Variante stellt das Aufschieben der Entscheidung dar. Bei German kann man davon ausgehen, daß ein endgültiger Entschluß in bezug auf die Rückkehr noch aussteht. Bei ihm zeigt sich deutlich die Zerrissenheit, die das Leben im Exil mit sich bringen kann. Während er rationale Argumente für ein Hierbleiben in Österreich vorbringt, sind seine emotionalen Bestrebungen nach Chile gerichtet.

German: Ich habe immer das Gefühl gehabt, solange ich in Österreich bleibe habe ich den Magen voll. Da habe ich keine Angst. Ich habe einen kleinen Bungalow, ein kleines Haus, wo wir leben können. Wir haben Sicherheit.

Der ökonomischen Sicherheit steht ein emotionales Vakuum entgegen. German fühlt sich in Österreich nicht gebraucht.

German: Aber ich finde, daß mein größter (...) ... Wunsch ... ist für andere Menschen irgend etwas zu machen. Und das kann ich in Österreich nicht machen. Weil die meisten von den Leuten sind satt.

Im Gegensatz dazu fühlt er sich in Chile gebraucht. Dort sieht er persönliche und politische Ziele und Perspektiven, die seinem Leben wieder Sinn verleihen könnten. Dem stehen allerdings konkrete Ängste um das Aufbringen des Lebensunterhaltes entgegen. Am meisten wiegt in diesem Zusammenhang jedoch, daß seine Frau und seine Tochter nicht bereit sind unter den gegebenen ökonomischen Umständen nach Chile zurückzukehren.

Das Gefühl der einander widersprechenden rationalen und emotionalen Bestrebungen verdichtet sich in Germans folgender Aussage:

German: Mit dem Herz kann ich heute noch nach Chile fliegen, mit dem Kopf weiß ich, daß es nicht möglich ist.

Am ehesten kann man noch bei Jorge von einer bewußten und freien Entscheidung, in Österreich zu bleiben, sprechen. Erwähnenswert in diesem Zusammenhang ist, daß Österreich nicht das erste Exilland, sondern das Exilland seiner Wahl darstellt. Er beschloß relativ bald, nicht mehr nach Chile zurückzukehren und beantragte sehr früh die österreichische Staatsbürgerschaft. Die Angst vor der Rückkehr unterstützte seine Integrationsbestrebungen.

Jorge: Ich habe immer Angst davor (vor der Rückkehr). Was ich dort erlebt habe, wollte ich nicht mehr wiederholen. Also, daß wieder das Gleiche kommt. Aus dieser Angst habe ich mich hier verwurzelt.

Trotz aller Angepaßtheit, einer schönen Wohnung, einer gehobenen beruflichen Position und guter Sprachbeherrschung fühlt er sich nicht als Österreicher. Der Verlust der nationalen Identität findet bei Jorge eine eher positiv besetzte Interpretation. Er sieht sich heute als Kosmopolit.

Jorge: Ich bin kein Österreicher, werde ich nicht sein. Nur, Chilene bin ich auch nicht. Ich bin Kosmopolit. Ich könnte überall leben. Unter schwersten Umständen auch noch auskommen.

Wieweit das Leben in Chile für Jorge gefühlsmäßig entfernt ist, soll die nachfolgende Gesprächssequenz zeigen:

I: Denken Sie noch viel an Chile?
Jorge: Ja, als Land der Dritten Welt. Als Land der Ausbeutung, von den reichen Ländern.
I : Und für Sie, so die Situation in Chile? Also, was Sie erlebt haben?
Jorge: Das war mehr oder weniger früher.

Antonio befindet sich in einer für die Exilchilenen besonderen Situation. Er ist der einzige meiner Gesprächspartner, der nicht unter die Generalamnestiefällt, dessen Rückkehr nach Chile also auch heute noch nicht möglich ist. Daß die Rückkehr nach Chile für ihn nicht möglich ist, empfindet er für sich persönlich eher als Vorteil.

Antonio: Ich glaube das ist ein Vorteil. Weil nämlich, wenn nur fünf Jahre vergangen sind ist es schon zuviel. Weil der Kulturunterschied ist so groß, man akklimatisiert sich hier in Österreich sehr schnell. Weil es viel bessere Bedingungen gibt als bei uns.

Die Gefühle beim Gedanken an den bevorstehenden Besuch in Chile sind gemischt. Die Angst, daß aufrechterhaltene Illusionen zerstört werden könnten, wird bewußt erlebt.

Antonio: Und vielleicht (wird) dieser Traum endgültig ausradiert. Das stört mal; stört manchmal innerlich. ... (Ich) habe Angst, daß dieser Traum weg sein sollte. Weil wenn ich jetzt noch nicht gehen kann, besteht die Hoffnung, daß diese Sachen, diese Verbindungen zu den Menschen, die ich geliebt habe; Freunde und so weiter, noch immer da sind. Weil diese zwanzig Jahre hast du dort nicht gelebt.

Antonio ist es bewußt, daß seine nationale Identität durch seinen langen Exilaufenthalt verändert wurde. So fühlt er sich weder als Österreicher, noch als Chilene.

Antonio: Ich weiß daß ich kein Österreicher bin. Ich weiß auch, daß ich kein Chilene mehr bin. Ich würde mich selber anlügen. Ich bin ein Ausländer mit österreichischer Staatsbürgerschaft. Sonst nichts.

Es gelingt ihm, sich der kritiklosen Idealisierung seiner alten Heimat, die bei vielen seiner Landsleute sichtbar wird, zu entziehen. Polarisierenden Ansichten steht er kritisch gegenüber.

Antonio: Ich weiß, daß nicht alles schwarz oder weiß ist, es gibt verschiedene Farben dazwischen. ... Und überall gibt es gute Menschen. Wieso; kann mir jemand erklären, daß in Chile so lange eine scheiß Diktatur gewesen ist. Da muß man blind sein.

5. Schlußfolgerungen

Aus den vorgestellten unterschiedlichen Aussagen kann das Spannungsverhältnis zwischen Rückkehr und Integration erschlossen werden. Der
Zwiespalt zwischen Rückkehr und „Nicht-Rückkehr" stellt für die Betroffenen, die sich schon viele Jahre im Exilland aufhalten, einen Konflikt und
einen schwierigen Entscheidungsprozeß dar.
Der uruguayanische Psychoanalytiker Marcelo Vinar, der selbst mehr als
10 Jahre im französischen Exil zubrachte, berichtet ergreifend über die diffizile Problematik der Rückkehrentscheidung. Dabei kommt er zu folgendem Schluß:
*„Zusammenfassend ist es mir wichtig, als zentralen Punkt zu unterstreichen, daß die Entscheidung zur Rückkehr nicht, wie manchmal geglaubt
wird, das Ergebnis eines klaren und vernünftigen Kalkül ist, sondern die
Erfüllung eines Schicksals, das notwendigerweise unumgänglich, ungewiß und geheimnisvoll ist"* (Vinar, 1990, S. 191).
Die Öffentlichkeit geht in der Regel davon aus, daß mit der geglückten
Flucht aus dem Verfolgerstaat und der Erteilung des Asyls für die Betroffenen die Mehrzahl der Probleme gelöst wäre. Danach beschränkt sich die
Unterstützung bestenfalls darauf, materielle Absicherungen zu gewährleisten und Sprachkurse anzubieten. Daß dies eine illusionäre Vorstellung ist,
sollte hier im Zusammenhang mit der Thematik Rückkehr oder „Nicht
Rückkehr" aufgezeigt werden. Das unfreiwillige Leben in einem nicht frei
gewählten Land und der Konflikt zwischen der Neustrukturierung des eigenen Lebens und der Loyalität zum Heimatland beeinflussen neben den realen Aufnahmebedingungen ganz entscheidend die Qualität des Lebens im
Exilland.
Für PsychologInnen könnten aus dem dialektischen Verständnis der innerpsychischen und gesellschaftspolitischen Situation von Menschen im Exil
eine wichtige Rolle als Vermittlungsinstanz zwischen ImmigrantInnen und
Aufnahmegesellschaft entstehen. Ihr Beitrag müßte darin bestehen, unterstützend beim Abbau gegenseitiger Vorurteile und Aufbau eines vertieften
Verständnisses füreinander zu wirken.

Literatur

Bohrn, A., Bohrn, K. (1992): Mit meinem Verstand bin ich Österreicher, aber im
    Herzen bleibe ich Lateinamerikaner. Unveröffentlichte Arbeit. Wien.
Friedmann, A. et al. (1993): Eine neue Heimat? Wien.
Fronek, K. H. (1994): Psychische Belastung und Bewältigung des Langzeitexils.
    Am Beispiel von in Wien lebenden Exilchilenen mit extremtraumatischen Erfahrungen. Unveröffentlichte Diplomarbeit. Universität Wien.

Grinberg, L.; Grinberg, R. (1990): Psychoanalyse der Migration und des Exils. München, Wien, Verlag Internationale Psychoanalyse.

Kast, V. (1991): Entwurzeln – Verwurzeln: Trauerprozesse bei Umbrüchen. In: Pflüger P. M. (Hg.): Abschiedlich leben. Umsiedeln – Entwurzeln – Identität suchen. S. 155–173, Olten, Walter Verlag.

Pattillo-Hess, J. (1986): Vom Zerfall der Masse zur Hetzmeute? Chilenische Flüchtlinge in Wien. Wien.

Vinar, M. (1990): Gedächtnis, Exil und Rückkehr. Ein persönlicher Beitrag aus Uruguay. In: Riquelme H. (Hg.): Zeitlandschaft im Nebel. S. 121–133, Frankfurt/Main.

Nichts wird wieder so sein, wie es vorher war ...

*Ein Multiplikatorinnen-Training für die Arbeit mit Kriegsopfern
(vergewaltigten und Flüchtlings-Frauen) in Kroatien*

Sabine Scheffler, Agnes Büchele

1. Hintergründe und persönliche Motive

Im Kontext von Krieg und Gewalt ist es uns wichtig, über die eigenen Motive und Handlungsabsichten, die der Durchführung eines solchen Projektes zugrunde liegen, Auskunft zu geben. Ein Bündel von Motiven, von feministisch-politischem Engagement bis zu humanitärer Hilfe ist hier von Relevanz, ebenso die Empörung über Vergewaltigung als Kriegsstrategie, die systematisch eingesetzt wurde. Die Identifikation mit den betroffenen Frauen hat es ermöglicht, Standpunkt zu beziehen und sich im Gewirr von politischen Positionen Eindeutigkeit zu bewahren. Die historische Reflexion, das Wissen um die Greuel des Holocaust und des Zweiten Weltkrieges, sowie dieser Krieg auf dem Balkan, in Europa, erhöhten die Motivation und die Bereitschaft, konkrete Hilfe zu geben.
Die Enttabuisierung von Gewalt und Mißbrauch im Alltag der Bundesrepublik durch die Arbeit der Frauenbewegung hat Erfahrung und Professionalisierung geschaffen, die es erleichterte, vor Ort Hilfe zu geben – auch als Akt und Zeichen von Solidarität. Gleichzeitig bietet das aber auch Entlastung von der Hilflosigkeit und Empörung sowie der Passivität des bloßen Zuschauens (vgl. Evangelischer Pressedienst, 1994, S. 29–31).

2. Beschreibung des Projektes

Es begann, eigentlich wie so vieles Bedeutsames im Leben, an einem Abend am Küchentisch in unserer Wiener Wohnung, wo die Empörung über die Kriegsgreuel sich in konkrete Handlungsvorstellungen und Planungen umsetzte. Wir schrieben ein Konzept, das wir nachfolgend kurz darstellen und begannen Kontakte zu knüpfen und die Finanzierung zu organisieren.[1] Das Projekt wurde für Frauen in Kroatien entwickelt, die

---

1 Folgende Kolleginnen konnten wir für die Mitarbeit an unserem Projekt gewinnen: Dipl. Psych. Gisela Clausen, Psychotherapeutin, Hamburg; DSA Hanne Heinermann, Rösrath;

ohne professionelle Vorerfahrung in der Arbeit mit Frauen mit Traumatisierung tätig sind.[2]

2.1 Das Konzept

Das Konzept des Multiplikatorinnentrainings basiert auf den Erfahrungen zur angeleiteten Selbsthilfegruppenarbeit aus der Frauenbewegung (consciousness-raising-groups) und auf der Arbeit zu unterschiedlichen sozialen Problemlagen (Krisenintervention, Traumatisierungskonzepte). Es gab sechs Treffen mit 16 Arbeitseinheiten zu jeweils eineinhalb Stunden an Wochenenden im Abstand von etwa 6–8 Wochen. Eine Gruppe bestand aus jeweils 16 Teilnehmerinnen, wir arbeiteten jeweils gleichberechtigt zu zweit, als Leiterinnen.

Die sechs Kurse sind folgendermaßen zu umschreiben:

1. Grundlagen von Traumaarbeit, Gruppenbildung
2. Unterstützung der Gesprächsführung in Gruppen

Maria Majce-Egger, Therapeutin, Wien; Dipl. Psych. Angela Rheinhardt, Psychotherapeutin, Berlin; DSA Margot Scherl, Frauenberatungsstelle Wien; DSA Ursula Standke, Düsseldorf; Dipl. Psych. Sonja Wohlatz, Psychotherapeutin, Wien. Die derzeitige Anschrift der Verfasserinnen und Leiterinnen des Projekts:
Zentrum für angewandte Psychologie und Frauenforschung, Prof. Dr. Sabine Scheffler, Dr. Agnes Büchele, Fridolinstraße 27, D-50823 Köln.
Das Projekt wurde mischfinanziert und kam durch folgende Unterstützung zustande:
BM für Frauen, Frau Johanna Dohnal, verantwortlich: Frau Dr. Christine Stromberger;
Caritas Leverkusen, Geschäftsführer Herr Dipl. Betriebswirt F. Herweg;
gesammelte Spenden der KollegInnen des Fritz Perls Instituts für Gestalt- und integrative Therapie, D-41499 Hückeswagen, verantwortlich: Prof. Dr. Sabine Scheffler;
„Mona Lisa-Fonds", verwaltet durch den Bundesverband der AWO, Oppelner Str. 130 in Bonn, verantwortlich: DSA Karin Schüler;
Universität Wien, Büro für Wissenschaftsdokumentation, verantwortlich: Dr. Paolo Budroni.
Die festen Kosten, Gehälter für die Flüchtlingsarbeiterinnen in Kroatien, Autos, Räumlichkeiten, Arbeitsmaterial der Projekte, werden aus dem Spendenaufkommen, das durch die AWO verwaltet wird, gedeckt. Die Honorar-, Reise- und Materialkosten des Projekts verteilen sich auf die übrigen Geldgeberinnen.
2 Ein Training wurde in der Women's Lobby in Zagreb durchgeführt, teilgenommen haben 16 Frauen, im Alter von 21 bis etwa 46 Jahren aus unterschiedlichen Berufsgruppen. Fast alle Frauen sind entweder Studentinnen unterschiedlicher Fachrichtung gewesen oder hatten eine gehobene Ausbildung absolviert (z. B. Betriebswirtin, Soziologin, Architektin, Juristin, Sprachwissenschaftlerin). Das 2. Training fand in der Nähe von Split statt (Tucepi) und wandte sich an Projekte, die zur damaligen Kriegszeit vom „Mutterland" Kroatien geschnitten waren (Women's Association Split, Desa, Dubrovnik, Suncokret, Rijeka).
Die Trainings wurden von März bis November 1993 in Zagreb und von Februar bis Oktober 1994 in Tucepi durchgeführt.

Wahrnehmungs- und Interventionstraining, Rollenspiel, schwierige Gesprächssituationen;

3. Spezielle Aspekte in der Arbeit mit Gewaltopfern, Umgang mit Apathie, Depression, Hilflosigkeit und psychosomatischen Beschwerden; Methoden der Abgrenzung und Unterstützung;

4. Organisation und Leitung von Selbsthilfegruppen
Grundlagen sozialer Gruppenarbeit, Arbeitsbedingungen, Struktur und Anleitung, gruppenzentriertes Arbeiten, Phänomene und Phasen eines Gruppenprozesses;

5. Beratung der laufenden Gruppenarbeit
Umgang mit schwierigen Gruppensituationen, Abgrenzungsprobleme, Ohnmacht und Hilflosigkeit, Bestätigung der eigenen Arbeitsstruktur, Entlastung; laufende Gruppenarbeit und Abschluß des Trainings; Bestätigung des eigenen Arbeitsstils, Arbeit mit realistischen Erwartungen, Gruppenkonflikte und Tabus.

2.2 Ziele

Mit diesem Training verbinden wir

1. Psychohygienische Funktionen der Entlastung, der Einbindung in eine Arbeitsgruppe;

2. eine Bewußtheit für die eigenen Kompetenzen zu schaffen und eine Bestärkung der eigenen Kompetenzen zu erfahren;

3. Unterstützung bei der Strukturierung der eigenen Arbeit und der Zielsetzung wie Grenzziehung in der eigenen Arbeit;

4. Vermittlung von Fakten und Wissen über die Folgen von Traumatisierung (Symptomatik) und die Bedeutung von Gruppen für die Arbeit mit Gewalt und Traumatisierung;

Zur Traumatisierung und Folgen von extremer Gewalt vermittelten wir zunächst schlicht Wissen. Das Kurzzeitziel jeder unterstützenden Arbeit bei Krise und Traumatisierung ist die Reduzierung der belastenden Symptomatik (Alpträume, Schlafstörungen, psychosomatische Beschwerden, Flashbacks usw.). Außerdem geht es darum, die Funktionsfähigkeit des Individuums wieder herzustellen und/oder zu erhalten. Dies bedeutet im Umgang mit der betroffenen Frau, ihr zu helfen, den Zusammenhang zwischen der Traumatisierung und ihrer jetzigen Befindlichkeit zu verstehen, sie zu bestärken, über ihre eigenen Gedanken und Erklärungen zu sprechen, wie sie sich die Entstehung der Symptomatik aus ihrer Sicht erklärt. Dies relativiert Gefühle der Hilf- und Machtlosigkeit. Ebenfalls soll den betroffenen Frauen konkrete Hilfe und Unterstützungen bei materiellen Problemen geboten werden, sofern dies in Lagern möglich ist. Die Helferin kann auch die Krisensymptomatik als normale Reaktion in einer abnormalen Situation beschreiben, dies hat entlastende Funktion und hilft gegen die Angst, „verrückt zu werden". In der akuten Krisenarbeit geht es nicht darum, die Krise oder das Trauma durchzuarbeiten, sondern es ist nötig, die Bewältigungsmechanismen, die Stärken einer einzelnen Frau herauszuarbeiten und ihr bewußt zu machen. Es ist wichtig, in der Gruppe über den politischen und sozialen Kontext des individuellen Leids nachzudenken, auch wenn es dabei zu Auseinandersetzungen zwischen den einzelnen Volksgruppen kommen kann. Die Betroffenen sollen dazu angehalten werden, ihre negativen Gefühle auszudrücken, denn die Gefühle sind gerechtfertigt.

Die Unterstützung und das Zuhören, das Dasein, die Präsenz eines anderen Menschen, der bereit ist, das Leid mitzutragen, reduziert die Angst und die Scham. Die Emotionen und furchtbaren Erinnerungen werden in der Regel vermieden, da sie weiter labilisieren und auch schuldbesetzt sind. Dabei ist es wichtig, mit Erklärung und Informationen die Verwundung und Zerstörung der Person anzusprechen und zwar direkt, weil Folter und Vergewaltigung das Ziel haben, die Persönlichkeit des Opfers zu zerstören. Die Veränderungen der Person sind die Reaktion eines gesunden Menschen auf eine unmenschliche Erfahrung. Die erlittene und erduldete Veränderung ist radikal. Als Folge der persönlichen und kulturellen Entwurzelung bleibt die Person verwundbar. Es ist sinnvoll, die Stärken der Person zu thematisieren, das fördert die Selbstachtung. Auch das Sprechen über den Alltag und seinen geringen Möglichkeiten, indem man nach Erleichterungen sucht, verschafft Entlastung. Das Sprechen über das Leid vermindert die Einsamkeit und Isolation, in bezug auf die schmerzlichen Erlebnisse.

Die so knapp beschriebenen Inhalte und Fakten über den Umgang mit Traumatisierung versuchten wir inhaltlich und modellhaft durch methodisches Vorgehen zu vermitteln. Wir gestalteten unsere Beziehung zu den Teilnehmerinnen kollegial, wir übernahmen Leitungsfunktionen, wir informierten, wir koordinierten, wir stützten, ermutigten, begleiteten, wir initiierten, wir sorgten dafür, daß Gefühle genannt wurden und wir schafften klare Arbeitsbedingungen. So boten wir einen verläßlichen Rahmen und ein Modell dafür, welches die Frauen in die Gruppenarbeit in die Camps transferieren konnten. Um die Stärken der einzelnen Frauen zu unterstützen und herauszuarbeiten, benutzten wir unterschiedliche Techniken und Medien. Wir ließen zu unterschiedlichen Themen Bilder malen und besprachen sie in Kleingruppen, (z. B. zur eigenen Lebenssituation und zur eigenen Kriegserfahrung). Wir leiteten Rollenspiele an (z. B. die schwierigste Frau im Lager zu spielen). Wir versuchten „vergessene Themen" wie Sexualität und Gewalt, Einsamkeit, Angst und Ohnmacht und vor allem Trauer, so wie sie in der Gruppe der Teilnehmerinnen sichtbar wurden, anzusprechen; wir thematisierten die eigenen Schuldgefühle. Wir erarbeiteten am Beispiel der eigenen Gruppenerfahrung wie wichtig es ist, Kontinuität, Vertrautheit und eine Gruppenstruktur zu haben; wir achteten dabei peinlich genau auf die Einhaltung der Regeln. Wir gaben Entlastung, indem wir die Teilnehmerinnen in einem Rollenspiel dazu aufforderten, alles das zu tun, was sie sich sonst in der Arbeit verbieten und besprachen die entlastenden Wirkungen. Die Teilnehmerinnen merkten, wie sie sich künstlich distanzierten und in einer neutralen Position hielten, aus Angst, einmal keine Antwort oder auch kein Angebot zu haben. Außerdem machten das Feedback und das Rollenspiel für die Teilnehmerinnen deutlich, daß so manches Handlungsverbot, das man sich nicht mehr auferlegt, für eine betroffenen Frau belebende Wirkung haben kann. So wurde für die Teilnehmerinnen vor allen Dingen deutlich, wie sie selbst Gefühle vermeiden, aus Angst vor Destabilisierung der einen oder anderen Seite. An dieser Stelle führten wir das Konzept ein „Zeugin zu sein"! Dabei geht es um die persönliche Präsenz, um das Zuhören, auch um das Mitleiden und das Mitweinen, um so das unfaßbare Geschehen im Erzählen aus der einsamen und isolierten Erfahrung herauszuholen und kommunizierbar zu machen (vgl. Veer, 1992; Cole, Espin, 1992). Wir unterstützten den Bezug zu eigenen Ressourcen und Kräften durch Übungen zur Identifikation (z. B. einen Gegenstand aus der Umgebung suchen, der die eigene Kraft symbolisiert oder einen Talisman aus Knetmasse herstellen). Bei allen übungszentrierten Verfahren sorgten wir für einen Austausch in Kleingruppen und eine Diskussion in der Gruppe, die wir unterstützten, um die Beziehung und den Kontakt der Teilnehmerinnen untereinander zu stärken.

3. Die Erfahrungen

Im folgenden versuchen wir beispielhaft, die Verhaltensweisen und Beziehungsstrukturen sowohl auf der Seite der Teilnehmerinnen wie auf der Seite der Kursleiterinnen zu beschreiben. Diese Verhaltensweisen und Beziehungsstrukturen entstehen aus der Kraft und Wirkung des Themas ‚Krieg und Traumatisierung', den Rahmenbedingungen der Arbeit, der persönlichen Situation der Teilnehmerin, der Charakteristik der Gruppe und ihrer Arbeitsweise und den Verhaltensweisen und der Verarbeitungsformen der Kursleiterinnen.

3.1 Die Teilnehmerinnen, Arbeitssituationen, Verhaltensweisen und Beziehungsstrukturen

Die Frauen, mit denen wir als Multiplikatorinnen arbeiteten, zeigten eine Haltung, die wir als ‚Kriegsmentalität' bezeichneten. Sie nahmen eher willig alles an, was wir ihnen geboten haben. Die Dynamik der Gruppen, die wir angeleitet haben, war wie in Extremsituationen üblich, durch Polarisierungen gekennzeichnet. Überaktivität wechselte sich mit Passivität ab, Anteilnahme war gefolgt von Verschlossenheit und eher verborgener Traurigkeit, die Verzweiflung fand ihre Entsprechung in Distanzierung und Abgrenzung. Die Situation war zudem durch Schuldgefühle geprägt, die ein Überengagement zur Folge haben („mir geht es ja noch viel besser als den Frauen im Camp"). Zudem machten einige Frauen in den Gruppen auch die Kränkung spürbar und die tiefe Verletzung ihres Stolzes, die der Krieg für sie bedeutet. Er hat sie in Armut gestürzt, alle sozialen Strukturen erschüttert und er bedeutet Lebensbedrohung. Da kommen dann ‚die klugen Frauen aus Westeuropa daher und erzählen uns dann auch noch, wie man mit sowas umzugehen hat', das ungefähr war bisweilen die Botschaft. Das eigene Ohnmachtserleben und die eigene Bedürftigkeit wurden in der Regel abgewehrt, die Frauen suchten als Gegengewicht dazu nach Patentrezepten und arbeiteten mit hohen Ansprüchen an das eigene Können sowie mit hohen Erwartungen an die geflüchteten Frauen. Öfters wurde über die Apathie und mangelnde Motivation der Lagerbewohnerinnen geklagt; vor allem aber, da die Lebensperspektive aller dieser Frauen durch Familie und Kinder bestimmt ist, waren die Betreuungsfrauen empört, wenn die Frauen sich ihrer Ansicht nach – und sicherlich auch tatsächlich – nicht mehr angemessen um ihre Kinder kümmerten. Die überstarke Belastung der Betreuungsfrauen zeigte sich auch in der Tabuisierung bestimmter Themen und Gefühle. Einsamkeit und Isolation, Selbstsucht und Gier, auch Egoismus und Neid waren durchwegs bedrohlich und wurden hinter einer solidarischen, unterstützenden Haltung verborgen. Da die ständige Bedrohungssituation und die zerbrechenden sozialen Strukturen zu so etwas wie einem „verwahrlost" erscheinenden Beziehungsverhalten führen, haben die Betreuungsfrauen während des Kurses dafür gesorgt, daß sie sich nicht „wirklich einlassen". Dies wurde deutlich an Phänomenen, daß die Gruppenmitgliedschaft, trotz unseres nachdrücklichen Hinweises auf Kontinuität stetig wechselte, daß die Frauen Teile des Kurses versäumten, weil etwas anderes wichtiges zu tun war. Sie wirkten einfach sehr gehetzt und verängstigt und gleichzeitig bestimmt von ihrem Anspruch, ihre Kraft und ihr Engagement für andere Frauen zur Verfügung zu stellen. Die Abgrenzung von der Ansprüchlichkeit der Frauen im Camp fiel den Betreuungsfrauen schwer. Das Recht auf Abgrenzung war ein immer wiederkehrendes Thema. Für die Frauen war es anfangs ein Tabu, keine Antwort und kein Angebot zu haben. Daher war ein Basisziel unseres Trainings, ihnen zu vermitteln, daß Zuhören, Dasein, „Zeuge des Elends zu werden" (Cole, Espin, 1992) eine wichtigsten Haltungen in der Flüchtlingsarbeit ist, neben der selbstverständlich materiellen Grundversorgung. Es war für die einzelne Betreuungsfrau schwer als Individuum in der Gruppe sichtbar zu werden, Differenzierungen wurden kaum zugelassen, da der Krieg alle gleich macht, gleich solidarisch, gleich mit Schuldgefühlen belastet und gleich überfordert.

Die Beschreibung dieser Verhaltensweisen muß man sich noch eingebettet in einen chaotischen Kontext vorstellen. Als wir in Zagreb mit unserem Training begannen, saßen in einem etwa 20 m² großen Raum 18 Frauen, das Sprachengewirr begann und auf beiden Seiten gab es Ängste, wie man wohl bestehen könne. Die Frauen begegneten uns mit einer Mischung aus Bewunderung und Abweisung. Sie schämten sich, daß sie ihr Land und sich selbst in einer solchen Situation zu präsentieren hatten, daß sie in solcher Weise auf Hilfe von außen angewiesen waren. Gleichzeitig gab es aber auch so etwas wie eine Aufbruchstimmung. Die „normalen Strukturen" waren brüchig und deshalb waren die Chancen für die Frauen groß, sich neue Spielräume zu erkämpfen. Die Themen „Ich bin stark " und „Ich bin so erschöpft und verzweifelt und selbst in einer Krise" waren allgegenwärtig. So wurden allmählich auch die eigenen Kriegserfahrungen und -erschütterungen zum Thema und in der Gruppe besprechbar.

3.2 Die Helferinnen; Verhaltensweisen und Beziehungsstrukturen

Die Arbeit von autonomen, multikulturellen Frauengruppen in Kroatien ist nach wie vor behindert und eingeschränkt durch die politische Situation. Ohne die Unterstützung aus dem Ausland könnten autonome Gruppen ihre Arbeit nicht fortsetzen. So sind nicht nur der Krieg, sondern auch die nationale Politik Kroatiens bei der Gruppenarbeit allgegenwärtig.

Wir machten die Arbeitsbedingungen und die Rahmenbedingungen der Flüchtlingsarbeit zum Thema, indem wir auch über die Regeln in der eigenen Gruppe und über den Ablauf dieser Gruppe sprachen. Es wurde deutlich, wie wichtig klare Arbeitszeiten und eine minimale Struktur sind, um ein Minimum an Kontakt und Begegnung zu garantieren. Wir stellten dabei unser eigenes Erleben zur Diskussion, nämlich den Erwartungsdruck, den wir spürten, daß für alles zuwenig Zeit sei, daß es zuwenig Beziehung gebe und wir eine solch große Bedürftigkeit spürten. Der exemplarische Austausch über unsere eigenen Schwierigkeiten und Bedürftigkeiten in der Arbeit wirkte gleichsam wie ein „Büchsenöffner", die Frauen fühlten dies als Erlaubnis, auch über ihre Überforderungen und ihre Ängste in der Camparbeit zu sprechen. Daraus entwickelten wir Grundregeln für die Arbeit und jede Frau suchte sich Gruppenaspekte aus, auf die sie achten wollte und die für sie stützend waren.

Mit unserem Arbeitsstil der „Conciousness Raising Groups" knüpften wir an der zweiten Frauenbewegung an; wir verstanden uns als Moderatorinnen, als Impulsgeberinnen und als Katalysatorinnen, die das Potential der

Gruppe spürbar und sichtbar machten und die persönlichen Ressourcen und Potenzen bewußt werden ließen. Dies war nur durch eine hohe Präsenz möglich, oft waren wir es, die die Traurigkeit und Verzweiflung benannten, die die Gruppenatmosphäre verdeutlichten; durch unser modellhaftes Verhalten entlasteten wir meistens die Gruppe und gaben ein Beispiel für den Umgang mit nur schwer zu tolerierenden Gefühlszuständen. In der methodischen Führung der Gruppe waren wir darauf bedacht, die persönlichen Potentiale und die Alltagserfahrungen der Frauen für die Gruppenarbeit in den Camps zu nutzen. So regten wir z. B. ein Gespräch darüber an, welche Strategien für ihre Mütter bei der Bewältigung von Chaos hilfreich waren, welche sie selber anwenden, und welche davon ihnen selber auf keinen Fall entsprächen. Diese Aufzählung von wirksamen Verhaltensweisen, auch wenn man sie persönlich nicht mochte, belebte die Gruppe ungemein. Selbst manche in Fachkreisen sicher als „neurotisch" zu bezeichnende Strategie der Mütter, wurde als äußerst effektiv bezeichnet und konnte so nicht nur unter dem emotionalen Aspekt, sondern unter dem Wirkungsaspekt betrachtet werden. Wir vermittelten den Frauen die Basisüberzeugung der Frauenbewegung zur Gruppenarbeit, wo Frauen als Mütter, als älteste Töchter, als Kindergärtnerinnen und Lehrerinnen, als Jugendgruppenleiterinnen ununterbrochen Gruppen managen, Streit schlichten, Ordnung schaffen, unterstützen, trösten, konfrontieren und Beziehungen gestalten.

Dieses bewußte Hereinholen von Alltagserfahrungen und das Gewahrwerden eigener sozialer Kompetenzen stiftet Sinn und Orientierung für die Arbeit in den Camps. Unser Verständnis von unserer Arbeit in den Camps ist bewußt nicht therapeutisch, sondern als „Hilfe zur Selbsthilfe" gedacht und an Modellen von Selbsthilfegruppen orientiert.

Wir sorgten weiter für Entlastung, indem wir in Rollenspielen die schwierigste Frau im Camp „in die Gruppe hereinholten" und gemeinsam nach Lösungsstrategien suchten. Als ebenso entlastend wirkte ein Rollenspiel als Beraterin, die alles das tut, was sie sich sonst selbst verbietet. Im Austausch in der Kleingruppe wird dann deutlich, daß die eigenen Gebote zuweilen hinderlich sind im Gespräch und zu einer Blockade führen, außerdem sind manche „verbotenen Verhaltensweisen" für das Beratungsgespräch sogar sinnvoll und förderlich. Um weiter vom Arbeitsdruck und auch vom moralischen Druck zu entlasten, ließen wir erkennen und vermittelten wir, daß ein „Ungeschehenmachen" und eine „Wiedergutmachung" der Brutalität des Krieges nicht möglich ist. Das, was man dagegen setzen kann, ist die Präsenz und das Zuhören, der Kontakt und die Begegnung. Dies konnte in der Gruppe sinnfällig gemacht werden, denn die Frauen mieden den Kontakt miteinander, sie erzählten nicht jemandem sondern sie erzählten vor sich hin, sie hatten kaum Blickkontakt. Jedoch: im Spiegel der anderen und in den Augen der anderen wahrzunehmen, daß das, was man selbst erzählt, vom Gegenüber bewältigt und anteilnehmend verarbeitet werden kann, daß „hinschauen und zuhören" tatsächlich als Entlastung spürbar wurde, erweiterte den Handlungsspielraum der Frauen. Solche Erfahrungen und Erkenntnisse ließen jeweils eine lockere, manchmal auch fröhliche und ausgelassene Atmosphäre in der Gruppe entstehen.

Das Thema Gewalt und Vergewaltigung, Traumatisierung und Lebensbedrohung mußten wir immer wieder enttabuisierend benennen. Wir vermittelten faktisches Wissen über Folgen von Traumatisierung. Um das Thema der Traumatisierung besprechbar zu halten, lag der Fokus unseres Trainings auf der Stärkung des Selbstvertrauens der Frauen in die eigene Arbeit und in die eigenen Kompetenzen. Die Lösungsstrategien, die die Gruppe dabei fand, hatten immer Vorrang, da die Gruppe die Möglichkeit der Laiinnen repräsentierte.

Trotzdem war es schwierig, die Hilfestellung zu geben und die Überzeugung zu vermitteln, daß die Betreuungsfrauen als Laiinnen von ihrer Lebenssituation als Frauen dazu befähigt sind, über diese Themen zu sprechen. Wir konnten u. a. auch am Gruppenprozeß verdeutlichen, daß nicht sprechen und Dinge unaussprechbar halten, die Isolation, die Einsamkeit und den persönlichen Druck erhöhen. Gewalt wird im Krieg nur sichtbarer und brutaler. Gewalt ist eine Strukturvariable unserer Kultur. Die Individualisierung des Problems hingegen führte zu Schweigen, zur Tabuisierung und zur Phantasie, daß die Gewalt eine persönliche zerstörende Erfahrung ist, die mit niemandem geteilt werden kann. Unter anderem machen solche Verarbeitungsmechanismen und Verdrängungen die Problematik dann zu einer Therapieproblematik.

Die Mitteilung und Spiegelung der eigenen Reaktionen, Phantasien und Befindlichkeiten durch die Anleiterinnen erleichterte es den Teilnehmerinnen immer wieder, die Zwiespältigkeit und Ambivalenz zu begreifen, die für ihre Arbeit charakteristisch ist und die alle daran Beteiligten erfaßt. Wir versuchten zu vermitteln, daß die eigenen Reaktionen in der Arbeit mit Krisen und Kriegssituationen zwischen Apathie, Umtriebigkeit, Empörung, Zorn, Verzweiflung und Überidentifikation hin- und herwechseln und daß diese Reaktionen angemessen und legitim sind.

Wir selbst erlebten, sicherlich gemildert durch eine andere Betroffenheit, durch unsere professionelle Kompetenz und Erfahrung in der Arbeit mit Krise und Trauma eine ganzes „Wechselbad" von Handlungsimpulsen und Gefühlen. Es begann mit Frustration, Verwirrtheit und Desorientierung über das beliebige und diskontinuierliche Verhalten der Kursteilnehmerinnen. Sie gaben uns einfach ihr eigenes Chaos zum Ordnen. Die Selbstzweifel kamen immer wieder. „Was haben wir eigentlich in diesem Land zu suchen und wie kann man in einer solchen Situation soziale, solidarische und professionelle Hilfe leisten?" Auch wir spürten Ärger, Zorn und Empörung. Die älteren Kolleginnen von uns waren mit Gefühlssituationen zu eigenen frühkindlichen Kriegserlebnissen beschäftigt. Dies war belastend, es war aber auch eine Chance. Der Austausch in den Pausen zwischen den Gruppensitzungen war entlastend und hilfreich, zuweilen „hangelten" wir uns aber auch von Sitzung zu Sitzung. Die Schwierigkeit bestand u. a. auch darin, bei all dem Leid, das spürbar und besprechbar wurde, nicht therapeutisch zu intervenieren, sondern den Gruppenprozeß ressourcen- und lösungsorientiert zu gestalten. Dabei kam uns unsere berufliche Erfahrung, Situationen in Übungen und mit Hilfe kreativer Medien darstellbar zu machen, sehr zuhilfe. Die eigene Hilflosigkeit und der Verlust der Übersicht machten jedoch auch aggressiv und produzierten einen extremen Druck (Protokollauszug Scherl/Wohlatz, 9.–11. Juli 1993. Stichworte: „Hohe Erwartung – wenig Zeit – wenig Beziehung – große Bedürftigkeit – spürbare Trauer – Frauen sind einzeln nicht sichtbar.")

Wir sind erschöpft und nachdenklich nachhause gekommen, diese Arbeit war für beide Seiten schwer und durch mancherlei Ambivalenz gekennzeichnet. Die Absurdität dieses Krieges zu erleben, hat uns zornig und verzweifelt zurückgelassen, gerade deswegen war es jedoch für uns eine bereichernde und sinnvolle Tätigkeit.

Literatur

Becker, D. (1992): Ohne Haß keine Versöhnung. Das Trauma der Verfolgten. Freiburg.

Cole, E., Espin, O. M., Rothblum, E. D. (1992): Refugee women and their mental health. New York etc.

Evangelischer Pressedienst (Hg.) (1994): Über den Umgang mit Leidenden: Frauen als Opfer des Krieges in Ex-Jugoslawien; Konzepte zur Unterstützung, Begleitung, Berichterstattung, Beiträge einer Tagung für BeraterInnen und JournalistInnen. Emil von Behring-Straße 3, D-60439 Frankfurt am Main Nr. 42/94.

Everstine, D. S.; Everstine, L. (1992): Krisentherapie. Stuttgart.

Hernan, L. (1993): Die Narben der Gewalt. Frankfurt/Main.

Kappeler, S.; Renka, M.; Beyer, M. (Hg.) (1994): Vergewaltigung, Krieg Nationalismus. Eine feministische Kritik. München.

Kretschmann, U. (1993): Das Vergewaltigungstrauma. Krisenintervention und Therapie mit vergewaltigten Frauen. Münster.

Mentzos, S. (1993): Der Krieg und seine psychosozialen Funktionen. Frankfurt.

Rosch-Inglehart, M. (1988): Kritische Lebensereignisse – eine sozialpsychologische Analyse. Stuttgart.

Stiglmayer, A. (1993): Massenvergewaltigung. Krieg gegen die Frauen. Freiburg.

Veer, v. d. G. (1992): Councelling and therapy with refugees. Psychological problems of victims of war, torture and repression. Chichester.

Rückkehr, Rückblick, Vorausschau

Brigitte Lueger-Schuster

Im Frühling 1992 kamen die ersten Flüchtlinge aus Ex-Jugoslawien, im Frühling 1996 gingen viele zurück. Gleichzeitig kommen Menschen nach Österreich oder in ein anderes Exilland, um in Frieden zu leben. Zwar gibt es ein Friedensabkommen, doch trauen die wenigsten diesem Abkommen Stabilität und Dauerhaftigkeit zu. Auch ist dieser Friede nur gewaltsam aufrechtzuerhalten. Soldaten sorgen für seine Stabilität, genauso wie sie für die Stabilisierung des Krieges zuständig waren. Die Volksgruppen haben ihre Plätze zugewiesen bekommen, nicht alle sind mit der Platzverteilung einverstanden, wie die Raub-, Brand- und Vernichtungszüge in Sarajewo und anderorts dokumentieren. Die „Tischordnung", die in Dayton aufgestellt wurde sowie die Menüzusammenstellung wird zwar fürs erste hingenommen, aber wird sie auch längerfristig akzeptiert werden? Viele Flüchtlinge aus den Kampfgebieten haben ihren Platz an der Tapfel überhaupt verloren. Sie wurden an den Katzentisch gesetzt. Ihre Häuser und Wohnungen sind entweder zerstört oder durch andere Personen in Besitz genommen worden. Wo sollen sie hin, wird es ihnen bei einer Rückkehr möglich sein, einen Platz an der Tafel zu erhalten? Gibt es für sie überhaupt noch einen Platz zum Leben in ihrem Land? Diese Fragen stellen sich viele Menschen, die vor vier oder weniger Jahren ihre Heimat freiwillig oder gezwungen verlassen haben. Doch erhalten sie kaum Antworten auf ihre Fragen, weil es noch keine Antworten gibt. Erste Reisen zur Überprüfung der Situation werden gemacht. Die Ergebnisse dieser Überprüfung sind größtenteils katastrophal, erschüttern emotionell und zeigen, daß die Perspektiven zum Wiederaufbau der Existenz trist sind.
In dieser Situation hat das Bundesministerium für Inneres über die Rückführung nachgedacht. In einer Bund-Länder-Konferenz wurde ein Maßnahmenkatalog entwickelt, der die unbeliebte Tischordnung, die Plätze an den Katzentischen sowie das karge Menü schmackhaft machen sollte. Dieser Maßnahmenkatalog ging von Grundsatzpositionen aus, die den Flüchtlingen Rückkehrunwilligkeit und Lethargie unterschoben. Möglichst schnell wollte man die Flüchtlinge wieder loswerden. Da von einer Rückkehrunwilligkeit ausgegangen wurde, wurden Maßnahmen erdacht, die die Motivation zum Verlassen Österreichs steigern sollten. Beispielsweise sollte auf die schlechte Arbeitsmarktsituation hingewiesen werden, die eine Verbesserung der Integration quasi ausschließt. Durch Information und Rückkehrberatung wollte man Anreize zum Durchbrechen der Lethargie setzen und

diese Rückkehrberatung sollte nur von jenen Institutionen geleistet werden, die das Daytoner-Abkommen akzeptieren. Um dieser Rückkehrberatung auch ausreichende Wirkung zu verleihen, wurde ein relativ abruptes Ende der Unterstützungsaktionen ins Auge gefaßt: die Jahresmitte 1996. Für bestimmte Personengruppen sah man eine besondere Schutzwürdigkeit vor, indem man ihnen ein Verweilen in Österreich bis Sommer 1997 zugestand. Dies galt auch für in Ausbildung befindliche Personen, allerdings ohne deren Familienangehörigen. Die im Katalog entwickelten Maßnahmen vermittelten eine eindeutige Botschaft: die Motivation zur Rückkehr durch gesetzlichen Druck erhöhen. Allerdings wurde diese Botschaft nicht bis zum Schluß durchgehalten.

Zusammenfassend wurde festgestellt:

„Personen, die auch nach dem geplanten Ende der Aktion (spätestens am 31. 8. 1997) ohne einsichtigen Grund nicht zurückkehren wollen, sollten keine Untersützung und auch kein Aufenthaltsrecht mehr erhalten. *Die endgültige Lösung dieser Frage wird aber auf 1997 verschoben.*"

Angesichts der Situation in den Nachfolgestaaten Ex-Jugoslawiens trat dieser Maßnahmenkatalog nie in Kraft. Die Lösung des Problems „Bosnier" wurde auf die Jahresmitte 1997 verschoben, in der freundlichen Formulierung: Verlängerung der Bosnien-Aktion. Trotzdem wird durch diese Argumente die Haltung des offiziellen Österreichs gegenüber Menschen, die vor dem Krieg geflüchtet sind oder durch ihn vertrieben wurden deutlich.

Über *end*gültige Lösungen über den Verbleib und die Perspektiven von Menschen sprach man vor knapp mehr als 50 Jahren auch wenn man unter sich war. In der Öffentlichkeit redete man damals zwar nicht der Integration das Wort – die war auch nicht notwendig, viele der einer *end*gültigen Lösungen Zugeführten, waren bestens integriert, aber man tat damals – sowie heute – alles, um Menschen das Leben in bestimmten Regionen zu verunmöglichen. Die Geflüchteten und Vertriebenen kamen nicht nach Österreich, um eine Art Dauerurlaub zu genießen, sie kamen, um ihr Leben zu retten. Sie retteten zwar ihr Leben, aber sie verloren dabei ihre Zukunft. Auch der Abschluß der Bosnien-Aktion kann die Aussage jener Bosnierin nicht verändern, die mir im Laufe eines Gespräches sagte: *„Ich habe meinen Kopf gerettet, jetzt weiß ich nicht wohin damit!"* Wenn sie demnächst nach Bosnien zurückkehrt, wird sie wieder nicht wissen, wohin sie ihren geretteten Kopf betten soll oder an welchem Tisch sie sitzen wird. Rat- und Hilfslosigkeit werden wieder auftreten, eine weitere Phase der Trauer, Resignation und letztendlich Depression wird ihr bevorstehen. Eine zusätzliche Traumatisierung wird dann stattgefunden haben. Sie wird das werden, was vor 50 Jahren auch viele waren: eine „displaced person".

Aus den Forschungsarbeiten der JAGGZ (Jüdische Ambulante Psychiatrische und Psychosoziale Fürsorge – Niederlande 1991), die die Nachfolgegeneration von kriegstraumatisierten Juden untersucht hat,[1] geht eindeutig hervor, daß die Traumatisierung, die die Eltern erlitten haben, an sie weitergegeben wurde, mit unterschiedlichen Auswirkungen, aber immer mit negativen Konsequenzen. Mit der oben skizzierten Haltung werden Österreich und andere Staaten Europas (z. B. Deutschland) zum Mittäter. Trotz aller Hilfe, die in den langen vier Kriegsjahren gegeben wurde, machen sich diese Staaten mitschuldig. Statt Hilfe zur Heilung der psychischen Wunden des Krieges anzubieten, werden diese Wunden durch die geplanten Rückkehraktionen wieder aufgerissen und noch einmal vergrößert. Die Kinder dieser Menschen sind bereits traumatisiert und werden es erneut werden. Die Hoffnung auf einen dauerhaften Frieden wird dadurch reduziert (vgl. Mentzos, 1993). Durch die Verlängerung des Aufenthalts für die BosnierInnen besteht die Möglichkeit, die Menschen auf ihre Rückkehr vorzubereiten. Neben politischer Einflußnahme auf den Friedensprozeß, wie z. B. die Verurteilung nationalistischer Äußerungen, könnte auch für die Menschen hier im Land einiges getan werden. Ein Rückkehrtraining – wie es zur Zeit diskutiert wird – sollte nicht nur auf den Wiederaufbau der Existenz eingehen, sondern vor allem einen Abbau der Schuldgefühle und der Hoffnungslosigkeit und der Zukunftsangst ermöglichen, die viele der Flüchtlinge entwickelt haben und die ein erneutes Wurzelschlagen in der alten Heimat, aber auch im Exilland verhindern. Diese Gefühlsmischung verlängert den Aufenthalt im Transit, auch wenn er in der Realität längst beendet wurde. Dubravka Ugrešić (1994), eine Schriftstellerin aus Zagreb, beschreibt ihre Gedanke und Gefühle während des Rückfluges aus dem amerikanische Exil sehr eindrucksvoll: *„Und ich überlege, ob ich jetzt, wo die Dinge gewiß sind, auf dem Amsterdamer Flugplatz meine Route ändern soll, ob ich mich trauen soll, statt in die Maschine aus Zagreb in eine andere zu steigen … Denn ich zittere vor der – Heimat. Ich zittere von all dem Unglück, dem ich während dieser Monate in gedrängten Zeitungsartikeln, Fernsehbildern, Pressefotos begegnet bin, ich zittere von all dem Unglück, das mich über die Telefondrähte und in den Briefen erreicht hat … Ich zittere vor der alten Heimat, in der ich zur Ausländerin geworden bin und die übrigens nicht mehr existiert, ich zittere vor ihrem Phantom, ich zittere vor der neuen, in der ich Ausländerin sein werde, deren Staatsbürgerschaft ich erst beantragen muß, indem ich beweise, daß ich dort geboren bin, obwohl ich geboren bin, daß ich ihre Sprache spreche, obwohl es meine Muttersprache ist, ich zittere vor dieser alt-*

---

1 Es wurden vier Kategorien der Auswirkung gefunden: Bedrückung, Kummer und Trübsal, Schweigen über die Vergangenheit; die Eltern verdrängen ihre Vergangenheit; die Familie lebt zur Gänze im Zeichen des Erlittenen.

neuen Heimat, die ich mir werde erkämpfen müssen, um in ihr ein Emigrantendasein zu führen" (S. 191).

In ihrer Vorstellungswelt hat sie einen Ausweg aus dieser beängstigenden Situation gefunden: *„Der Weg, den ich vom Ausstieg aus dem einen Flugzeug bis zum Einstieg in das andere zurücklege, von einem gate zum anderen, ist ein Weg der inneren Freiheit. Ich gleite auf dem Laufband, gehe schneller, blaue, grüne und gelbe Pfeile peitschen mein Gesicht wie ein vielfarbiger Wind. Dann verlasse ich das Laufband, schlendere, sehe auf die Uhr. Bis zum Abflug ist noch viel Zeit. Ich strecke mich in einem bequemen Sessel und höre mit geschlossenen Augen die Ansagen aus dem Lautsprecher. Herr Fischer, unterwegs nach Paris, wird zur Information gebeten... Die Herren Iwanow und Popow werden zm Abflug nach Moskau gebeten ... Hier fühle ich mich wohl. Ich bin eine menschliche Larve. Hier im Niemandsland werde ich mein Nest bauen. Ich werde vom, Sektor A zum Sektor B, vom Sektor B zum Sektor C wandern. Ich werde niemals hinausgehen, niemals wird man mich finden. Tagsüber werde ich mich auf den Laufbändern bewegen und so tun, als reise ich irgendwo hin, nachts werde ich mich in einen Sessel kuscheln und auf einen Abflug warten, der niemals bekanntgegeben wird"* (S. 192). Zur Bewältigung der sie bedrängenden Ängste und Schuldgefühle wählt sie ein Leben im Transit.

Auch Irina, die junge Frau, die uns zu Beginn begegnet ist, wird in ihre Heimat zurückkehren. Ihren Mann wird sie nicht wieder treffen. Er ist gefallen – für Volk und Vaterland – oder sollte man sagen: er wurde ermordet? Ihre Schwiegereltern leben noch, ihre Mutter ist tot, ihr Vater ist sehr krank. Er hat Sarajewo nicht verlassen. Irina selbst lebt nun seit vier Jahren in Österreich, sie hat sich mit Putzarbeiten durchgebracht. Sie ist alt geworden in diesen vier Jahren. Acht Übersiedlungen, fünf Aufenthaltsverlängerungen, die Einsamkeit und die Ungewißheit über den Verbleib ihres Mannes, das ständige Gefühl ungewollt und unakzeptiert zu sein, das Schuldgefühl den Daheimgebliebenen gegenüber; nicht an ihrer Seite gewesen zu sein, nicht ständig in Lebensgefahr gewesen zu sein, das Begräbnis der Mutter versäumt zu haben, keine Legitimation für ein Leben in der Heimat mehr zu haben, weil sie hier in Österreich im Warmen und Sicheren saß, haben ihr die Kraft geraubt. Ich habe sie gefragt, ob sie sich vorstellen kann, zurückzugehen. Was sie dort machen wird, habe ich sie gefragt, wo sie wohnen und was sie arbeiten wird? Ihre Antwort war: *Sie werden mir einen Platz geben in einem Lager, vielleicht darf ich ein bißchen arbeiten, aber ich darf nichts verlangen, ich war nicht dort, ich war hier. Meine Freundin, mit der ich alles gemeinsam gemacht habe, sie ist geblieben, ich weiß nicht wie ich ihr jemals wieder in die Augen schauen soll, weil: ich bin ja gegangen, ich war nicht stark genug alles zu ertragen, sie aber schon. Ich darf dort nichts verlangen, und ich kann mir nicht vorstellen, dort jemals wieder richtig zu leben. Es bleibt mir nichts anderes über, ich muß zurückkehren.*

Deutlich wird durch ihre Aussage, daß Irina für eine Heimkehr nicht gerüstet ist. Sie weiß nicht, wo sie wohnen wird, sie hat keine konkreten Pläne, wie sie ihr Leben gestalten wird. Sie ist voller Schuldgefühle wegen ihrer Flucht, die eine Vertreibung war. Diese Idee, die anderen in Stich gelassen zu haben, um „ganz egoistisch" das eigene Leben zu retten, hat bereits Niederland (1980) mehrfach bei den Überlebenden des Nazi-Terrors festgestellt. Nicht die Vertreiber, Mörder und Folterer fühlen sich schuldig, sondern ihre Opfer.

Die Auflösung dieses Schuldgefühls bedarf komplexer psychosozialer Interventionen und den entsprechenden gesellschaftlichen Rahmen, der das geschehene Unrecht anerkennt und die Täter bestraft. All dies erscheint in den Nachfolgestaaten des ehemaligen Jugoslawiens nicht gewährleistet zu sein. Folgt man der aktuellen Berichterstattung, so sind international gesuchte Kriegsverbrecher nach wie vor auf freiem Fuß und die Rückkehr in die eigenen Wohngebiete – so wie sie der Dayton-Vertrag vorsieht – stößt ebenfalls auf Widerstände und findet ihr Ende in weiteren Gewalttaten. Erste Stimmen sind zu hören, die vor einem Wiederaufflammen der Kriegshandlungen warnen. Insgesamt erscheint die Zeit für eine Rückkehr noch nicht gekommen.

Anders als bei den rückkehrenden Chilenen, deren Überlegungen, Ängste und Gefühle Heinz Fronek beschreibt, haben die Flüchtlinge aus Ex-Jugoslawien keine Wahlfreiheit. Viele der Chilenen sind Österreicher geworden, sie sind am Arbeitsmarkt integriert, haben ihre Kinder in Österreich aufgezogen und sich einen – wenn auch in der Regel bescheidenen – Platz in der österreichischen Gesellschaft erobert. Sie können frei entscheiden, ob sie hier bleiben wollen oder zurückkehren. Damit können sie auch sehr genau überlegen, welche Situation sie in Chile vorfinden werden, eine gedankliche Auseinandersetzung mit der heutigen Situation in Chile ist für sie möglich, weil sie in Freiheit geschieht. Wohl sind auch sie von Gefühlen der Überlebensschuld geplagt, aber ihre Perspektiven sind positiver und vor allem konkreter. Die Wunden ihrer Verfolgung sind besser verheilt, weil sie länger Zeit dafür hatten. Auch hat Chile einige politische Wiedergutmachungsschritte gesetzt und sich dadurch – wenn auch nicht ausreichend – bei den Geflüchteten entschuldigt. Desweiteren ist die wirtschaftliche Situation deutlich stabiler geworden, sodaß ein erneuter Aufbau der Existenz in Chile einfacher erscheint als für die Geflüchteten und Vertriebenen aus Ex-Jugoslawien. Gerade die Wahlfreiheit und die Entwicklung konkreter Zukunftspläne ist der entscheidende Unterschied: statt

Passivität und Resignation sowie einer weiteren Traumatisierung stehen Aktivität, autonome Entscheidung und zumindest ansatzweise Wiedergutmachung im Vordergrund.

Irina könnte ihre Konflikte in Österreich verarbeiten, einige Male nach Bosnien auf Erkundungsreise fahren, ihre Kontakte in der Heimat erneuern und dann ihre Entscheidung fällen. Das ist die Idealversion und wäre eine die Menschenrechte würdigende Version. In dieser Version würden die Staaten Europas verstärkt politische Forderungen nach Gerechtigkeit und Einhaltung des Dayton-Abkommens stellen, was zum Teil auch geschieht. Genauso wichtig wäre die Verlängerung der IFOR-Truppenstationierungen, um die Stabilität des Friedens eher zu gewährleisten. Dann könnte Irina das Gefühl entwickeln, daß sie in ein Land zurückkehrt, das sich nicht alles erlauben kann, wo sie als Vertriebene auch Rechte hat und nicht als Schuldige dasteht.

Aber auch während des Aufenthalts in Österreich hätte einiges getan werden können, um den Flüchtlingen mehr Perspektiven zu verschaffen. Wenn die Bund-Länder-Konferenz die Lethargie der Flüchtlinge beklagt, so ist diese Lethargie ein Produkt der politischen und psychosozialen Verhältnisse, in denen sich die Flüchtlinge bewegen.

Wie beschrieben, leben die Menschen in den Lagern in Abhängigkeit von den LeiterInnen und BetreuerInnen, sie sind in ihrer Bewegungsfreiheit eingeschränkt und unterliegen einem begrenzten Zugang zum Arbeitsmarkt. Ihr rechtlicher Status gewährt ihnen kurzfristige Perspektiven, häufiges Übersiedeln verhindert jedes Wurzelschlagen, Hoffnungen auf eine baldige Rückkehr verhindern die Entwicklung von Initiativen usw. Doch selbst innerhalb des bestehenden Rahmens gibt es Möglichkeiten, Traumatisierungen durch das Lagerleben zu reduzieren und Traumatisierungen durch den Krieg zu behandeln und zu mildern.

Für Irina und viele andere wäre es wichtig gewesen, Ansprechpartner zu finden, denen sie vertrauen hätten können, bei denen sie sicher gewesen wären, eine quasi anwaltliche Vertretung zu finden. Angestellte in Flüchtlingslagern können diese Rolle eines vertraulichen Gesprächspartner nur bedingt übernehmen, weil sie der behördlichen Logik unterliegen (vgl. Schuster, 1994), die mit der Psychologik nicht immer kompatibel ist. BetreuerInnen unterliegen immer wieder dem Konflikt, Weisungen oder Verordnungen zu exekutieren, wohlwissend, daß diese Vorschriften dem Befinden der LagerbewohnerInnen abträglich sind. Für die Flüchtlinge wirken die Anordnungen aus dem Mund ihrer BetreuerInnen, mit denen sie vielleicht vorher ein vertrauensvolles Gespräch über ihre Ängste, Sorgen und Wünsche geführt haben, irritierend und unverständlich, weil sie im Gegensatz zu den Hilfs- und Unterstützungsangeboten stehen, die entweder durch die BetreuerInnen gemacht wurden oder die sich die Flüchtlinge erhofft haben.

Irina hatte sich nach zwei Jahren in Österreich in einen Flüchtling verliebt, der in einem anderen Lager lebte. Damals wußte sie noch nicht, daß ihr Mann bereits tot war. Hin und her gerissen zwischen der Treue zu ihrem verschwundenem Ehemann und dem neuen Mann, wandte sie sich an eine BetreuerIn, die ihr lange und einfühlsam zuhörte und ihr zu verstehen gab, wie sehr sie sich über diese Beziehung freue. Irina fühlte sich erleichtert und freier, diese neue Beziehung zu leben. Einige Tage darauf warf ihr die Betreuerin vor, daß ihr Freund nicht bei Irina übernachte dürfe, weil es dafür keine Erlaubnis gäbe. Daraufhin beschloß Irina nie mehr wieder mit irgendeinem Betreuer über ihre persönlichen Angelegenheiten zu sprechen. Außerdem trennte sie sich von ihrer jungen Liebe.

Die Betreuerin, der es nach langer Zeit gelungen war zu Irina eine Beziehung aufzubauen, handelte den Lagervorschriften gemäß, sie unterlag der Behördenlogik. Gleichzeitig zeigte sie Verständnis für die psychologischen Bedürfnisse, weil sie Irina ermutige, eine neue Partnerschaft einzugehen. Bei ihr überwog in diesem Konflikt die Behördenlogik. Wäre sie nur für die psychologische Betreuung der LagerbewohnerInnen zuständig gewesen, hätte sie keine disziplinierende Maßnahme setzen müssen, die die notwendige Vertrauensbasis zerstören kann.

Grundsätzlich wäre für jedes Lager eine Person wichtig, die frei von Weisungen und Verordnungen der Behörden und der Lagerleitung als AnsprechpartnerIn und Vertrauensperson agieren kann. Schwerpunkte ihrer Gespräche sollten sein: die Aufarbeitung der Vertreibung und Flucht, die Thematisierung der Schuldgefühle gegenüber den Zurückgebliebenen sowie der Umgang mit den Ängsten über die ungewisse Zukunft und der Umgang mit den aktuellen Problemen, die über die soziale Ebene hinausgehen. Resignation, Hoffnungslosigkeit, Schlaflosigkeit und psychosomatische Erkrankungen könnte durch diese Art der Betreuung und Unterstützung reduziert werden, Motivation für einen Deutschkurs, berufliche Fortbildung oder auch nur weniger Lethargie wären dadurch erreichbar. Teure medizinische Behandlungen und Krankenhausaufenthalte, psychiatrische Behandlungen im Falle eines Lagerkollers oder die Prävention von Gewalttaten könnten durch eine derartige Rolle in den Lagern erreicht werden. Zum Teil wurde dieses Konzept von uns auch praktiziert, allerdings konnten wir nicht immer auf die Kooperation seitens der Lagerleitung zählen, sodaß einige Interventionen abgebrochen werden mußten.

Um die Kooperation mit der Lagerleitung zu ermöglichen, bedarf es bestimmter organisatorischen Rahmenbedingungen und Grundübereinkünfte zur Zusammenarbeit, etwa fixe Termine, zu denen die Vertrauensperson erreichbar ist, einen eigenen Raum und die Integration in das Betreuungsteam, um den Austausch über die Wahrnehmung von Geschehnissen im Lager und ihre Wirkungen auf einzelne Personen zu ermöglichen. D. h. die leitenden Personen sollten durch ihre Ausbildung Verständnis für die psychosoziale Befindlichkeit von Flüchtlingen und Vertriebenen aufbringen können. Dies ist leider nur selten gegeben, weil viele der im Flüchtlingslager tätigen Personen zwar sehr viel Mitleid mit dem Schicksal dieser Menschen zeigten, aber mit der Fremdheit der psychischen Phänomene wie z. B. den Schuldgefühlen oder Selbstbestrafungen durch Fasten o. ä. überfordert waren. Auch die Massivität der Angstgefühle und der Resignation war häufig nicht nachvollziehbar. Bedingt durch diesen Mangel konnte die Sinnhaftigkeit einer zusätzlichen Betreuung, die über die grundlegenden versorgenden Interventionen hinausging, nicht immer eingesehen werden. Besonders auffällig war dies in der Kinderbetreuung, wo häufig Räumlichkeiten für Spielnachmittage nicht zur Verfügung gestellt wurden. Auch Interventionen im Bereich von Sexualität und Familienplanung stießen solange auf Ablehnung bis die ersten Abtreibungen durch die Frauen selbst durchgeführt wurden und Krankenhausaufenthalte nötig wurden.

Des weiteren würde durch eine verbesserte Ausbildung der LagermitarbeiterInnen das Auftreten des Burn-out-Syndroms reduziert, weil weniger Mitleid und damit verbundene Hilfsaktionen den Alltag dominieren, sondern Fachwissen das Motiv der Handlung sein würde.

Ein weiteres Problem in der Interaktion der LagerbetreuerInnen und der LagerbewohnerInnen liegt in der Sprache. Es ist nicht unbedingt notwendig, die Muttersprache der Flüchtlinge zu beherrschen, es ist aber unabdingbar auf eine korrekte Übersetzung zu achten. Betroffene als ÜbersetzerInnen einzusetzen, ist eine Möglichkeit, sofern eine relativ starke Distanz zum eigenen Schicksal vorhanden ist. Fehlt diese Distanz, verselbstständigt sich der Dialog durch die ungewollten und unbewußten Verzerrungen, die der/die ÜbersetzerIn in die Interaktion einbringt. Der Dialog wird zu einer Quelle von Mißverständnissen.

Ähnliches gilt für die psychotherapeutische Interaktion. Des weiteren spielen sowohl für die psychotherapeutische Interaktion als auch für die Intervention im Lager die gesetzlichen Rahmenbedingungen eine große Rolle. Psychotherapie ist in der Arbeit mit Flüchtlingen hilfreich, aber sie ist kein Ersatz für die Humanisierung der Rahmenbedingungen, z. B. der Aufenthaltsgesetze und des gesellschaftlichen Klimas Fremden gegenüber. Die beste Psychotherapie findet dort ihre Grenzen, wo Ausländerfeindlichkeit und Einschränkungen der persönlichen Freiheit ihr Schranken setzen. Spezielle Anforderungen an die PsychotherapeutInnen sind: Überwindung der Sprachbarrieren und der kulturellen Differenzen, Umgang mit dem Ergebnis von Gewalt und Grausamkeit in einem zum Teil unvorstellbaren Ausmaß. Für PsychotherapeutInnen heißt dies: Stellung beziehen statt neutral und abstinent zu bleiben, d. h. die Menschenwürde zurückgeben, dort wo sie geraubt wurde, d. h. Aushalten von barbarischen Taten anderer, d. h.

den Glauben an die Zivilisierbarkeit des Menschen zurückgeben und ihn selber nicht verlieren. Dies gilt auch für die BetreuerInnen, die genauso mit den Konsequenzen unmenschlichen Verhaltens, mit Gewalt, Krieg und Tod konfrontiert sind. Es geht darum zu lernen, mit den eigenen Schuldgefühlen umzugehen, die man wegen der Greueltaten anderer bekommt. Die BetreuerInnen und PschotherapeutInnen können keine Wiedergutmachung leisten. Sie kann nur von den Repräsentanzen der Täter und den Tätern selbst geleistet werden. Erst wenn dieser Lernprozeß durchlaufen wurde, ist es für das Betreuungspersonal möglich, an der Akzeptanz der geschehenen Greueltaten zu arbeiten und dadurch den Flüchtlingen eine Integration in die Psyche zu ermöglichen. In diesem Zusammenhang möchte ich auf psychohygienische Maßnahmen wie regelmäßige Supervision im Team und als Individuum verweisen, um die Komplexität und Schwere der täglichen Arbeit verdauen zu können.

Doch auch äußere Faktoren können das Leben im Exil erträglicher machen. Wir haben auf die Problematik der Verpflegung durch Großküchen hingewiesen. Nicht nur, daß diese Form der Ernährung sehr teuer ist, sie verhindert auch eine sinnvolle selbstbestimmte Alltagsgestaltung. Die Einrichtung von Gemeinschaftskochplätzen, die von mehreren Familien verwendet werden können, würde Abhilfe verschaffen, die Menschen wären autonomer, könnten über die Zubereitung der gewohnten Speisen ihre Wurzeln etwas pflegen und man könnte die Ausgaben für die Versorgung senken. Selbstverpflegung erspart – wie in jedem Haushalt – Kosten.

Eine weitere Möglichkeit für mehr Lebensqualität liegt in der Verkleinerung der Lager: Weniger räumliche Dichte, weniger Köpfe pro m^2, weniger sozialen Streß und damit weniger Konflikte. Die LagerbewohnerInnen hätten mehr privaten Raum zur Verfügung, Alleinsein und Rückzug, aber auch Nähe und Intimität wären eher möglich. Das soziale Klima könnte freundlicher und weniger aggressiv gestaltet werden. Positive Auswirkungen auf die praktischen Dinge des Lageralltags wie Putzen und Ordnung halten, wären zu erwarten. Auch eine vermehrte Unterbringung in Privatwohnungen mit mobilen Betreuungsdiensten könnte eine Möglichkeit der Unterbringung sein. Ähnlich wie bei den mobilen Pflegedienste statt der Aufnahme in stationäre Dienste könnte diese Variante des Wohnens u. U. Kosten senken. Sie böte auch eher Schutz vor rassistischen Übergriffen, weil die Ziele dieser Übergriffe nicht so einfach zu identifizieren wären.

Speziell für Kinder und Jugendliche wäre die konsequente Installierung von Freizeit- und Beschäftigungsgruppen eine gute Möglichkeit, um Kriegstraumatisierungen zu erkennen und zu behandeln. Jugendliche würden von der Straße geholt, die Verführungen der Langeweile, wie wir sie mehrfach beobachten konnten, z. B. Ladendiebstähle und Vandalismusakte könnten reduziert werden. Denkbar wären auch Integrationsbemühungen der Kinder und Jugendliche in bestehende Einrichtungen.

Die Bundesländerquotierungen (Quoten zur Aufteilung der Flüchtlinge auf die Bundesländer) wäre weniger strikt zu handhaben, sodaß ein häufiges Umsiedeln vermieden wird. Vielfach sind Menschen aus Wien abgesiedelt worden. Dieses häufige Umsiedeln ist für alle Flüchtlinge problematisch, besonders aber für die Kinder und Jugendlichen, weil sie weniger Ressourcen und Bewältigungsmöglichkeiten haben, um das wiederholte Kappen ihres Wurzelschlagens – etwa der wiederholte Verlust von Schulfreundschaften – auszuhalten. Der Prozeß des Entwurzeltwerdens durch mächtige Gegner wiederholt sich ständig, die Erinnerung an das Trauma der Flucht wird immer wieder neu belebt. In diesem Zusammenhang sind auch die nächtlichen Durchsuchungen von Lagern nach Illegalen seitens der Fremdenpolizei als wiederholte Traumatisierung zu werten. Eine freundlichere Vorgangsweise dieser Durchsuchungen wäre wünschenswert. Insgesamt ist der Erfolg derartiger Aktionen ohnehin in Zweifel zu ziehen.

Das der Rechts- und Aufenthaltsstatus sowie die Zugangsbeschränkungen zum Arbeitsmarkt ebenfalls die Selbstbestimmung, Autonomie und Perspektiven reduzieren, wurde bereits beschrieben. Dennoch könnte auf dieser Ebene, auch im Rahmen der bestehenden Gesetze, Veränderungen im Bereich der Familienzusammenführungen zweckmäßig sein. Es ist nicht immer nachvollziehbar, warum Mutter und Tochter im Lager X leben, während der später nachgekommene Vater im Lager Y in einem anderen Bundesland lebt. Obwohl wir viele Bemühungen zur Behebung dieses Mißstandes kennen, weisen wir trotzdem auf diesen Punkt hin.

Abschließend: Der Status-quo in der Flüchtlingsbetreuung fördert Abhängigkeit, Regression und Perspektivlosigkeit. Er erzeugt bei einigen Teilen der Bevölkerung Verunsicherung und Angst vor den Fremden, die alles bekommen, während man selber zu kurz kommt. Aufklärung und Bewußtmachung über die traurige Situation dieser fremden Menschen könnte die Gefühle und Gedanken mancher dieser Bevölkerungsteile verändern und sie freundlicher stimmen. Personen des öffentlichen Lebens tun bereits viel, um dieser negativen Stimmung entgegenzuwirken. Auch die Entscheidungsträger im Land sind bemüht für Verständnis zu werden.

Dennoch: reichen die Stellungnahmen und Berichte in den Medien aus, um der Fremdenangst entgegenzuwirken? Ist bereits genug geschehen, um der Behördenlogik die Psychologik der Flüchtlinge nahezubringen? Wir wissen es nicht, aber wir haben versucht einen Beitrag zur Veränderung der Situation zu leisten. Für Irina und die anderen kommen viele dieser Vorschläge möglicherweise zu spät. Aber in einer Welt, in der die Menschen mobil geworden sind, in der sie verfolgt und vertrieben werden, wird es noch viele Irinas nach Österreich schwemmen. Diese Irinas werden vielleicht eine leicht veränderte Situation oder Einstellung ihnen gegenüber vorfinden, die ihnen das Ertragen des Fluchs der Flucht leichter machen könnte.

Literatur

Dubravka Ugrešić (1994): My America Fictionary. Frankfurt, edition suhrkamp SV.

JAGGZ (1991): Kinder Opfer von Verfolgung, Gewalt und Kriegsterror: Über die psychischen Probleme, mit denen Kinder der Opfer von Verfolgung und Kriegsterror zu tun haben können. Eine Ausgabe der Jüdischen Ambulanten Psychiatrischen und Psychosozialen Fürsorge in den Niederlanden.

Niederland, W. G. (1980): Folgern der Verfolgung: Das Überlebenden Syndrom Seelenmord. Frankfurt, Suhrkamp.

Schuster, B. (1994): Leben im Transit: Über Verlust, Perspektivlosigkeit und Trauma. In: Psychologie & Gesellschaftskritik, 18(2), 27–45.

Albert F. Reiterer

Gesellschaft in Österreich

Sozialstruktur und Sozialer Wandel

Die österreichische Gesellschaft liegt im Mainstream westeuropäischer Entwicklung. Der Band dokumentiert Struktur und Wandel mit Daten und Fakten aus den wichtigsten Bereichen des sozialen Lebens: Demographie, soziale Schichtung, religiöse Bindungen, Wirtschaftssystem, Kultur und politisches System.
Albert F. Reiterer ist Dozent am Institut für Politikwissenschaft der Universität Innsbruck und Lektor zur Thematik „Empirische Strukturen von Gegenwartsgesellschaften" an der Universität Wien.

1995. 271 S., brosch., öS 298,–/DM 41,–
ISBN 3-85114-186-5

WUV-Universitätsverlag

Michael Ley / Ernst Gehmacher (Hg.)

Das Ende des Nationalismus

Neue Fremdenfeindlichkeit und neonationalistische
Aufbrüche in Ost- und Westeuropa

In wissenschaftlich-essayistischer Weise entwickeln die Auto-
ren Thesen zur Struktur der klassischen und neuen Nationalis-
men in Ost- und Westeuropa sowie Modelle zur Erklärung
von Fremdenfeindlichkeit in modernen Gesellschaften.
Ausgangspunkte sind die Annahmen, daß es sich beim Nationalismus um eine „politische Religion" und bei Fremdenfeindlichkeit und Fremdenhaß um zwar sozialbiologisch fundierte,
aber politisch benützte Phänomene handelt.

Dr. Michael Ley, freischaffender Soziologe, Mitglied des
P.E.N.-Clubs
Prof. Dipl.-Ing. Ernst Gehmacher, Konsulent am Institut für
empirische Sozialforschung (IFES), Lehrbeauftragter an der
Universität Wien

1996. 178 S., brosch., öS 248,–/DM 34,–
ISBN 3-85114-283-7

WUV-Universitätsverlag